KB014084

해결중심갈등관리

Handbook of Solution-Focused Conflict Management

Fredrike Bannink 저
문용갑 · 문준환 · 김선영 · 김영리 · 조동수 · 배수현 · 송순자 · 안성모 · 이선경 · 이정은 공역

학지사

역자 서문

우리는 갈등에 처하면 해결되기를 원한다. 갈등 당사자는 물론이거니와 주위 사람들이나 그를 돕는 조정가도 그 해결을 위해 노력한다. 따라서 갈등을 극복하기 위한 모든 노력은 당연히 '해결지향적'이다. 하지만 일반적으로 갈등 당사자들은 '해결'과 그 조건 그리고 실현을 위한 방법을 놓고 충돌한다. 갈등 당사자들이 주위 사람들을 끌어들여 세를 불려 가며 서로 상대를 위협하는 정도로 갈등이 고조되면, 갈등 당사자들은 갈등의 원인이 무엇인지를 놓고 다투는 '갈등에 대한 갈등'과 함께 갈등해결이 무엇인지를 따지는 '갈등해결에 대한 갈등'을 한다. 이에 대해 제삼자로서 갈등에 개입하는 조정가는 자신만의 이론적 접근과 기법에 따라 해결책을 제시한다.

갈등을 어떻게 하면 성공적으로 관리할 수 있을까? 갈등관리에 대한 다양한 접근이 시도되고 있지만, 정작 갈등현장에서 활동하는 전문가들은 갈등 당사자들이 원하는 해결책을 강구하는 데 어떤 접근으로 어떻게 도울 수 있는지에 대해 항상 고민하는 것이 사실이다.

갈등관리에 대한 접근은 크게 해결중심갈등관리와 문제중심갈등관리로 구분된다. 두 접근은 갈등관리의 성공이 무엇인지에 대해 다른 입장을 보인다. 문제중심갈등관리에서 성공은 갈등의 근원적

제거이지만, 해결중심갈등관리에서 성공은 갈등 당사자가 원하는 결과의 성취이다. 그 결과는 갈등해결과 다르거나 더 좋을 수 있다. 문제중심갈등관리는 갈등의 원인과 그로 인한 영향과 감정을 강조하지만, 해결중심갈등관리는 원하는 미래, 즉 갈등 당사자들이 갈등 대신에 미래에 무엇을 원하는지에 초점을 맞춘다.

우리가 번역한 『해결중심갈등관리』의 원전은 Fredrike Bannink 박사가 2009년에 집필한 『Handbook of Solution-Focused Conflict Management』로서, 해결중심심리상담으로부터 알려진 기본 원리와 방법을 활용하여 갈등을 해소할 수 있도록 고안된 해결중심갈등관리의 진면목을 잘 보여 주는 대표적인 책으로, 유럽, 미국, 일본 등에서 갈등관리의 새로운 지평을 연 것으로 전문가에게 호평을 받고 있다. 이 책은 해결중심갈등관리에 관해 종합적이고도 체계적인 내용을 담고 있을 뿐 아니라 구체적인 갈등조정 사례를 통해 독자들이 내용을 쉽게 이해할 수 있도록 쓰인 것이 가장 큰 특징이다. 우리나라 독자들도 이 책을 쉽게 이해하고 실제로 활용할 수 있다고 확신한다.

이 책의 번역은 갈등조정가로 활동하는 역자들의 새로운 접근에 대한 목마름과 호기심과 함께 열심히 공부하고픈 마음에서 다음과 같이 진행되었다. 1 · 2 · 3장은 문용갑, 4 · 8장은 이정은, 5 · 9장은 김선영, 6 · 12장은 안성모, 7 · 13장은 송순자, 10 · 15장은 배수현, 11 · 16장은 김영리, 14 · 17장은 이선경, 서문과 후기는 조동수가 담당하였다. 초벌번역이 이루어지고 1~3장을 제외한 나머지 장을 김선영, 안성모, 이선경, 이정은이 검독 · 수정하여 초벌번역자에게 보내서 이를 바탕으로 초벌번역자가 초고를 수정하기로 하였지만,

해당 역자들의 개인 사정으로 편집진(문용갑, 문준환)이 이를 맡아 초벌번역보다 더 많은 노력을 기울여 수정하였다. 결과적으로 각 장마다 적어도 네 번 이상의 수정을 거쳤으며, 최종적으로 편집진이 다시 총괄적으로 감독하면서 형식과 용어는 물론 문장도 다듬었다.

번역은 창조과정만큼 많은 어려움과 고뇌가 따르게 마련이다. 특히 이 책은 저자의 난해한 문체로 인해 초벌번역은 물론이고 수정 작업 또한 번역보다 더 힘든 작업이 되다 보니 최종적으로 10명이나 되는 역자가 동원되었으며, 그로 인해 번역 작업은 물론 계획과 조정 등의 관리가 만만치 않았다. 특히 일부 초벌번역자의 중도하차로 인해 일정이 지연되는 문제가 큰 부담이 되기도 했지만, 새로운 번역자가 보강되어 번역을 완수할 수 있었다.

이 책의 번역을 흔쾌히 허락한 Fredrike Bannink 박사와 원만히 작업을 마칠 수 있도록 협조해 준 번역진에게 감사드린다. 또한 불확실한 미래에도 불구하고 이 책의 출판을 흔쾌히 결정해 준 학지사의 사장님을 비롯한 직원 여러분과 특히 황미나 님의 노고, 교정 작업에 많은 시간을 할애하여 애를 써 준 이훈, 황인숙, 윤향숙, 한수금의 수고에 감사의 말을 전한다.

끝으로 사실 우리들은 이 책을 내면서 기쁨보다 부족함에 대한 자괴감이 앞선다. 여전히 번역상의 크고 작은 오류와 문제점이 있을 것이기 때문이다. 이에 독자 여러분께 고언을 기대한다.

2019년 4월

역자를 대표하여

문용갑

서문

심리학과 갈등해결의 연결—조정가 훈련에 미치는 영향

지난 30여 년 동안 전 세계적으로 수십만 명의 사람이 가정, 기업, 조직 그리고 지역사회에서 발생하는 수많은 갈등을 해결하기 위한 방안으로서 조정과 다양한 갈등해결기술에 대한 교육을 받았다. 다양한 갈등해결기술은 협력적 협상(collaborative negotiation), 그룹퍼실리테이션(group facilitation), 공공 대화(public dialogue), 회복적 정의(restorative justice), 피해자-가해자 조정(victim-offender mediation), 옴부즈맨십(ombudsmanship), 협력법(collaborative law), 합의에 의한 의사결정(consensus decision-making), 창의적 문제해결(creative problem-solving), 편견 줄이기와 인식하기(prejudice reduction and bias awareness), 갈등해결시스템 디자인(conflict resolution system design) 등을 포함한다.

오늘날 조정에서 중요하게 활용되고 있는 기법들은 대개 심리학, 그중에서도 특히 단기치료(brief therapy)의 아이디어와 개입기법들(interventions)로부터 차용된 것들이 많다. 이제 단기치료에서는 심리학적 개입과 갈등해결을 구분하는 경계가 모호해졌으며, 이러한 현상은 다른 분야로 점차 확산되고 있다. 영역 구분의 모호성에서 기인하는 긍정적인 결과의 사례들은 최근 신경생리학(neurophysiology), 감성지능(emotional intelligence) 그리고 갈등해결에 대한 해결중심접근법(solution-focused approach)에서 찾을 수 있다.

심리학과 갈등해결 분야의 직업적 차이점을 구분하는 것도 필요하다. 하지만 보다 중요하고 핵심적인 것은 두 분야가 상호 유사점을 찾아, 그것들을 결합하여 새롭고 창의적인 테크닉을 개발함으로써 상호학습의 기회를 최대한 확장하는 것이다.

한발 더 나아가, 두 분야 사이에 공동의 협력공간을 의도적으로 구축함으로써 자신의 영역을 고수하려는 경향을 억제하고 적대감과 고통을 줄이는 기술을 사유화하려는 시도들에 반대하는 노력을 지속하는 것이 더욱 중요하다.

이제 갈등 및 해결과정에서 얻게 된 감정적 · 신경심리학적 요소들에 대한 깊은 이해를 어떻게 실제 조정에서 손쉽게 활용할 수 있게 할 것인가에 대한 신중하고 전략적인 고민이 필요한 시점이다. 조정과 심리학 및 관련 분야 간 진화하는 관계를 탐색하여 얻게 된 결과를 보다 개선된 방식으로 사람들에게 전달하여 그들이 탁월한 조정가가 되도록 도와야 한다. 그런 차원에서 Fredrike Bannink이 책에서 제시하고 있는 내용은 그 의미가 매우 크다.

저자가 제시한 것들을 소홀하게 대해서는 안 되는 이유로는, 첫째, 어떤 특정 스타일이나 접근방식, 직업 또는 기법의 적용은 차치하더라도, 한 국가 전체가 나서도 해결할 수 없는 파괴적인 국제적 갈등들이 점점 증가하고 있기 때문이다. 둘째, 더 개선된 기술을 적용했더라면 해결되었을 까다로운 갈등들이 아직도 미해결 상태로 상존하고 있기 때문이다. 셋째, 최근 개발되고 있는 혁신적이고 전환적인 기법들(transformative techniques)이 아직은 조정훈련과정에서 매우 제한적으로 적용되고 있기 때문이다. 오늘날 우리는 일련의 근원적인 질문에 대한 답을 요구받고 있다. 그 질문에 대한 답은 복잡하고, 다양하고, 상호보완적이고, 심지어는 상호 모순되기도 할 것이다. 하지만 더 어려운 것은 그러한 답에 근거하여 즉각적인 행동을 취하라는 요구를 받고 있다는 것이다. 근원적인 질문은 다음과 같다.

- 우리 주변에서 발생하는 환경적, 사회적, 경제적, 정치적 갈등에 대해 세계시민으로서 우리의 책임은 무엇인가?
- 일상화된 사회적, 경제적, 정치적 갈등을 지속적으로 야기하는 불평등, 불공정 그리고 역기능을 해소하는 데 갈등해결 원칙을 적용하여 성공하는 것이 과연 가능한가?
- 우리는 국가, 종교, 민족 그리고 전공분야의 경계를 넘어 국제적 협력역량을 강화함으로써 이 세상을 구할 수 있는 방법을 찾을 수 있는가?
- 우리는 갈등 및 해결과 관련하여 각기 다른 전문가들이 만들어 내는 다양한 이해와 기술을 하나로 통합하기 위해 각기 상이한 분야들을 서로 연결하는 다리를 놓을 수 있는가?
- 이 목표들을 달성하기 위해 선행되어야 하는 조정가 자질 향상 교육에 이 지식들을 어떻게 활용할 수 있는가?

심리학과 갈등해결 분야가 잠재적 시너지를 찾을 수 있다면, 이런 질문에 답함에 있어 작은 긍정적 변화를 만들어 낼 수 있을 것이다. 조정에서 그런 것처럼, 이러한 작은 긍정적 변화는 의미 있는 결과를 성취하는 데 반드시 필요하다. 우리는 왜 자기 방어의 가능성 또는 해결중심갈등조정에 대해 심사숙고해야 하는가? 동일한 이유로 다양한 개입이 지닌 잠재적 유용성도 고려하여야 한다. 그 이유는 다양한 개입을 통해 갈등을 이해하고 새롭고 유용한 방법으로 해결할 수 있을 것이기 때문이다.

갈등해결과 심리학을 잇는 논리적 연결고리는 단순하지만 견고하고 논리적으로도 탄탄하다. 논리적 연결은 다음과 같다.

- 사람들은 갈등을 경험하지 않고도 서로 의견이 다를 수 있다.
- 갈등과 의견 차이의 구별은 분노, 두려움, 죄책감 그리고 수치심과 같은 '부정적' 감정의 존재 유무이다.
- 따라서 모든 갈등은 반드시 감정적 요소를 포함하고 있다.
- 갈등은 감정처리기술이나 Daniel Goleman이 말하는 '감성지능'이 높은 사람만이 접근하고 해결할 수 있다.
- 이러한 감정역동에 가장 정통한 학문이 바로 심리학이다.
- 따라서 갈등조정은 심리학으로부터 갈등의 효과적 해결방법을 배울 수 있다.

바라건대, 나는 Fredrike Bannink이 심혈을 기울여 쓴 이 책이 갈등조정에서 심리학적 접근법을 유용하게 사용할 수 있다는 사고 전환의 시발점이 되었으면 한다. 이러한 사고 전환과 지속적인 연습 및 훈련을 통해 우리가 세상을 좀 더 신중하고 현명하게 바라볼 수 있게 되기를, 그리고 우리의 고통을 승화시켜 더 우호적이고 덜 적대적인 세상으로 인도할 방법을 찾는 데 도움을 얻기를 기대한다.

Kenneth Cloke
Center for Dispute Resolution, Santa Monica, California, USA
Mediators Beyond Borders 대표

차례

06 해결중심 추가질문 • 101

07 이혼조정 • 127

08 변화를 위한 협력과 동기부여 • 139

01
전쟁과 화해

세상을 변화시키고 싶다면 당신부터 변해야 한다.
– Mahatma Gandhi

생존전략으로서의 갈등관리

20세기에 발생한 전쟁으로 그 이전 전쟁들에서 죽은 사람들보다 훨씬 더 많은 사람이 사망했다. 금전이나 복수를 위한 살인 또는 묻지마 살인사건들에 관한 기사들이 신문지상을 통해 매일 보도되고 있다. 인간의 사회적 관계에 관한 질문들 중에 공격성의 원인과 그 수단에 관한 질문만큼 우려스럽고 불확실한 것도 없을 것이다.

공격성과 경쟁은 인간사회든 동물세계든 어디서나 존재하는 자연스러운 현상이다. 인간은 늑대, 돌고래, 원숭이 등과 마찬가지로 생존을 위해 협력할 수밖에 없다. 따라서 화해와 타협은 치열한 전쟁만큼이나 인류의 소중한 유산이다. 침팬지는 싸우고 나서 반드시 키스를 하며 껴안는다. 동시에 몸치장을 하거나, 앓는 소리나 손잡기 등의 몸짓을 통해 서로를 달래며 안심시킨다. 공격만 할 것 같은 하이에나도 훼손된 관계를 회복시키기 위한 화해를 한다고 한다. 인간과 동물들의 화해 시도는 진화론적인 깊은 이유가 있다. 화해가 없었더라면 인류는 이미 멸종하고 말았을 것이다. 이처럼 갈등관리는 고금을 통해 인간을 비롯한 거의 모든 종에서 행해지고 있다.

갈등관리에 관한 가장 오래된 이야기가 성경에 있다. 열왕기상 3장 16~18절에는 두 여인이 한 아기를 안고 솔로몬 왕을 찾는 장면이 있다. 한집에서 함께 살고 있던 두 여인이 동시에 아이를 낳았다. 그런데 한 여인의 아이가 죽었다. 그러자 그 여인은 상대 여인이 아이를 죽이고 나서 비통함과 질투심에 자신의 아이와 바꿔치기했다고 했다. 물론 상대 여인은 터무니없는 누명이라고 했다. 두 여인은 서로 그 아기가 자신의 아이라고 주장했다.

이야기를 다 들은 솔로몬 왕은 심사숙고 끝에 칼로 아기를 두 동강 내서 반씩 가지라고 명했다. 이 무시무시한 판결을 듣고, 아이의 진짜 어머니는 "왕이시여, 저 여인에게 살아 있는 아이를 주소서. 제발 죽이지는 말아 주소서!"라고 울먹이며 말했고, 질투심에 사로잡힌 거짓말쟁이 여인은 "아기는 누구의 것도 아닙니다. 이 아이를 반으로 나누어 주소서!"라고 당차게 나왔다. 솔로몬 왕은 진짜 어머니에게 아기를 주었다. 그녀는 본능적으로 아이를 지키고자 했고, 거짓말쟁이 여인은 그 아이를 진심으로 사랑하지 않았던 것이다.

중세에는 사회통제를 위한 공식적 사법체계가 없었다. 사람들은 갈등 상황을 다양한 사회문화적 가치와 규칙을 통해 처리하였다.

전쟁과 평화가 있었으며 보복과 화해도 있었다. 전쟁과 십자군이 있었지만 선물과 종교의식을 통해 그 전쟁을 종결시켰다.

동아프리카 소말리아 사람들은 수 세기 동안 보복과 화해 중에 하나를 선택해야만 했다. 씨족 중 한 명이 살해당하면, 씨족 사람들이 할 수 있는 방법은 두 가지였다. 살인자가 속한 씨족에게 낙타 100마리를 요구하든지(화해), 아니면 그 씨족 중 한 사람을 같은 방법으로 죽이는 것이었다(복수). 낙타 한 마리 가격이 약 500달러 정도로 비싸서 많은 씨족이 낙타 100마리를 소유하지 못하거나 소유하더라도 50,000달러를 지불하지 않으려 했기 때문에, 복수만이 유일한 방법이었다. 살해에 대한 대응은 당연히 또 다른 살해를 부르는 악순환으로 이어졌다. 아프리카의 다른 지역에서도 최근까지 사람이 살해당하면, 살인자에 대한 처벌을 살해된 사람의 가족이 결정한다. 가족들은 살인자를 강물에 빠트리고 그를 구할 것인지(화해), 아니면 익사하도록 내버려 둘 것인지를(복수) 그 자리에서 결정한다.

오늘날의 갈등관리

새 천 년에 들어서면서 중요한 사회적 진화들이 나타나고 있다. 진화에 따른 변화는 다양한 분야에서 찾아볼 수 있다. 예를 들어, 정신보건 분야에서는 치료기간이 과거에 비해 훨씬 짧아지는 진화가 이루어지고 있다. 더욱 현명해지고 있는 클라이언트들로 인해, 전문가를 중심으로 한 의료모델들은 점점 더 어려운 도전을 받고 있다. 심리상담 분야에서는 전문가가 선도적으로 문제를 탐색하고 분석하는 인과관계모델이 해결중심모델로 대체되고 있다. 교육, 경영, 코칭 및 조직 분야에서도 문제의 발견과 해결에 집중하는 모델에서 해결중심모델로 이동이 이루어지고 있다.

사법체계에서도 유사한 변화가 일어나고 있다. 클라이언트들을 대신하여 의사결정을 해 주는 판결이 대안적 분쟁해결(Alternative Dispute Resolution: ADR)방법으로 점차 대체되고 있다. 대안적 분쟁해결방법 중 하나인 조정에서는 조정가가 촉진자이자 중립적인 제삼자로서, 갈등 당사자들이 스스로 자신들의 갈등을 해결할 수 있도록 도와준다. 갈등을 해결하는 데 재판 대신 조정을 이용하면, 더 빠르게 더 경제적으로 당사자들이 만족할 수 있는 결과를 얻을 수 있다. 조정은 개인과 개인 간의 갈등은 물론, 개인과 집단, 집단과 집단, 개인과 정부 및 집단과 정부 간의 갈등을 해결하는 데 활용이 가능하다.

심리학은 그동안 인간의 약점을 찾아 그것을 고치고 줄이는 데 집중해 왔다. 하지만 희망, 낙관성 및 회복력을 중시하는 **긍정심리학**(positive psychology)이 최근에 부각되고 있다. 긍정심리학을 통해 우리는 참된 삶의 모습을 규명하고 그런 삶을 살 수 있는 방법을 찾는 데 도움을 받을 수 있게 될 것이다. 이러한 변화는 최근까지도 갈등 진단과 분석을 통해 갈등의 해결 또는 축소에 집중했던 갈등관리 분야에도 동일하게 적용된다.

이제 **긍정갈등관리**(positive conflict management)의 한 유형인 해결**중심갈등관리**(solution-focused conflict management)에 대해 알아보자. 앞으로 언급하겠지만, 해결방안 찾기(solution building)와 문제

해결(problem solving)은 확연히 다르다. 해결중심갈등관리의 핵심은 갈등 자체에 집중하는 것이 아니라 클라이언트(client)가 자신의 삶에서 변화시키고자 하는 것과 그 변화를 위한 실행 방법을 찾는 데 있다. 이를 위해서는 '최악의 시나리오'가 아니라 '최선의 시나리오' 또는 '적절한 시나리오'를 찾는 것이 중요하다. 희망, 낙관성, 자기효능감, 회복력, 역량 및 가능성에 집중하는 해결중심갈등관리를 통해 클라이언트들은 서로 신뢰하고 존중하는 관계를 맺거나 더 강화할 수 있는 새로운 방법을 찾을 수 있다. 또한 관계개선이 불가능할 경우에도 우호적으로 관계를 끝낼 수 있는 가능한 방법을 찾을 수 있다. **해결중심갈등조정**(solution-focused mediation)이라 불리기도 하는 해결중심갈등관리는 갈등이 있고 그것을 해결하기 위해 무언가를 해야만 하는 어떤 상황이라면 어떤 경우라도 적용이 가능하다. 그 적용 분야는 이혼갈등을 필두로 가족갈등, 이웃갈등, 조직갈등, 노사갈등, 공공갈등 및 국가 간 갈등에 이르기까지 매우 광범위하다. 이 책은 갈등 전문가들이 그들의 클라이언트가 좀 더 개선되고 행복한 삶을 살 수 있도록 하는 데 도움이 될 것이다.

이야기 1: 다른 시각으로 보기

낙타를 타고 가는 행인이 심각한 논쟁을 벌이고 있는 세 형제를 만났다. 행인은 낙타에서 내려 그들에게 왜 싸우는지 물었다. 첫째 아들은 몇 달 전에 돌아가신 아버지가 세 형제에게 낙타를 유산으로 물려주었다고 했다. 죽은 아버지의 유언은 정확하고 명료했다. 전체 낙타의 반을 큰아들이, 1/3을 둘째 아들이, 1/9을 셋째 아들이 각각 상속받아야 한다는 것이었다. 세 아들은 그 유언에 대해 아무런 이의가 없었다. 문제와 갈등은 아버지가 유산으로 남긴 낙타 17마리를 유언한 비율로 나눌 수가 없다는 것에서 비롯되었다.

누구라도 형제의 딜레마를 이해할 수 있을 것이다. 17은 유언한 비율대로 나눌 수 없다. 형제는 "우리가 할 수 있는 모든 수학적 계산을 시도해 보았지만 해결책을 찾을 수가 없었습니다."라고 행인에게 설명하였다. "우리는 유언대로 받기 위해 낙타 한두 마리를 죽여 나누는 것도 고려해 보았지만, 낙타를 죽여서는 안 되며 산 채로 나누어야 한다는 아버지의 유언을 어길 수는 없었습니다." 형제는 한목소리로 죽은 낙타 두 마리나 다리를 받는 것은 아무런 소용이 없다고 하였다.

해결책을 찾지 못한 그들은 좌절했고, 끝없는 논쟁이 이어졌다. 17의 반은 8과 1/2이다. 그들은 나누기 위해 낙타를 죽일 수는 없었다. 그래서 첫째 아들이 9마리를 가져가는 방법을 제안했으나 두 동생이 반대했다. 형의 욕심을 위해 정당한 상속권을 포기할 수 없었다. 두 동생은 첫째 아들이 8마리를 가져가야 한다고 말했지만, 첫째 아들 또한 아버지가 유언으로 남긴 낙타의 수보다 적게 받고 싶지 않았다. 논쟁은 거칠어졌고, 언성이 높아졌으며, 결국 세 형제는 격렬하게 다투기 시작하였다. 세 사람은 모두 정당하게 자신의 몫을 받기 원했다. 아무도 타협하려 하지 않았다.

"당신들의 딜레마를 알겠습니다."라고 행인이 말했다. "아버지께서 당신들에게 어려운 과제를 주셨군요. 저는 해결책을 알 것 같습니다." 행인이 자신의 낙타를 낙타 17마리가 들어 있는 울타리 안으

로 끌고 갔다. 울타리 문을 열고 자신의 낙타를 들여보내고 문을 닫았다. 울타리 안의 낙타는 18마리가 되었다.

행인이 첫째 아들에게 "자, 당신이 반을 가져가시오."라고 했다. 첫째 아들은 낙타 9마리를 세서 기분 좋게 가져갔다. 정당한 몫을 준 행인에게 감사를 표했다. 둘째 아들을 보고 행인은 "자, 이제 당신의 몫인 1/3을 가져가시오."라고 하였다. 둘째 아들은 기쁘게 6마리를 챙겼다. 셋째 아들에게 행인은 "자, 이제 당신의 차례입니다. 당신의 몫 1/9을 가져가시오."라고 했다. 셋째 아들은 안도하며 낙타 2마리를 가져가서 울타리에 묶어 두었다. 이제 남은 것은 행인의 낙타뿐이었다. "당신들의 아버지는 낙타보다 더 많은 것을 물려주었습니다. 당신들에게 지혜를 남기셨지요. 이 밖에도 아버지는 어떤 것을 물려주시려 했다고 생각합니까?"

첫째 아들이 말했다. "아버지는 모든 문제에는 해결책이 있기 마련이라는 것을 우리에게 가르치고자 했습니다. 아무리 불가능해 보이는 문제라도 다른 관점에서 보면 해결할 수 있다는 것이죠."

둘째 아들도 거들었다. "그보다 더 큰 뜻이 있으셨습니다. 우리 형제는 늘 다투었고, 아버지는 항상 우리의 중재자이셨습니다. 아버지 없이 우리 가족이 살기 위해서는 건설적이고 협조적인 관계가 필요하다는 것을 깨닫기 바라셨습니다. 아버지는 우리가 함께 해결책을 찾도록 도전적 과제를 주신 것입니다. 우리가 탐욕과 이기심으로 분열되면 아무도 행복하지 않습니다."

셋째 아들은 "아버지는 더 많은 것을 가르치셨습니다. 아무리 우리가 옳다고 생각한다 하더라도 그 답을 찾지 못할 수도 있다는 것을 알려 주신 것입니다. 우리 스스로 우리 자신을 보아야 하는 경우도 있지만, 다른 사람들이 다른 관점에서 해결책을 찾도록 도와줄 수도 있습니다."라고 했다.

행인은 말에 올라타 길을 재촉하며 웃었다. "여러분 중에 한 사람만 맞을 수도 있지만 모두가 맞을 수도 있습니다. 다시 말하지만, 아버지는 더 많은 것을 가르치고자 하셨을 것입니다."

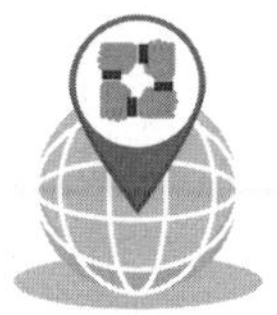

02
이론적 배경

계획을 세우지 않는 것은 실패를 준비하는 것과 같다.
– Mihaly Csikszentmihalyi

들어가기

이제부터 해결중심갈등관리에 활용될 수 있는 이론적 이슈 네 가지를 소개하고자 한다. 먼저 소개하는 **게임이론**(game theory)에서는 경쟁하는 선수 두 명 모두가 승리할 수도 있음을 설명하는 비제로섬게임(nonzero sum game)의 사례를 통하여, 갈등조정에서 당사자들이 어떻게 승–승 해결책을 찾을 수 있는지를 설명한다. **양자역학**(quantum mechanics)과 **신경과학**(neuroscience)을 통해서는 긍정적 집중이 갈등해결방법을 어떻게 바꿀 수 있는지 보여 준다. **희망이론**(hope theory)에서는 갈등에서 원하는 결과를 얻기 위해서는 목적지, 지도 그리고 이동수단을 가지는 것이 얼마나 중요한지를 보여 준다. 끝으로 **확장구축이론**(broaden-and-build theory)에서는 부정감정이 우리의 사고-행동 레퍼토리를 제한하는 것에 반하여 긍정감정이 어떻게 우리의 사고-행동 레퍼토리를 풍성하게 하는지를, 나아가 신체적, 지적, 심리적 및 사회적으로 안정적인 개인 자원을 어떻게 구축할 수 있는지를 보여 준다.

게임이론

게임이론은 1944년 노벨상 수상자 Von Neumann과 Morgenstern에 의해 탄생하였다(Von Neumann & Morgenstern, 1944). 이들은 **제로섬게임**(zero-sum game)과 **비제로섬게임**(nonzero-sum game)을 명확히 구분하였다. 제로섬게임은 테니스 또는 체스처럼 경쟁자들의 행운이 반비례 관계에 있는 게임으로서, 어느 한 사람의 이익이 나머지 사람들의 손실과 정확히 일치한다. 비제로섬게임은 어느 한 사람의 이익이 반드시 다른 사람들의 손해가 되는 것은 아니다. 완전한 비제로섬게임에서는 경쟁자들의 이해관계가 서로 겹치는 경우도 있다. 그 일례로, 아폴로 13호 우주비행사 세 명은 좌초된 우주선을 지구로 몰고 오기 위해 고군분투하면서 완전한 비제로섬게임을 벌였다(Wright, 2000). 그 결과는 세 명 모두에게 이로웠다(하지만 모두에게 해로운 쪽으로 끝났을 수도 있었다). Clinton 대통령은 한 인터뷰에서 다음과 같이 말했다.

게임이론에서 제로섬게임은 한 사람이 이기면 다른 사람은

> 지는 게임이다. 비제로섬게임은 당신도 이길 수 있고 당신과 맞선 상대도 이길 수 있는 게임이다. 사회가 복잡할수록, 공동체 내 또는 공동체 사이에 그리고 국가 내 또는 국가 사이에 상호의존적 네트워크가 복잡할수록 사람들은 자신의 이익을 위해 승-패 해결책 대신에 승-승 해결책, 즉 비제로섬게임 해결책을 찾으려 한다(Breslau & Heron, 2000).

비제로섬게임은 생물학적 · 문화적 진화에서도 중요한 역할을 한다. 가령 한배에 타고 있는 사람들은 서로 생산적으로 협력하지 않으면 모두 죽을 수도 있다.

제로섬게임은 경쟁자들이 어떤 선택을 하든 가용 자원에는 변함이 없는, 즉 승패의 합계가 항상 일정한 일정합게임(constant sum game)의 한 종류이다. 제로섬게임에서는 어떤 전략을 쓰더라도 경쟁자들이 얻는 이익의 합은 항상 0이다. 포커는 승리하는 일방이 얻는 이익과 패한 상대가 잃는 손실이 정확하게 일치하는 제로섬게임의 전형적인 사례이다.

게임이론가들이 연구한 많은 게임은 결과가 0보다 크거나(positive sum game) 또는 0보다 작기(negative sum game) 때문에 비제로섬게임이다. 비제로섬게임에서는 어느 한 사람이 얻는 이익이 다른 사람들의 손실과 반드시 일치하는 것은 아니다. 비제로섬게임에 관한 가장 좋은 비유는 '같은 배를 탔다'는 것이다. 우리는 모두 물에 뜨거나(positve sum) 가라앉을 것이다(negative sum).

죄수의 딜레마(prisoner's dilemma)는 비제로섬게임의 전형적인 일례이다. 두 용의자가 범죄 혐의로 체포되었다. 경찰은 충분한 증거가 없기 때문에 어느 한 용의자가 자백하지 않는 한 기소할 수 없다. 하지만 수사관은 자백하지 않아도 경범죄(총기 소지)로는 기소할 수 있다. 그래서 경찰은 두 용의자를 분리해서 수감하고 다음과 같이 질문한다. "당신은 자백하고 공범은 계속 묵비권을 행사하면 당신은 즉시 석방되지만, 묵비권을 행사한 공범은 징역 10년을 살아야 할 것이다. 반대로 공범이 자백하고 당신은 계속 묵비권을 행사하면, 당신만 징역 10년을 살아야 할 것이다. 당신과 공범이 모두 자백하면 모두 기소되어 징역 3년형을 받는다. 당신과 공범이 모두 묵비권을 행사하면 모두 경범죄로 기소되어 1년 동안 감옥생활을 하게 될 것이다." 두 용의자는 서로 협력하여 묵비권을 행사할 것인가, 한 사람 또는 두 사람 모두 상대를 배반할 것인가?

서로에 대한 기대가 실질적으로 상호적인 경우, 결과는 각자 상대의 선택에 대한 기대에 따라 달라진다. 비제로섬게임은 필연적으로 협력이 이루어지는 관계에 관한 것이 아니라, 만약 협력이 이루어진다면 양 당사자에게 이익이 될 수도 있는 관계에 관한 것이다. 따라서 협력이 이루어질 것인가의 여부, 즉 참가자들이 플러스 합을 실현할 것인가 하는 것은 별개의 문제이다. 비제로섬 상황에서 게임의 목표는 양측이 거둔 결과의 합이 플러스(positive sums)가 아니라 마이너스(negative sums)가 되는 것을 피하는 것이 되기도 한다.

비제로섬게임에서 상호 이익을 실현하기 위해서는 의사소통과 신뢰라는 두 가지 문제가 해결되어야 한다. 그러나 거기에는 두 개의 함정이 있다. 하나는 부정행위의 존재이고, 다른 하나는 실생활에서 우리가 직면하는 비제로섬게임의 대부분에 제로섬 상황이 존재한다는 것이다.

> 당신이 차를 구입하는 거래는 당신과 차 딜러 모두가 이익을 보기 때문에 비제로섬이다. 상호 이익은 두 사람이 거래에 동의하는 이유이기도 하다. 하지만 두 사람이 이익을 볼 수 있는 가격이 하나만 있는 것은 아니다. 왜냐하면 당신이 차량 대금으로 지불할 용의가 있는 최고 가격과 딜러가 수용할 수 있는 최저 가격 사이에서 각기 다른 가격이 정해질 수 있기 때문이다. 그 범위 내에서 당신과 딜러는 제로섬게임을 하고 있으며, 당신의 이익은 딜러의 손실이 된다. 이러한 이유로 차량 거래에서 흥정이 이루어진다(Wright, 2000, p. 25).

Schelling(1960)에 따르면, 갈등은 보통 협력과정과 경쟁과정의 혼합체이다. 갈등진행과정은 이 혼합의 정도에 따라 결정된다. 갈등 당사자들의 운명은 서로 엮여 있기 때문에, 갈등진행과정도 상호의존적인 이해관계의 정도에 크게 좌우된다. 갈등에는 경쟁적 이해관계뿐만 아니라 협력적 이해관계가 뒤얽힐 수 있다는 것을 게임이론은 인식하고 있다.

상호의존성과 더불어, 관련된 사람들의 행동과 운명이 서로에게 영향을 미치지 않는 독립성도 존재한다. 그들이 완전히 서로 독립적이면 갈등은 발생하지 않는다. 갈등이 있다는 것은 어떤 형태로든 상호의존성이 존재함을 의미한다. 관계에서는 상호의존성의 정도에 따라 불균형이 있을 수 있다. 한 사람이 다른 사람과의 관계에서 상대적으로 더 의존적일 수 있다. 일방은 상대로부터 완전히 독립적인 반면, 상대는 그에게 전적으로 의존하는 극단적인 경우도 있을 수 있다. 결과적으로 관계에서 독립적인 사람은 의존적인 사람보다 더 큰 힘과 영향력을 가지게 될 것이다.

게임이론의 관점에서 보면, 조정은 모두가 이익을 보는 비제로섬게임(승-승)으로 진행되는 반면, 소송은 제로섬게임(승-패)으로 진행된다. 승-승은 함께 협력하며 수영하는 것과 같다. 승-패는 일방은 수영하고 상대는 가라앉거나, 일방은 가라앉고 상대는 수영하는 것을 의미한다. 패-패는 서로 엉켜 허우적대며 함께 물속으로 가라앉는 것과 같다고 할 수 있다.

조정에서 성공은 일방이 상대를 희생시켜 승리하는 것이 아니라 상대의 꿈과 원하는 바를 얻도록 도우면서 자신이 원하는 것을 얻는 것이다. 바꿔 말하면, "진정한 승리는 상대의 패배를 바라지 않는 마음이 있어야만 가능한 것이다."(Wright, 2000, p. 332)

양자역학과 신경과학

양자역학은 양자들과 소립자들 간의 관계를 연구하는 학문이다. 양자효과는 육안으로는 관찰할 수 없고 원자나 아원자 수준에서만 확인이 가능하다. 양자효과로 새로운 물리학 원리와 새로운 역학 법칙이 발견되었다.

노벨상 수상자 Heisenberg가 발견한 소위 **불확정성원리**(uncertainty principle)는 양자역학의 쾌거로 평가되고 있다. 입자의 위치와 운동량을 측정하기 위해서는 입자를 집중 관찰해야 한다. 하지만 이러한 관찰로 인해 입자의 위치에 불확실성이 초래된다. 우리가 입자들을 관찰한다면, 양자계는 다르게 반응하는 것 같다. 달리 표현하면, 관찰하는 주체가 관찰되는 객체를 변하게 한다는 것이다. 인간의 뇌는 양자 환경과 같기 때문에 이러한 불가사의한 양자계 법칙들의 적용을 받는다. 양자계 법칙 중의 하나가 양자제노효과(Quantum Zeno Effect: QZE)이다. 이 효과는 양자물리학의 관찰자 효과(observer effect)와 밀접한 관계가 있다. 예를 들어, 원자, 전자 또는 이온과 같은 원자 크기 물체의 이동과 위치는 관찰되는 순간 변화하는 것으로 보인다.

양자제노효과는 정신적 경험에 집중할 때 발생하는 것과 연관되어 있다. 양자제노효과를 신경과학에 적용해 보면, 뭔가에 집중하는 정신적 행위가 관련된 뇌회로를 안정시킨다. 그러므로 생각, 기억 또는 감정과 같은 정신적 경험에 집중하면 그 경험과 연관되어 일어나는 뇌상태가 유지된다. 뇌구조에서 물리적 변화가 일어나면서 관심은 지속적으로 뇌패턴을 재구조화한다. 따라서 사람이 무엇에 관심을 집중하는가에 따라 뇌도 변한다. 즉, **힘은 집중하는 것에서 나온다.** 새로운 뇌회로가 안정되면 더 발전하게 되는데, 이것을 신경과학 용어로 **자기지시적 신경가소성**(self-directed neuroplasticity)이라 한다. 뇌신경망은 해부학적 · 순서적으로 관련되어 있는 일련의 발화(firings)과정을 통하여 환경에 반응한다. 이러한 현상은 함께 발화된 신경세포들이 미래에도 함께 발화될 것이라는 Hebb (1949)의 간단한 공리에 기초하여 암호화되어 저장되고 검색될 수 있다. 뇌는 또한 어떤 기능과 관련된 뇌의 활동을 한 부위에서 다른 부위로 재배치할 수 있다. 그리고 과거에 불가능하다고 여겼던 것과는 달리, 성인의 뇌에서는 매일 수천 개의 세포가 새롭게 생성된다(신경생성, neurogenesis).

긍정심리학(positive psychology) 운동(www.ted.com)의 창시자라고 불리는 Seligman(2002)은 심각한 우울증 환자들을 대상으로 한 연구에서 긍정적 행동변화가 구체적이고 긍정적인 생각에 자주 그리고 장기간 집중할 때 가능하다는 것을 발견하였다.

이 연구에 의하면, 과거의 문제행동 또는 갈등행동을 변화시키려 하기보다는 새로운 행동을 찾아 익히는 것이 더 현명하다. 그 방법은 먼저 새로운 행동들을 마음속에 그리면서 긍정적인 새로운 심상지도(mental map)를 개발함으로써 고정된 회로망을 구축하는 것이다. 긍정적 행동변화는 조언보다는 자기통찰을 촉진하는 해결중심질문을 통해 가능하다.

양자역학의 관점에 따르면, 개인의 지각과 무관한 객관적 세계란 존재하지 않는다. 인간의 갈등은 관련된 사람들의 사고, 감정 그리고 신념의 역동에서 비롯되기 때문에 본질적으로 주관적이다. 인간의 갈등은 개인의 인식으로부터 발생된다. 갈등의 진원지는 개인의 지각이다. Einstein(1954)은 다음과 같이 말했다.

- 문제는 그것을 만들어 낼 때의 인식수준으로는 해결될 수 없다.
- 문제는 그것을 만들어 낼 때 사용했던 사고방식으로는 해결될 수 없다.
- 문제는 그것을 만들어 낼 때의 사고수준으로 해결될 수 없다.
- 문제는 그것을 만들어 낼 때의 의식으로는 해결될 수 없다.

그는 정보와 지식은 갈등해결의 충분조건이 아니라고 상정하였다. 지식은 제한적인 반면, 상상력은 온 세상을 아우르며 발전과 혁신을 고취하기 때문에 지식보다 더 중요하다. 앞으로 언급하겠지만, 상상력은 해결중심접근에서 폭넓게 활용되고 있다. 특히 5장과 6장에서 기술하는 **기적질문**(miracle question)과 가설질문(hypothetical question)이 대표적이다.

최근 신경생물학 분야에서의 발견과 양 대뇌반구의 기능에 관한 지식(Siegel, 1999)에 따르면, 우반구는 주로 이미지를 보거나 감정을 느끼는 것과 같은 의사소통의 비언어적 요소들을 관장한다. 은유, 모순 그리고 유머를 이해하는 것은 우반구의 소관이다. 소설과 시를 읽으면 우반구가 활성화되지만, 과학적인 글을 읽으면 기본적으로 좌반구가 활성화된다. 좌반구에서는 이른바 '디지털 표현(digital representation)'이라고도 불리는 말의 언어적 의미와 관련된 과정이 이루어진다. 좌반구는 논리적 분석(인과관계)과 선형적 과정을 통해 문장의 단어들을 읽고 의도를 파악하며 이야기 속 사건들의 순서를 정리한다. 인간의 언어중심 의사소통은 좌반구에 의해 관장된다. 일부 연구자에 의하면, 좌반구는 수집한 정보를 세분화하는 경향이 있는 반면, 우반구는 세상을 더 크게, 보다 맥락 차원에서 본다고 한다. 좌반구는 나무를 보고, 우반구는 숲을 본다. 헤드폰을 왼쪽 귀에 끼고 좋아하는 음악을 들어 본 후 오른쪽 귀에 끼고 들어 보라. 어떤 차이점을 느낄 수 있는가? 몇몇 연구에 따르면, 대부분의 오른손잡이들은 좌반구와 연결된 오른쪽 귀보다는 우반구와 연결된 왼쪽 귀로 음악을 듣는 것을 선호한다고 한다. 왼쪽 귀로 음악을 들으면 '음악을 타고 떠다니는 것'과 같은 총체적인 느낌이 들지만, 오른쪽 귀로 들으면 전혀 다른 기분이다. 이러한 경향은 전문음악가들에게는 정반대로 나타난다. 왜냐하면 음악가들은 음악을 일반 사람들보다 더 분석적으로 듣기 때문이다. 추정컨대, '심리적 연습(mental rehearsal)'이나 가설질문과 같은 고도의 상상력을 이용한 해결중심방법으로 작업하면, 우반구의 비언어적 능력과 전체를 바라보는 능력을 특히 자극할 수 있다. 좌반구는 분석적 문제중심 작업만 관장한다. 해결중심대화의 성공은 이렇게 양쪽 뇌반구의 기능과 관련하여 (부분적으로) 설명할 수 있다.

희망이론

그리스 신화에서 Pandora는 Eve와 맞먹는 최초의 여인이었다. Zeus는 Hephaestus로 하여금 흙으로 Pandora를 빚게 하였다. 그 이유는 Prometheus가 비밀의 불을 도둑질해 몰래 전해 준 인간을 벌하기 위해서였다. 모든 신이 어여쁜 Pandora에게 매혹적인 선물을 주었다. 그중에 하나가 호기심이었다. 그녀는 또한 그것을 열지 않는 한 나쁜 일은 일어나지 않을 것이라는 전언과 함께 병 하나를 선물 받았다. 신화에 의하면, Pandora는 오늘날 '판도라의 상자'라고 불리는 그 병을 단순한 호기심으로 열고 말았다. 그 결과, 세상에 존재하는 인류의 모든 죄악과 질병 등이 퍼지게 되었다. 물어뜯고 쏘는 생명체들이 하늘을 날며 인간들을 공격했다. 하지만 그 상자에는 아직 남겨진 것이 하나 있었는데, 그것은 희망이었다. 당시에 희망은 가장 나쁜 악이라고 여겨졌었다.

많은 작가와 철학자가 이 희망에 대해 관심을 가지게 되었다. 그리스 철학과 문학에서는 운명은 바뀔 수 없는 것이기 때문에 희망은 환상에 불과하다는 견해가 지배적이었다. "나는 망명자가 어떻게 희망의 꿈을 먹고사는지 안다."(Aeschylus, 기원전 525~456), "사람의 저주"(Euripides, 기원전 480~406) 등에서 볼 수 있듯이, 희망은 고통을 연장시키는 것으로 간주되었다.

그 이후로 희망에 대한 생각이 조금씩 바뀌기 시작하였다. 희망에 대해 좀 더 긍정적인 견해를 가지고 있던 그리스 철학자 Aristotle (기원전 384~322)는 "희망은 백일몽이다."라고 했다. 하지만 희망에 대한 그의 잦은 언급은 주로 용기에 대해 논의할 때 부수적으로 이루어진 것이었다(Aristotle, 2004).

로마의 정치가 Cicero(기원전 106~43)는 "삶이 있는 한 희망은 있다."라는 명언을 남겼다. 초기 기독교 작가들로부터 희망은 믿음, 사랑과 함께 신학의 3대 덕목으로 간주되기 시작하였다. St. Paul은 그리스 동료들에게 보낸 서신에서 "희망은 사랑과 함께해야 한다."라고 천명하였다. Luther 역시 그리스 운명론을 비난하며 "이 세상의 모든 것은 희망에 의해 이루어진다."라고 주장하였다.

1950년대부터 물리학자들과 심리학자들은 건강과 복지에서 희망의 역할에 주목하였다. Menninger는 1959년에 미국 정신의학회에서 한 연설에서, 희망의 힘은 그동안 경험하지 못했던 환자 치료의 중요한 힘이자 자원이라고 주장하였다. 그는 희망을 "목표 달성에 대한 긍정적 기대" "모험, 전진, 자신감 있는 탐색"이라고 정의하였다(Menninger, 1959, p. 484). 그는 희망이야말로 정신의학적 치료와 교육의 필수요소라고 역설하였다.

1991년에 Snyder 등은 두 가지 요소로 이루어진 희망인식모델을 제시하였다. 목표 달성에 주안점을 둔 이 모델에서, 그는 목표 달성을 위해서는 기대뿐만 아니라 동기부여(motivation)와 계획(planning)도 필요하다는 것을 강조하였다. 그는 희망을 "서로 영향을 미치며 파생된 성공적인 ① 주도감(sense of agency: 목표지향적 결정-역자 주)과 ② 경로감(sense of pathway: 목표 달성 계획-역자 주)에 근거한 긍정적 감정상태"라고 정의하였다. 이 정의에 따르면, 희망 주도 또는 '의지력(willpower)'은 목표 달성에 필요한 투지를 제공하는 요소이고, 희망 경로 또는 '계획력(waypower)'은 목표를 추구하는 과정에서 장애가 발생할 때 대안을 찾는 능력을 제공하는 요소이다. 희망은 직장을 비롯한 여러 분야에 적용될 수 있을 뿐만 아니라 성과와도 깊은 관련이 있다(Youssef & Luthans, 2007).

앞에서 언급한 정의들에 의하면, 희망적 사고는 목표 달성과 불가분의 관계가 있다. 목표에 집중함으로써 우리는 주위환경에 효과적으로 대응할 수 있다. Snyder 등은 높은 희망을 가진 사람들과 낮은 희망을 가진 사람들의 특징을 구분하였다. 낮은 희망을 가진 사람들은 애매하고 모호한 목표를 가진 반면에, 높은 희망을 가진 사람들은 좀 더 명확하고 개념화된 목표를 가지고 있다(Snyder et al., 1998).

전문가와 클라이언트들로 하여금 갈등해결이라는 목표 설정과 함께 도전적 목표들을 세우도록 격려할 때 희망이론이 유용한 수단으로 활용될 수 있다(Snyder, 2002). 희망이론에서는 어지간한 노력으로는 달성할 수 없는 목표를 '도전적 목표(stretch goals)'라고 한다. 도전적 목표는 클라이언트로 하여금 갈등해결은 물론, 개인적인 성장도 도모할 수 있게 한다. 예를 들면, 도전적 목표는 갈등을 해결할 뿐만 아니라, 행복감과 유대감을 함께 높일 수도 있다. 도전적 목표 수립과 달성의 반복적 경험을 통해 자신에 대해 긍정적이고 강점을 중시하는 모습으로의 변화가 가능해진다.

1장에서 언급하였듯이, 희망이론은 낙관성과 자기효능감(나는 할 수 있다는 믿음의 힘)과 함께 긍정심리학의 한 부류로 간주되고 있다. 우리는 미국 Barack Obama 대통령의 연설, “담대한 희망”과 “우리는 할 수 있다.”를 통해, 희망이론과 자기효능감이론의 중요성을 인식할 수 있다. 희망적 사고는 원하는 목표로 가는 경로를 찾아 꿋꿋하게 갈 수 있다는 믿음을 반영한다. 희망은 사람들의 정서와 안녕을 촉진하는 역할을 한다.

세 가지 요소를 필요로 한다는 점에서 희망은 여행과 비슷하다. 이 세 가지 요소는 목적지[목표(goal)], 지도[경로(pathways)] 그리고 운송수단[주도(agency)]이다. 희망은 주도감과 경로감을 활용하여 목표를 찾아가는 사고과정이다. 경로감의 구성요소는 목표를 설정하고 그것을 달성하기 위한 여러 가지 방법을 찾을 수 있다는 신념을 포함한다. 모든 목표는 그 기간과 상관없이 도전할 만한 가치와 달성 가능성이 있어야 한다. 일단 목표가 정해지면, 인간의 사고는 목표 달성을 위한 방법을 찾는 데 집중한다. 목표에 이르는 경로에 장애가 발생하면, 희망적인 사람들은 누구라도 다른 대안들을 모색한다. 하지만 목표 달성이 불가능한 상황에 직면하게 되면, 희망적인 사람 가운데 상위 일부만이 불가능한 목표에 상응하는 또 다른 목표를 세운다.

주도 요소는 장애물이 있더라도 계획을 실행에 옮길 수 있는 투지를 포함한다. 목표를 향한 경로에 성공적으로 진입하면 내적 투지가 점화되어 목표를 향한 긍정적 변화에 가속도가 붙게 된다. 높은 희망을 갖기 위해서는 경로 요소와 주도 요소를 모두 활성화해야 한다.

목표는 희망의 첫 번째 구성요소이다. 목표는 인간행동의 정신적 표적(target)이다. 희망과 관련한 네 가지 범주의 목표가 있다.

- 접근 목표(원하는 결과를 향해 전진)
- 부정적 결과 예방 목표(원치 않는 사건 억제 또는 지연)
- 유지 목표(현 상태 유지)
- 향상 목표(긍정적 결과 증대)

연구에 따르면, 어느 정도 확실한 목표를 세우면 달성하고자 하는 동기가 증대되기 때문에 희망의 강도가 더 높아진다. 따라서 높은 희망의 특징은 적절하고 구체적인 목표를 세우는 것이다. 목표가 너무 어렵거나 너무 쉽다고 인식되면 사람들은 목표 달성을 위해 최선을 다하지 않을 가능성이 높다.

경로사고(pathway thinking)는 희망의 두 번째 구성요소이다. 여기서 경로란 목표를 향해 나아가기 위해 사람들이 만들어 내는 통로를 의미한다. 경로사고는 목표를 달성하기 위한 정신적 지도를 만들어 내는 인지능력과 관련이 있다. 경로는 목표를 통해 현재와 미래를 이어 주는 길이다. 운동선수의 성과에 관한 연구에 따르면, 운동성과는 그 성과를 내는 데 필요한 일련의 단계들을 선수들이 마음속으로 상상할 때 증대된다고 한다. 목표에 이르는 중요한 길을 세심하게 만드는 능력은, 높은 희망을 가진 사람들이 낮은 희망을 가진 사람보다 훨씬 더 탁월하다. 그들은 중간에 장애가 발생할 경우 또 다른 길을 신속하게 잘 만들어 낸다.

주도사고(agency thinking)는 희망의 세 번째 구성요소이다. 경로를 따라 목표를 추구할 의지가 부족하다면, 적절한 목표와 경로를 만들어 내는 인지능력이 있다 하더라도 실제 목표를 달성할 가능성은 높지 않다. 주도사고는 원하는 목표를 향한 경로로의 진입능력, 장애가 발생하더라도 그 길을 중단 없이 나아가는 능력과 관련이 있다. 이와 관련해서, 높은 희망을 가진 사람들이 낮은 희망을 가진 사람들보다 의지를 불태우는 단정적인 표현을 선호하는 경향이 있다. 예를 들어, 그들은 "나는 이것을 해낼 수 있는 방법을 찾을 것이다." 또는 "예, 우리는 할 수 있습니다!"라는 표현을 한다. '할 수 있다(can)'와 '하겠다(will)'라는 두 단어 사이에는 중요한 차이가 있다. 전자는 할 수 있는 능력과 관련이 있고, 후자는 하겠다는 의지를 나타내는 표현이다.

희망이론은 목표를 추구하는 사고에 기반을 두고 있다. 긍정감정(다음의 확장구축이론 참조)은 성공적으로 목표를 추구하고 있다고 인식할 때 생긴다. 경로 또는 주도에 장애물이 생기면 대처능력이 약해질 수 있다. 부정감정은 목표 추구에서 실패할 때 생기며 안녕을 저하시킨다. 주도사고 또는 경로사고가 약화되거나 힘든 상황을 극복할 능력이 없을 때 성공적으로 목표를 추구하지 못하고 있다는 인식이 생긴다. 따라서 목표 추구에 대한 인식에 따라 긍정감정 또는 부정감정이 야기된다.

경로가 막히면, 높은 희망을 가진 사람들은 낮은 희망을 가진 사람들보다 더 쉽게 대체경로를 찾는다. 또한 이들은 목표 추구가 어려울 때 못지않게 목표 추구에 문제가 없을 때에도 더 잘 대응하는 특징을 가지고 있다(Snyder, 1994; Snyder et al., 1998). 높은 희망을 가진 사람들은 고난 예측을 자연스러운 삶의 일부분으로 배우기 때문에 스트레스 상황에서도 회복력이 더 높다. 높은 희망을 가진 사람들은 자연스럽게 큰 목표를 여러 개의 하위목표로 나누어 대처한다. 티끌 모아 태산이듯이, 작은 단계들이 모여 거대한 변화를 가져올 수 있다. 따라서 많은 단기적 '징검다리' 목표를 설정하는 것이 중요하다. 희망사고의 세 요소인 목표, 경로 그리고 주도는 서로 단단하게 얽혀 있어서 어느 하나라도 유발되면 희망사고 전체 과정에 활력이 솟는다. 연구에 따르면, 낙관성과 희망은 서로 긍정적 영향을 주는 상관관계가 매우 높다.

Sherif 등(1961)은 지금은 고전이 된『로버스 동굴 공원 실험(Robbers Cave Experiment)』에서 독단적인 역할배정이 사회적으로 부정적인 영향뿐만 아니라 건설적인 영향을 줄 수도 있다는 것을 입증하였다. 1954년 여름, 그는 평범한 11세 소년들을 대상으로 몇 주 내에 명확히 상반되는 두 가지 행동패턴을 유발할 수 있는지를 입증하기 위한 실험을 시작하였다. 그는 먼저 소년들을 적대적, 파괴적, 반사회적 집단으로 바꿔 놓았다. 며칠 후 이번에는 그들을 협력적이고 건설적인 사람이자 친구로 변화시켜 서로에게 관심을 가지는 것은 물론, 서로와 공동체 전체를 위해 희생할 준비를 하도록 하였다. 두 집단 사이에 마찰을 조장하기 위해 야구, 축구, 보물찾기 등의 토너먼트 경기를 준비했다. 스포츠맨십이 강조되었지만, 경기가 진행됨에 따라 우호관계는 사라지고 말았다.

증오를 화합으로 전환하는 작업에 앞서, Sherif는 적대자들 사이에 단순한 상호작용이나 우호적인 사교모임을 통해 적대감을 줄일 수 있다고 주장하는 일부 갈등연구자들의 견해가 틀렸다는 것을 증명하고자 했다. 경쟁적인 경기를 마친 후, 서로 적대적인 감정을 가지고 있는 소년들에게 영화를 보러 가거나 같은 식당에서 식사를 하는 등의 사교모임에 참석하게 하였다. 하지만 그러한 사교모임은 갈등을 감소시키는 것은 고사하고, 오히려 서로 질책하고 공격하는 기회가 되었다.

결국 갈등을 사라지게 한 것은 술책이었다. Sherif는 1마일 정도 떨어진 물탱크에 연결된 수도관을 끊어 놓았다. 그러고는 소년들을 모아 놓고 이 위기 상황을 알렸다. 두 집단은 자진해서 문제의 수도관을 점검하기 시작했다. 그들은 서로 협력하였으며, 어두워지기 전에 문제를 찾아 해결하였다. 어쩔 수 없이 협력해야 했던 또 다른 사례는 고장 난 트럭에 대한 소년들의 대응이었다. 음식을 가지러 마을로 떠나려던 트럭의 시동이 걸리지 않는다는 소식을 전해 들은 소년들은 허기져 힘이 고갈된 상태에서도 모두 함께 트럭을 밀어야 했다.

Sherif에 의하면, 조화로운 인간관계를 맺는 데 있어 가장 핵심적인 요소는 **상위목표 달성을 위한 활동을 함께하는 것**(joint activity on behalf of a superordinate goal)이다. 집단들이 모두에게 닥친 급박한 최우선 목표를 달성하기 위해 협력할 때 그들 간의 적대감은 사라진다(p. 58).

그리스 철학자 Aristotle(2004)가 도덕적 지혜를 설명할 때 자주 인용하는 것이 궁수의 사례이다. 먼저 과녁을 확인하고, 다음으로 활 쏘는 상황을 결정하는 모든 환경(수단)을 파악했다면, 궁수는 자신의 수행 과제를 정확하게 이해한 것이다. 그는 바람의 강도와 방향, 화살의 특성, 활의 장력을 확인한다. Aristotle는 현자라면 과녁

(목표)과 그 과녁에 이르는 수단(경로)에 대해 정확하게 숙지하고 있는 궁수와 같아야 한다고 보았다. 궁수는 겨누어야 할 과녁이 있어야 표적에 명중시킬 수 있다. Aristotle는 최고를 향한 노력도 중요하다고 역설하였다. 따라서 목표의식은 그것을 달성하려는 주도감(agency)이 있을 경우에만 유용하다.

Csikszentmihalyi(1997)는 몰입경험(flow experience)을 문화나 성별 및 연령별 차이를 초월하여 기쁨을 느끼는 긍정적이고 보편적인 정신 상태로 묘사한다. 지금 하고 있는 일에 완전히 빠진 초집중 상태를 이르는 말이며, 이러한 상태가 되면 완벽하게 통제하고 있음을 경험하기도 한다. 또한 사람들은 자신을 잊는 경향을 보인다. 초월감과 시간이 왜곡되는 느낌을 갖기도 한다. Csikszentmihalyi에 의하면, 그와 같은 경험을 가능하게 하는 전제 조건으로 사람들이 가장 많이 꼽는 것은 명확한 목표를 세우는 것이다. 계획의 실패는 실패를 계획하는 것과 같다고 말하기도 한다. 다음으로 중요한 것은 신속한 피드백이다. 초집중을 유지하기 위해서는 자신이 얼마나 잘하고 있는지를 아는 것이 필요하다. 마지막으로 자신이 해야 할 일과 할 수 있는 일 사이의 차이가 작아야 한다.

긍정감정의 확장구축이론

그동안 심리학과 갈등관리에서는 긍정감정 이론에 대해 거의 관심을 갖지 않았다. 그 이유는 아마 문제에 집중하는 시대정신과 감정 자체의 특성 때문이었다고 할 수 있다. 지난 30년간의 심리학

문헌을 보면, 우울증에 관한 논문이 약 46,000편 정도이고, 기쁨에 관한 논문은 단지 400편 정도에 불과하다(Meyers, 2000).

긍정감정은 부정감정보다 표현하는 단어의 수적인 면에서 1:4의 비율로 훨씬 적다(Meyers, 2000). 긍정감정은 부정감정만큼 세분되어 있지 않다. 감정을 표현하는 단어에서의 이러한 불균형은 대부분의 언어에서도 확인된다. 확장구축이론(Fredrickson, 2003)에 따르면, 긍정감정(흥미, 만족감, 즐거움, 행복, 기쁨, 자부심, 안도감, 애정, 사랑)은 우리의 인식을 확대시키고 새롭고 다양한 탐색적 사고와 행동을 고취한다. 시간이 지남에 따라 이처럼 행동 레퍼토리(behavioral repertoire)가 다양해지면 실력과 자원이 쌓인다. 예를 들어, 자연 풍경에 대한 호기심은 소중한 여행 지식이 되고, 낯선 사람과의 즐거운 상호작용은 든든한 우정이 되고, 재미로 하는 신체놀이는 훈련이 되어 종국에는 건강한 신체가 된다.

이와는 대조적으로, 부정감정은 편협하고 즉흥적이며 생존지향적인 행동을 부추긴다. 긍정감정과 부정감정은 행위로 이어지는 연결고리가 다르다. 예를 들어, 불안이라는 부정감정은 즉각적 생존을 위한 특유의 투쟁 혹은 도피 반응으로 이어진다. 우리는 생존을 위해 우리의 관심을 도망 또는 싸움과 같은 특정 행동반응에 즉각적으로 집중시키기 때문에, 다른 행동 대안들을 넓게 생각하지 못한다. 이에 반해, 긍정감정은 즉각적인 욕구나 스트레스요인에 관심을 두지 않기 때문에 즉각적인 생존가치에 의미를 두지 않는다. 하지만 장기적으로는 긍정감정에 의해 확장된 행동들로 인해 구축된 기술과 자원이 우리의 생존력을 높인다.

Fredrickson에 의하면, 우리의 사고-행동 레퍼토리(thoughtaction repertories)에 영향을 미치는 축소효과(narrowing effect)에 의해 긍정감정과 부정감정이 구분된다. 문제나 갈등을 수반하는 부정감정을 경험하는 경우, 집중도가 떨어져 자신이 취할 수 있는 행동 레퍼토리를 스스로 제한하게 된다. 이런 상황이 되면, 해결책을 찾지 못하고 뭔가에 갇혀 있다는 느낌을 가지게 된다. 해결책을 찾으려는 시도는 문제나 갈등에 더욱 집착하는 모습으로 나타나는 것이 일반적이다. 하지만 그 결과는 집중도 저하와 갇혀 있다는 느낌을 반복 심화시켜 상황을 악화시킨다.

Fredrickson에 의하면, 부정감정이 사고-행동 레퍼토리를 제한하는 반면에, 긍정감정은 사고-행동 레퍼토리를 확장함으로써, 신체적, 지적, 심리적 그리고 사회적으로 지속성을 가지는 개인 자원을 만들어 낸다.

긍정적으로 느끼는 사람들은 좀 더 유연하고 독특하며 창의적이고 종합적인 사고패턴을 보인다. 그들의 사고는 정보와 대안에 대해 보다 효율적이고 개방적인 경향이 있다. 뇌의 도파민 분비를 촉진하는 효과가 있는 것으로 알려진 인지맥락을 긍정감정이 확장시킨다는 주장도 있다.

확장구축이론은 긍정감정의 진화된 기능에 관한 연구로서 오늘날 학계에서 상당한 지지를 받고 있다. Fredrickson은 무작위 비교연구를 실시하였다. 이 연구는 참가자들을 무작위로 분류하여 한 집단에게는 흥미, 만족감과 같은 긍정감정을 유발하는 영화를, 다른 집단에게는 공포, 슬픔 등과 같은 부정감정을 유발하거나 아무런 감정도 유발하지 않는 영화를 보여 주었다. 긍정감정을 경험한 참가자들은 그렇지 않은 참가자들에 비해 높은 수준의 창의력, 독창성 그리고 '큰 그림'을 보는 지각능력을 보여 주었다. 개입(intervention)에 관한 종적연구에 따르면, 긍정감정은 심리적 회복력과 심리적 성숙(flourishing)과 같은 장기적 자원을 개발하는 데 중요한 역할을 한다고 한다. 높은 수준의 긍정감정을 표현하거나 전달하는 사람들은 부정적인 스트레스 상황에 대해 더 건설적이고 유연하게 대처하고, 더 추상적이고 장기적으로 사고하며, 더 큰 정서적 거리감을 둔다.

Fredrickson(2000)에 따르면, 긍정감정은 우리의 사고-행동 레퍼토리를 축소시키는 부정감정을 해독시키는 데 특히 효과가 있다. 다르게 표현하면, 긍정감정은 부정감정과 양립할 수 없기 때문에 부정감정을 풀어 주는 효과(undoing effect)가 있다. 부정감정으로 인해 좁아진 사고-행동 레퍼토리(즉, 특정 행동 성향)가 심리적 변화를 일으켜 의도된 행동을 하게 한다면, 상응하는 긍정감정과 확대된 사고-행동 레퍼토리가 이러한 특정 행동을 준비하는 심리적 기제를 진정시키거나 풀어 주어야 한다. 신체가 생리적으로 안정될 때, 긍정감정은 비로소 다양한 행동을 일으킬 수 있는 생리적 기반을 만들어 낸다.

긍정감정은 부정감정으로 인한 만성적 심혈관 후유증을 완화하는 데 탁월한 효력이 있다. 풀어 주는 효과는 생리적 회복을 가속화하는 것을 넘어, 편협한 사고-행동 레퍼토리에서 비롯된 부정감정을 해소시켜야 한다는 것을 의미한다. 예를 들어, 부정감정은 사람들에게 그 감정으로 인해 유발된 특정 행위와 일치하는 일련의 편협한 사고를 하도록 영향을 미칠 수 있다. 사람들은 화가 나면 복수하거나 앙갚음에 집착한다. 불안하거나 두려우면 피해를 당하지 않기 위해 도망치거나 회피한다. 슬프거나 우울하면 피해로 인한 파급효과에 골몰한다.

Fredrickson의 긍정성 비율(2009)은 우리가 매일매일 경험하는 생각, 감정 그리고 행동에서 긍정과 부정의 비율을 측정한 것이다. 사람들이 긍정성을 통해 변화된 삶을 경험할 수 있는 변곡점(tipping point)이 되는 비율은 3:1이라고 한다. 이 비율이 3:1보다 낮은 사람에게는 긍정성이 활성화되지 않으므로 아무런 쓸모가 없다. 3:1을 초과하는 비율을 가진 사람에게 있어 긍정성은 개방과 성장을 의미한다. "오직 그런 사람들만이 진정으로 긍정성의 달콤한 과일 맛을 만끽했다."(p. 135)

요약하면, 가능한 한 빠르게 승-승 상황을 만드는 데 집중하는 게임이론, 긍정적 목표에 집중하는 양자역학과 신경과학, 희망과 희망하는 것이 현실이 되면 달라지는 것에 집중하는 희망이론 그리고 마지막으로 긍정감정에 집중하는 확장구축이론은 모두 갈등이 긍정적인 어떤 것으로 변환될 수 있는 환경을 만드는 데 도움을 준다. 이러한 환경이 클라이언트들이 원하는 미래의 모습일 것이다.

이야기 2: 동료에게 먹이기

한 여자가 죽었다. 저승길에서 그녀는 놀라울 정도로 화려한 연회장에 서 있는 자신을 발견했다. 가장 비싼 목재로 지어진 방의 높은 천장에는 크리스털 샹들리에가 매달려 있었으며, 벽에는 저명한 화가들의 작품들이 걸려 있었다. 연회장 중앙에 놓인 거대한 연회 식탁은 산해진미와 세계 최고급 와인들로 가득 차 있었다. 놀란 그녀는 '이곳이야말로 천국이다.'라고 생각했다. 그녀는 자신이 이런 보상을 받을 자격이 있을 만큼 선하고 거룩하게 살았다고 믿지 않았다. 하지만 이런 생각은 뒤로한 채, 테이블로 잽싸게 걸어가 의자에 털썩 앉았다. 그 순간 뭔가 섬뜩한 것을 발견하였다.

그녀의 두 팔이 부목으로 묶여 있어 팔꿈치를 구부릴 수 없었다. 손이 마치 긴 막대기 끝에 달린 느낌이었다. 식탁에 차려진 음식들을 집는 데는 문제가 없었지만 그것들을 입에 넣을 수가 없었다. 탐욕스럽게 원했던 것들에 대한 집착을 잠시 멈추자, 식탁에 앉아 있는 사람들이 보였다. 그들의 팔도 부목에 묶여 있었다. 그들은 서로를 저주하고 화를 냈으며 좌절하여 울기까지 했다. 하지만 아무도 그들을 그런 운명으로부터 구원할 것 같아 보이지 않았다.

그녀는 '내가 잘못 생각했구나! 이곳은 천국이 아니라 지옥이야. 그렇다면 천국은 어떤 곳일까?'라고 생각했다. 정말 소망이 이루어진 것인지, 그녀는 어느새 다른 연회장에 서 있었다. 위대한 화가들의 작품들이 이국적인 느낌이 드는 나무 벽에 걸려 있었다. 모양이 비슷한 식탁들이 홀 중앙에 나열되어 있었다. 식탁에는 상상할 수 있는 이국적인 음식들과 고급 와인들로 가득했다. 그녀는 음식을 먹기 위해 자리로 달려가 앉았다. 그러나 그녀의 두 팔은 여전히 부목으로 묶여 있었다.

절망에 빠진 그녀는 식탁 주위를 둘러보았다. 맛있게 음식을 먹고 있는 일단의 사람들은 행복해 보였으며, 무언가 다르다는 것을 느낄 수 있었다. 그들도 그녀처럼 두 팔이 부목에 묶여 있었지만 아무런 지장 없이 유쾌한 대화를 나누고 있었다. 드디어 그녀는 무엇이

다른지 않았다. 그들은 탐욕을 부리지 않았고, 억지로 팔을 구부려 음식을 입에 넣으려고도 하지 않았다. 대신, 서로 맞은편에 앉은 사람에게 정중하게 무엇이 먹고 싶은지 물었다. 장애를 한계가 아니라 동료에게 도움을 주는 데 사용했다. 맞은편에 앉은 사람이 원하는 음식을 식탁 너머로 먹여 주었다. 그녀는 상대에게 베풂으로써 얻는다는 것을 깨달았다. 그녀가 상대에게 먹여 주자, 상대도 그녀에게 먹여 주었다. 사람들은 음식을 나누었듯이, 대화 또한 함께하고 있었다. '이것은 음식에만 해당되는 것이 아니야.'라고 그녀는 생각했다. 그들은 서로 이야기를 주고받으며 낙관적인 감정을 나누고 즐거움도 함께했다. '그래. 이곳이 바로 천국이야.'라고 그녀는 확신했다.

다음 장들에서 우리는 명확한 목표 세우기와 그를 통한 희망 고취방법에 대해 집중적으로 알아볼 것이다. 이 방법은 클라이언트로 하여금 직면한 갈등에 집중하기보다 원하는 미래의 희망에 대해 생각하고 이야기하도록 하는 데 활용될 수 있다. '당신이 원하는 결과는 무엇인가요?' '당신이 원하는 최상의 희망은 무엇인가요?' 또는 '그것으로 무엇이 달라질까요?' 등과 같은 질문을 받게 되면, 클라이언트는 자신의 에너지를 과거의 문제해결에 허비하기보다는 더 나은 미래를 만드는 데 집중하여 사용하게 될 것이다. 목표 달성을 위한 경로설계는 해결중심갈등관리의 또 다른 중요 요소이다. 왜냐하면 클라이언트가 목표에 이르는 경로를 모르고서는 원하는 목표 달성이 불가능하기 때문이다. 그 밖의 중요 요소는 클라이언트 스스로가 변화의 주체(agent)가 되도록 격려하는 것과 조정을 마칠 때 클라이언트에게 반드시 피드백을 주는 것이다.

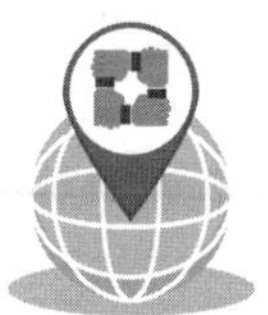

03
해결중심인터뷰

모든 문제에는 기회가 숨어 있다.
—Benjamin Franklin

해결중심인터뷰의 원리

심리상담에서 해결중심모델은 1980년대 미국 밀워키에 소재한 단기가족치료센터(Brief Family Therapy Center)에서 De Shazer와 Berg 그리고 동료들에 의해 개발되었다. 그들은 해결을 시도했더라도 간혹 그로 인해 오히려 문제가 계속해서 더 심화되며 문제의 근원에 대한 이해가 항상 필요한 것은 아니라고 믿었던 Watzlawick, Weakland 그리고 Fish(1974)의 연구 결과를 강조한다.

Dc Shazer(1985)의 명제는 다음과 같다.

• 해결책은 반드시 문제(또는 갈등)와 관련되어 모색되어야 하는

것이 아니다. 해결책을 모색하는 데 필요한 것은 문제의 분석이 아니라 문제의 예외상황을 분석하는 것이다.

- 전문가는 바로 클라이언트이다. 목표와 그 목표에 이르는 길을 결정하는 자는 바로 클라이언트이다. De Shazer(1994)는 문제(또는 갈등)가 일종의 전철 승차권과 같다고 가정한다. 승차권은 사람이 개찰구를 통과하도록 할 뿐, 그 사람이 어떤 전동차를 타야 하는지 또는 어떤 문을 열고 내려야 하는지 결정하지 않는다.
- 문제가 없으면 손대지 않는다. 클라이언트가 긍정적으로 인식한 것은 그대로 둔다.
- 무엇이든 잘되면 계속한다. 설령 당초 기대와 전혀 다르더라도.
- 효과가 없으면 다른 방법을 쓴다. 효과 없는 방법을 계속 쓰는 것은 아무런 소용이 없다.

이야기 3: 뭔가 다른 것을 해 보라

일본의 한 해안 마을이 해일로 큰 피해를 입었다. 마을 산허리에 있는 논에서 홀로 일하고 있던 농부가 저 멀리 수평선에서 밀려오는 해일을 보고 소리를 질렀지만 소용이 없었다. 집으로 달려가 가족에게 대피하라고 할 시간도 없는 다급한 상황이었다. 논에 불을 질렀다. 그러자 농작물을 구하기 위해 모든 마을 주민이 논으로 몰려들었다. 그들은 모두 목숨을 건졌다.

미래에 초점 맞추기 1

정신건강의학과 의사 Milton Erickson은 해결중심인터뷰 발전에 기여한 사람이다. 그는 학생들에게 책 마지막 페이지를 읽게 한 다음, 앞의 내용을 추측하도록 했다. 이와 마찬가지로 해결중심인터뷰는 클라이언트가 인지한 목표로부터 시작된다. Erickson에 따르면, 클라이언트의 능력이 강조되어야 하며, 클라이언트가 언급한 행위(그리고 변화)의 가능성을 모색하는 것이 반드시 필요하다고 한다(Rossi, 1980).

Erickson은 심리상담에서 **미래투사**(pseudo-orientation in time) 기법을 활용하였다. 가령 의사가 환자에게 6개월 후에 다시 만날 것을 상상해 보라고 하면, 환자는 문제가 없어지면 어떻게 할 것인지 상상할 것이다. 실제로 환자들은 자신이 말한 해결책을 정확히 이행하지 못했더라도 많은 경우 병세가 좋아졌다고 했다.

해결중심치료 문헌에서 Frankl(1963)은 **외상후 성공**(posttraumatic success)의 한 예로 종종 인용되고 있다(Bannink, 2008d). 그는 유대인 강제수용소에서 있었던 경험들을 들려주면서, 자신의 미래를 믿지 않았던 한 포로는 결국 죽고 말았다고 한다. 어느 겨울날 그는 허기에 굶주려 비틀거리며 다른 포로들과 줄지어 작업장으로 이동하면서 억지로라도 뭔가 다른 것을 생각하고자 했다. 그러자 갑자기 강당에 서서 수용소 시스템을 주제로 한 심리학을 강의하고 있는 자신을 보았다. 이러한 방법으로 그 어려운 순간을 극복함으로써 그는 그 고통을 이미 지나간 과거인 것처럼 여길 수 있었다. 초점을 미래에 맞춤으로써 고통스러운 순간을 이겨 낼 수 있었다. 그리고 미래에 대한 비전이 현실이 되었다. 제2차 세계대전 후 그는 수많은 강의를 성공적으로 할 수 있었다.

> 목표를 마음에 새기고 시작하라. …… 목표를 마음에 새기고 시작한다는 것은 목적지를 명확히 이해하고 출발하라는 뜻이다. 어디로 가야 하는지를 알면 현재 어디에 있는지를 더 잘 이해할 수 있고 정확한 방향을 향해 한 발 한 발 내딛을 수 있다(Covey, 1989, p. 98).

미래에 초점 맞추기가 중요하다는 것은 4장과 6장에서 더 논의할 것이다.

해결책을 고려한 가정

Selekman(1993)은 실용적인 해결중심가정들을 제시한다. 이 가정들은 전문가에게 클라이언트를 살피는 새로운 시각을 제공한다.

저항이라는 용어는 유용하지 않다. 저항은 클라이언트가 변화를 원하지 않고 전문가도 실제로 변화의 현장에까지 개입할 수 없다는 의미이다. De Shazer(1984)도 저항은 유용한 개념이 아니라고 한다. 클라이언트에게 저항, 권력 그리고 통제의 입장에서가 아니라 협력적인 방법으로 접근하는 것이 더 바람직하다. 전문가는 클라이언트의 장점, 자원, 언어 그리고 의견을 활용하여 역량질문을 한다.

변화는 지속적인 과정이다. 안정성은 환상일 뿐이다. 문제는 변화가 일어날 것인가가 아니라 언제 일어날 것인가이다. 클라이언트는 긍정적인 자기충족적 예언을 통해 도움을 받을 수 있다. 변화에 대한 말과 실제 결과 사이에는 직접적인 관련이 있다. 과거, 현재, 미래의 성공에 대해 말하는 것은 도움이 된다. 하지만 과거와 현재의 실패에 관한 정보만을 모으면 부정적인 결과를 초래하는 경우가 많다.

클라이언트가 작은 변화들(예외상황들)을 보고 그 진가를 알게 되면 다른 변화들이 일어나기를 기대할 것이고, 이를 계기로 눈덩이 효과(snowball effect)를 믿게 될 것이다. 이미 클라이언트에게 해결이 시작되었지만 인식하지 못하는 경우가 많다. 해결의 시작은 문제의 예외상황들(숨겨진 성공들)이다. 예외상황들을 살펴보면 어떤 긍정적 행위를 더 크게 그리고 더 자주 할 수 있는지를 통찰할 수 있다. 문제가 해결된 가설적 상황을 살펴보아도 해결방향을 잡을 수 있다. 클라이언트는 전문가이고 스스로 해결책을 찾기 때문에 그 해결책은 클라이언트에게 적합할 뿐 아니라 그의 상황에도 잘 들어맞는다. 이러한 해결책은 빨리 찾을 수 있고 오래 지속될 것이다. 해결중심전문가는 사람을 병리적 관점에서 보지 않는다. 일반적으로 사람은 인생에서 하나 이상의 어려움을 겪고 산다. 그 어려움들은 클라이언트 또는 치료자를 포함한 주위 사람들이 어떻게 대응하느냐에 따라 고질적인 문제가 될 수 있다. 클라이언트는 자원과 능력을 가지고 있기 때문에 희망과 자신감을 되살릴 수 있다.

Walter와 Peller(2000)는 클라이언트에게 자신의 성공 이야기와 연관 지을 수 있는 세 가지 해결중심질문을 제시한다.

- 당신은 어떻게 그것을 했습니까?
- 당신은 어떻게 그것을 하기로 했습니까?
- 당신은 어떻게 그것을 해낼 수 있었습니까?

첫 번째 질문은, 클라이언트는 이미 무엇인가를 했기 때문에 행위, 능력 그리고 책임에 대해 생각할 것이라는 가정에 근거한다. 두 번째 질문은, 클라이언트는 자발적으로 결정했기 때문에 이를 계기로 미래를 향한 새로운 삶의 이야기를 쓸 수 있다는 가정에서 비롯된 것이다. 세 번째 질문은, 클라이언트를 성공과 연결시키는 질문이다.

Watzlawick 등(1974)에 의하면, 문제는 어려움을 해소하는 데 실패한 시도이다. 이들은 클라이언트가 자신의 문제를 처리하고자 했지만 성공하지 못하는 경우를 세 가지로 구분한다. 첫째, 클라이언트가 구체적인 행위가 필요한데 아무것도 하지 않는 경우이다(문제부인). 둘째, 행위를 했지만 그럴 필요가 없었거나 좀 더 약하게 했어야 할 경우이다(클라이언트가 다이어트 프로그램을 따라 했지만 프로그램이 너무 팍팍해서 끝까지 할 수 없다). 셋째, 부적절한 행위를 하는 경우이다. 예를 들어, 어떤 사람이 클라이언트에게 내키는 대로 자발적으로 하라고 요청해서 하는 행위는 더 이상 자발적이지 못하다.

해결중심인터뷰의 기본 가정은 항상 동일한 문제는 없으며, 문제를 해결하기 위해서는 문제에 대해 많은 것을 알 필요가 없다는 것이다. 전문가는 문제가 아예 없거나 약간 있을 때 클라이언트가 어떤 다른 행동을 하는지 또는 문제가 중단되었을 때 무엇이 다른지를 검토한다.

치료 목표는 클라이언트가 정한다. 클라이언트로부터 자신이 원하는 목표가 이루어졌을 때 삶이 어떻게 보일 것인지에 대해 아주 명확하고 자세하게 듣는 것이 중요하다. Einstein은 관찰 대상이 이론에 의해 결정된다고 믿었다. 실재는 관찰자에 의해 정의된다. 전문가는 직접 참여하여 클라이언트와 함께 체계의 실재를 구성해 나간다. 이에 비해, 정신분석치료자는 미해결된 갈등과 심리적 결점만을 볼 것이다. 전문가는 이론을 갖지 않을 수 없다. 해결중심전문가는 클라이언트가 문제로 가득 찬 이야기를 새롭게 다시 쓰도록 돕는 공동저자이다. De Shazer(1984)에 의하면, 전문가는 테니스 경기에서 관중이 아니라 클라이언트와 한 팀을 이루는 복식조 선수와 같다.

끝으로, 실재에 대한 완벽한 설명이나 기술은 불가능하다. 상황을 보는 방법은 많으며, 그 방법들은 모두 옳다. 전문가는 자신이 선호하는 모델만을 고집해서는 안 된다. 전문가에게 아이디어가 하나밖에 없다면, 그것만큼 위험한 것은 없다(14장 참조).

연습 1

현재 있는 곳에서 주위를 둘러보고 베이지색 물건 다섯 개를 찾는다. 찾은 물건들을 노트에 적기 전에 금방 보았던 파란색 물건들을 말해 보라. 아마 파란색 물건을 전혀 보지 못했거나, 보았다 하더라도 소수에 지나지 않을 것이다. 다시 한 번 베이지색 물건을 더 찾아보라.

이 연습을 통해 클라이언트가 갈등 상황을 어떻게 보는지 알 수 있다. 클라이언트는 갈등 상황을 베이지색으로 묘사할 것이다. 클라이언트는 베이지색을 원하지 않지만 그것 때문에 고통받고 있다. 그래서 베이지색을 저주하기까지 한다. 클라이언트에게 베이지색 대신 어떤 색을 원하는지 물으면, 베이지색 대신에 파란색에 집중할 것이다. 클라이언트에게 다음과 같은 질문을 할 수 있다. "파란색 삶은 어떤 모습일까요?" "지금 파란색 물건이 보이나요? 파란색 물건이 있었나요?" 또는 "파란색 삶이 10점이고 베이지색 삶이 0점이라면 현재 당신의 삶은 몇 점이나 되나요?"

클라이언트가 항상 갈등이 있다고 말하거나 당신이 해결중심조정가로서 접근방법을 명확히 하기를 원한다면 이 연습을 한 번 해볼 수 있다. 마지막 질문은 "과연 전문가로서 클라이언트와 파란색을 찾기 위해 베이지색에 대해 알아야만 하는가?"이다.

용인과 가능성

O'Hanlon(1999)은 행복하지 않거나 원하는 결과를 얻지 못했을 때는 무언가 다른 것을 해야 한다고 주장한다. Einstein도 다른 결과를 기대하면서도 동일한 것만 반복한다면 그것이야말로 미친 짓이라고 했다. 따라서 클라이언트는 문제를 푸는 방법이나 문제를 보는 눈을 바꾸어야 한다. 문제를 푸는 방법이 다르면, 다음과 같은 방법을 통해 변화를 위해 할 수 있는 구체적인 행위에 집중할 수 있다(O'Hanlon, 1999, p. 53).

- 클라이언트나 클라이언트와 관계를 맺고 있는 다른 사람들이 빠져 있는 반복적 패턴에 주목하고 그 패턴을 변화시킬 수 있다면 무엇이든지 한다.
- 일이 순조롭게 진척될 때 어떤 행위를 하는지 파악하고 그 행위를 더 많이 한다.

문제를 보는 눈이 변하면, 상황을 더 좋게 만들기 위한 한 방법으로서 클라이언트의 생각과 관심을 변화시키는 데 집중한다. 이를 위해서는 다음과 같은 방법이 필요하다.

- 감정과 과거를 용인한다. 물론 감정과 과거가 행위자의 행위를 결정하도록 하는 것은 아니다.
- 문제 상황에서 클라이언트의 관심을 다른 데로 돌린다.
- 클라이언트는 과거나 현재에 원하지 않는 것이 아니라 미래에 원하는 것에 집중한다.
- 클라이언트 자신과 상황을 위해 도움이 되지 않는 신념들을 버린다.
- 헌신적인 자세로 클라이언트가 아픔을 이기고 평소 실력 뒤에 숨겨진 자원을 이용할 수 있도록 돕는다.

요약하면, 해결중심인터뷰는 변화를 위해 용인과 가능성 사이에 균형을 잡는 것이다.

사회구성주의적 관점(social-constructionist perspective; Cantwell & Holmes, 1994)에 따르면, 클라이언트가 새로운 현실을 구성하는 데

조정가가 어떻게 기여할 수 있는지가 관건이다. 변화를 위한 클라이언트의 능력은 현실을 다르게 볼 수 있는 능력과 직결되어 있다. 현실에 대한 정의나 바라보는 관점의 변화는 특히 바라는 미래와 유용한 예외상황에 관한 대화를 나눌 때 일어난다. 해결중심질문들은 클라이언트의 삶에 이미 존재한다고 생각되는 목표와 해결책을 확인하기 위해 만들어졌다. 클라이언트가 문제에도 불구하고 버틸 수 있는 방법, 이미 좋게 작용하고 있고 앞으로 지속되어야 할 클라이언트의 생각 그리고 상담을 예약한 이후에 개선된 것들에 관한 질문이 차이질문이다. 목표 설정, 예외상황, 척도 그리고 능력에 관한 질문들을 통해 중요한 정보를 이끌어 낼 수 있다. 이 질문들을 통해 문제중심대화로는 놓치기 쉬운, 클라이언트의 내면에 관한 정보를 얻을 수 있다. 조정가는 모든 답을 알고 있는 전문가가 아니다. 스스로 해결책을 강구하는 클라이언트의 입을 통해 모든 것을 듣는다. 조정가는 해결중심질문을 하고(Bannink, 2006c, 2010a) 클라이언트의 동기부여와 연관된 행동의 변화를 격려해 주는 전문가이다(8장 참조).

대화미시분석

Tomori와 Bavelas(2007)는 **미시분석**(microanalysis)을 통해 심리상담사들의 매 순간의 의사소통 행위들을 가까이 접근하여 연구하였다. 이들은 Steve de Shazer와 Carl Rogers와 같은 해결중심상담과 문제에 초점을 둔 클라이언트중심상담 전문가들의 상담장면들을 분석하였다. 첫 번째 분석에서는 상담사의 대화방법, 즉 상담사가 어떤 질문 또는 표현[formulation, 예: 재진술(paraphrasing)] 방식으로 기여하는지를 파악하였다. 두 번째 분석에서는 질문 또는 표현이 긍정적인지, 중립적인지, 부정적인지 평가하였다. 분석 결과에 따르면, 해결중심전문가들과 클라이언트중심전문가들은 상담진행 구조에서 차이를 보였다. 클라이언트중심상담사들은 거의 서술형식의 표현으로 클라이언트의 기여에 응답하였다. 이에 비해 해결중심전문가들은 클라이언트의 기여를 유도하고 그 기여에 응답하는 방식으로 질문과 표현을 모두 사용하였다. 전문가들은 기여 태도에서도 차이를 보였다. 해결중심상담사들의 질문과 표현은 주로 긍정적인 반면, 클라이언트중심상담사들의 질문과 표현은 대개 부정적이었고 간혹 중립적이거나 긍정적이었다.

긍정적 상담사의 질문, 진술, 표현 또는 제안 내용은 클라이언트의 삶(예: 관계, 특징, 과거와 현재 그리고 미래의 경험)에서 긍정적 측면을 강조한 것들이다. 긍정적 클라이언트의 질문, 진술, 표현 또는 제안 내용도 삶(예: 관계, 특징, 과거와 현재 그리고 미래의 경험)에서 긍정적 측면을 강조한 것들이다. 부정적 상담사나 클라이언트가 말한 내용은 긍정적 내용과는 정반대이다. 또 다른 분석결과에 따르면, 상담사의 입장이 긍정적이면 클라이언트도 긍정적인 것을 더 많이 말하는 반면, 상담사의 입장이 부정적이면 클라이언트도 부정적인 것을 더 많이 말하는 것으로 나타났다.

미시분석에서 상담사가 상담에서 한 행위들에 관한 증거자료를 보충하면 상담결과에 관한 연구를 보완할 수 있다. 조정도구로서 언어에 초점을 맞춘 분석은 여전히 부재하다. 문제중심조정가와 해결중심조정가의 언어를 비교분석하면, 그 결과는 아마 앞에서 언급한 심리상담의 미시분석결과와 동일할 것이다.

경험적 증거

해결중심상담 분야에서 상담결과에 관한 연구가 점점 늘어나고 있다. 불행하게도 해결중심갈등관리의 결과에 관한 연구는 없다. 하지만 연구해 보면 그 결과는 상담결과와 유사할 것이다.

상담의 효과를 검증하기 위해서는 예후에 대한 객관적 측정뿐 아니라 클라이언트가 중요하다고 여기는 내용에 대한 개선사항도 검토해야 한다(Kazdin, 2006). Kazdin(2006)은 효과연구에 임상학적 의의가 첨가되어야 한다고 주장한다. 즉, 클라이언트 스스로 자신의 일상에서 치료 처치가 유용했는지 평가해야 한다는 것이다.

De Shazer(1991), De Jong과 Berg(1997), Miller, Hubble 그리고 Duncan(1996) 모두 해결중심상담의 성공과 관련된 연구를 수행하였다. 하지만 그들의 연구 결과는 통제연구가 아니라 한 집단을 대상으로 한 사전-사후연구이므로 만족스러운 증거가 될 수 없다. Gingerich와 Eisengart(2000)는 15개의 결과연구를 통계적으로 잘 검증된 연구와 그렇지 못한 연구로 구분하여 검토하였다. 통계적으로 잘 검증된 연구들 중에서 우울증을 앓고 있는 대학생을 대상으로 한 연구에 따르면, 해결중심상담은 대인관계 심리상담(interpersonal psychotherapy)과 유사한 결과를 보였다. 이러한 결과 연구들은 대개 표본 규모가 작고 해결중심상담에 호의적인 연구자들에 의해 실시되었다.

Stams 등(2006)은 해결중심상담의 효능을 양적으로 입증하기 위해 총 1,421명의 클라이언트를 대상으로 한 21개의 국제연구에 대해 메타분석을 실시하였다. 그들은 클라이언트 특성, 문제 유형, 개입 특성, 연구형식 그리고 출판편향(publication bias)에 영향을 미치는 요인들을 조사하였다. 연구 결과, 해결중심상담은 문제중심상담보다 더 많은 영향을 미치지는 않았지만, 단기간에 긍정적 영향을 미치고 클라이언트의 자율성 욕구를 충족시킨 것으로 나타났다. 많은 연구에서 강조하듯이(Macdonald, 2007), 모든 심리상담모델에서 효과적인 치료를 위한 핵심 이슈는 명확한 목표하에 치료동맹(therapeutic alliance)을 통한 클라이언트와 상담자의 협력이다.

6개 무작위대조연구(randomised controlled trials)에서는 해결중심상담이 기존의 치료법보다 더 유익한 것으로 나타났다. 15개의 비교연구 중에 14개의 연구에서 해결중심상담의 결과가 좋거나 보통 치료법보다 더 나은 것으로 나타났으며, 한 연구에서는 차이가 명확치 않았다. 총 2,200개 사례를 대상으로 한 30개의 효과연구에서 해결중심상담의 성공률은 60% 이상이었고, 상담은 평균 3~5회기로 나타났다. 이러한 결과는 2개 메타분석에서도 입증되었다. 이외에도 적어도 30개의 소규모 연구가 더 있다. 해결중심상담은 정신보건이나 여타의 분야에서의 많은 문제에 대한 현실적이고 실용적인 접근법이다.

연구에 따르면, 많은 상담모델이 활용되고 있지만 해결중심대화는 클라이언트를 위해서뿐만 아니라 전문가를 양성하는 데도 시간이 적게 든다.

> 그래서 해결중심상담은 다른 상담들에 필적할 수 있다. 그 이유는 처치에 시간과 자원이 적게 들지만 상담사의 긴장을 완화시키고 상담에 대해 회의적인 집단이나 클라이언트에게 도움을 주기 때문이다(Macdonald, 2007, p. 113).

상류층에 더 효과적인 상담접근법들과 비교해 보면, 해결중심상담은 모든 사회경제적 계층에게 동일한 혜택을 주고 있다.

적응증과 금기증

해결중심모델은 정신보건(De Shazer, 1985, 1994; De Jong & Berg, 1997; O'Hanlon & Rowan, 2003; Bannink, 2005, 2006c, 2006d, 2007a, 2007b, 2007c, 2008d; Bakker & Bannink, 2008), 관리와 코칭(Cauffman, 2003; Berg & Szabo, 2005; Furman & Ahola, 2007), 해결중심조직(Stam & Bannink, 2008), 교육(Metcalf, 1995; Goei & Bannink, 2005), 지적장애인들과의 작업(Westra & Bannink, 2006; Roeden & Bannink, 2007a, 2007b), 운동조정(Bannink, 2006a, 2006b, 2008a, 2008b, 2008c, 2008e, 2008f, 2009c, 2009d, 2010b) 등 클라이언트와 전문가 사이에 대화가 가능한 모든 상황에 적용할 수 있는 것으로 증명되었다. 해결중심모델은 개인뿐 아니라 공동의 목표, 즉 미래 또는 비전이 중요한 집단이나 팀 그리고 조직에서도 활용하기에 적합하다.

금기증(contraindication)은 예를 들어, 클라이언트가 정신증 환자이거나 전문가와 대화하기를 원치 않는 경우와 같이, 클라이언트와 대화가 불가능한 상황이다. 또 다른 금기증은 해결중심대화가 실망스러운 결과를 낳는 경우이다. 이런 경우에는 좀 더 회기가 많은 문제중심상담이 필요하거나 해결중심전문가를 다른 전문가로 교체할 수 있다. 연구(Norcross et al., 2002)에 따르면, 성공적 결과를 내기 위해서는 그 어떤 방법보다 전문가와의 관계가 더 중요하다.

금기증이 클라이언트가 아닌 전문가 또는 기관의 태도와 관련된 경우도 있다. 가령 전문가가 클라이언트에게 조언을 하는 등 전문가로서의 태도를 취하지 않는다면 그 해결중심인터뷰는 제대로 이루어지지 않을 것이다. 마지막 금기증은 전문가 또는 기관에서 재정적 안정성을 위해 상담 대기자를 늘리는 경우이다. 해결중심인터뷰는 그 속성상 대개 단기로 진행되기 때문에 상담 대기기간이 상대적으로 빨리 줄어들 수 있다.

이야기 4: 문제를 찾는 문제

프랑스 혁명 당시 변호사, 의사, 엔지니어가 사형선고를 받았다. 사형을 집행하는 날, 변호사가 먼저 단두대에 올랐다. 초지일관 당당한 모습이었다. 사형집행인이 “눈가리개를 할 것이오?”라고 물었다. 변호사는 죽음 앞에서 두렵거나 비겁한 모습을 보이고 싶지 않았다. 고개를 곧추세우고 “아니요.”라고 답했다. “머리를 들 것이오, 내릴 것이오?”라고 사형집행인이 또 물었다. 여전히 타협이란 있을 수 없어 보였다. 변호사는 "머리를 들 것이오."라고 당당하게 답했다. 집행인이 단두대 상단에 매달린 예리한 칼날과 연결된 밧줄을 들고 있던 도끼로 내리쳤다. 그러자 칼날이 떨어졌지만 변호사의 목 위 거의 0.5인치 정도에서 멈췄다. 집행인은 "미안합니다. 늘 하듯이 오늘 아침에도 칼날을 점검했는데, 있을 수 없는 일이 벌어졌네요." 라고 했다.

변호사는 기회를 잡았다. 지조를 지키기 위해 죽음도 각오했지만 살고 싶었다. 집행인을 향해 "내 생각에, 단두대 사형집행 절차 매뉴얼에 의하면 단두대가 고장 나면 사형수는 석방되는 것으로 알고 있소."라고 하자, 집행인은 매뉴얼을 보고 변호사의 말이 옳았기 때문에 석방하였다.

다음으로 의사가 단두에 올랐다. 집행인이 "눈가리개를 할 것이오?"라고 물었다. 의사는 변호사와 마찬가지로 당당하게 "아니요." 라고 했다. "머리를 들 것이오, 내릴 것이오?"라고 집행인이 묻자, 의사는 "머리를 들 것이오."라고 당당하고 거만스럽게 답했다. 집행인은 도끼로 밧줄을 잘랐다. 또 칼날이 의사의 목 위 거의 0.5인치 정도에서 멈췄다. "믿을 수 없는 일이야." 하며 집행인이 소리쳤다. 그러고는 "두 번씩이나. 오늘 아침에 자세히 점검했는데, 규칙은 규칙이니 따를 수밖에. 변호사처럼 당신도 목숨을 건졌소. 석방이오."라고 했다.

엔지니어가 세 번째로 단두대에 올랐다. 이때 당황한 집행인이 단두대를 두 번이나 점검하고 모두 이상 없음을 확인했다. "눈가리개를 할 것이오?" 하고 묻자, 엔지니어는 "아니요."라고 답했다. "머리를 들 것이오, 내릴 것이오?"라고 집행인이 묻자, 엔지니어는 "머리를 들 것이오."라고 답했다. 세 번째로 집행인이 도끼를 들고 칼날 밧줄을 자르려 하자, 엔지니어가 소리 질렀다. "멈추시오! 내가 단두대의 문제를 찾을 수 있을 것 같소."라고.

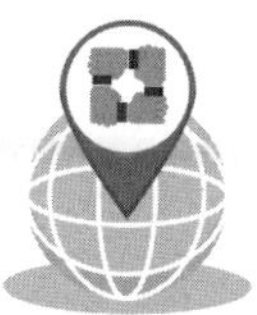

04
해결중심갈등관리

현재의 모습은 보기가 쉽지만,
미래의 변화된 모습을 보기는 쉽지 않다.
–Albert Einstein

네 가지 갈등접근법

De Shazer가 『Keys to Solution』을 출판했을 당시, De Bono(1985)도 『Conflicts: A Better Way to Resolve Them』을 출판하였다. 두 사람은 만난 적이 전혀 없지만, 두 책에는 몇 가지 주목할 만한 유사점이 있다. De Bono는 갈등에 접근하는 방법을 **투쟁**(fight), **협상**(negotiate), **문제해결**(problem solve), **디자인**(design)으로 구분하였다.

투쟁 접근법에서는 전술, 전략, 약점 등 주로 투쟁 관련 용어들이 쓰인다. 이 용어들은 승리가 목표인 법정에서 쓰이는 관용어들이다. 조정에서 종종 사용되는 당사자(party)라는 용어 역시 법정 관련 용어에서 유래된 것으로, 해결중심갈등관리에서는 중립적 용어인 클라이언트(client)라는 용어로 대체하여 사용한다.

협상에서는 타협점이 제시된다. 타협 가능성은 새로운 구상보다는 이미 존재하는 것에 국한된다(Einstein, 1954 참조).

문제해결은 의학적 또는 기계공학적 모델에 근거하여 문제와 그 원인을 함께 분석한다. 문제해결의 단점은 문제가 먼저 정해져야 예상되는 해결책도 정해진다는 것이다. 갈등에 대한 이 세 사고방식은 이미 발생한 것에 집중하여 과거를 뒤돌아본다.

네 번째 디자인 접근법은 가장 좋은 갈등해결방법으로서, 미래를 향하여 앞으로 발생할 것에 집중한다. 이를 위한 한 가지 방법은 먼저 상상으로 미래의 최종점을 정한 다음, 그 지점에 이르는 해결책을 찾아내는 것이다. 또 다른 접근법은 단순하게 그 지점으로 건너뛴 다음에 꿈 같은 해결책을 상상하는 것이다. 그 해결책은 환상적인 내용을 담고 있어 비논리적이어도 상관없다. 더 중요한 것은 이 방식을 통해 갈등이 아니라, 갈등이 더 이상 존재하지 않는 상황에서 '갈등이 이미 해결되었다고 상상하면서 내가 달리 행동할 수 있는 것이 무엇인지를 상상해 보는 것'이다. 갈등 상황의 변화를 전제로 하는 가설질문은 조정에서 매우 유용한 방법이다. 예를 들어, 갈등해결방법이 있다면 그것이 어떤 차이를 만들 것인지를 가정해 보는 것이다. 우리의 인지와 사고는 딱딱하게 굳어 있기 때문에, 유연하게 하기 위해서는 약간의 불안감을 조장할 필요도 있다. 조정가의 기본적인 목표는 2차원적 싸움을 3차원적 탐구로 전환하여 바람직한 결과를 설계할 수 있도록 이끄는 것이다(De Bono, 1985, p. 124).

미래에 초점 맞추기 2

Beckhard와 Harris(1987)는 조직변화모델을 개발하였다.

현재 상태 → 과도기적 전이 상태 → 원하는 미래 상태

이 모델은 변화 과정 및 단계를 깊이 이해하는 데 도움이 된다. 변화와 관련된 사람들의 첫걸음은 원하는 미래 상태를 상상하는 것이다. 이를 통해 변화를 위한 목표를 확립하고 긴장을 완화하며 다른 것에 열린 자세를 취할 수 있다. 미래에 대한 소망으로 시작하면 에너지, 열정, 동기부여 그리고 계획과 그 실행에 대한 헌신이 커진다(Lindaman & Lippitt, 1979: Beckhard & Harris, 1987에서 재인용).

첫걸음에 이어 다음 단계는 현실로 돌아와 조직의 현재 상태, 능력, 자격 등을 평가한다. 미래 구상과 현재 상태 평가 후에 현재 상태와 바람직한 미래 상태 간 차이를 기반으로 전이 상태를 만드는 과도기 단계로 간다. 그 차이는 긴장을 유발하여 전이 상태에서 동기부여의 원동력으로 작용한다. 전이 상태는 조직체계를 위해 변화욕구와 안정욕구의 균형을 잡는 방법이다. 이 모델이 거대하고 복잡한 조직변화에 가장 많이 사용되고 있지만, 관련 개념들은 개인과 소규모 수준에서도 모두 적용 가능하다.

Salacuse(1991)는 클라이언트들이 "카누를 같은 방향으로 젓기" 위한 몇 가지 규칙을 제시한다. 협상 목적을 명확히 정하고 모

든 클라이언트의 이해관계를 충족시키는 창의적인 해결책의 가능성들을 조사한다. 합의점에 (이미) 도달하였거나 (이미) 개선된 순간들을 강조하면서 목적과 관계의 긍정적 측면을 강조한다. 또한 Salacuse(2000)는 최종 결과에 대한 비전의 중요성을 역설한다. Michelangelo는 대리석에서 다윗의 장엄한 모습을, Mozart는 묵상 속에서 레퀴엠(진혼곡)의 장중한 선율을 들을 수 있었다. 클라이언트들이 원하는 것은 당장의 도움이 아니라 미래에 관한 도움이다. "조언자가 의사, 변호사, 재정고문, 심리상담사이든, 이들의 임무는 클라이언트가 보다 나은 미래를 갖도록 도와주는 것이다." (Salacuse, 2000, p. 44)

Mnookin 등(2000)에 따르면, 변호사와 클라이언트들이 도리나 옳음에만 초점을 맞추다 보면 정작 갈등 밖에 있는 해결책들을 간과할 수 있다고 한다. 많은 경우, 이 해결책들은 원래 갈등과는 아무런 상관이 없다(De Shazer도 해결책 개발은 문제와 반드시 연관성이 있는 것이 아니라고 한다). 합의안은 법정에서는 결코 상상조차 할 수 없는 명령이 될 수도 있다. 더욱이, 이들이 강조하기를 변호사들(과 클라이언트들)은 긍정적 결과에 대한 희망을 너무 쉽게 버리기 때문에 결과적으로 아무것도 못한다고 한다.

Haynes, Haynes 그리고 Fong(2004)은 조정가는 미래시제에서만 조정을 할 수 있다고 한다. 이들은 조정가에게 변화를 유도하기 위해 미래중심질문을 사용할 것을 제안한다.

대부분의 클라이언트는 원하지 않는 것에 관해서는 아주 명확히 의사표시를 하지만 원하는 것에 관해서는 입을 다문다.

> 그러나 조정가는 클라이언트들로 하여금 미래에 원하는 것을 정하고 그것을 성취할 수 있는 방법을 결정하도록 도움을 줄 때만 유익하다. 조정가는 클라이언트들이 원하지 않는 것을 얻지 않도록 도움을 주기는 어렵다. 하지만 조정가가 클라이언트들과 함께 과거에 연연하면 클라이언트는 원치 않은 것에만 매달린다(Haynes, Haynes, & Fong, 2004, p. 7).

Coleman(2000)은 캐나다 퀘벡주 일대의 인디언 원주민 Mohawk 족의 중요한 전통에 대해 기술하였다. 이 전통에 따르면, 추장들은 책임지고 7세대를 고려하여 생각하여야 한다. 이 전통은 7세대 전에 내린 결정들이 현재 세대에 영향을 미치고, 현재 세대에서 내린 결정들이 다음 7세대에게 영향을 미친다는 신념에 기반을 두고 있다. Coleman은 말하기를, 갈등에 관한 이러한 장기적 사고방식은 필수적이지만 유감스럽게도 갈등해결 학자나 전문가에게서 찾기 힘들다고 한다. 하지만 몇 가지 예외가 있다. 그중 하나가 초점상상력(focused social imaging)으로서, 악의적인 사회적 갈등에 빠진 분쟁 당사자들을 위한 창의적이고 희망적인 과정이다. 이 접근법은 매우 단순하다. 갈등해결 전문가들은 갈등이 있는 참가자들(예: 아랍 및 이스라엘 젊은이들)을 적극적으로 개입시킨다. 이들은 갈등과 관련된 몇 가지 사회적 관심사(예: 공동체 폭력 감소, 공동체 보건 서비스 개선)를 확인하는 것으로 시작한다. 참가자들은 잠시 현재 상황은 묻어 두고 현재 관심사들이 효과적으로 처리될 약 20~30년 후로 이동한다. 참가자들이 먼저 이상적 미래의 사회제도 및 관습에 관한 감을 잡을 때까지 토론이 지속된다. 그들은 공동의 문제들을 효과적으로 해결하는 데 필요한 공동체의 제도와 비전을 함께 만들어 가기 시작한다. 이어서 천천히 시간을 거슬러 올라가서 그러한 제도 및 관계에 선행되어야 하는 단계들을 파악한다. 이 작업은 현재와 미래 중간에 있는 환경맥락에서 자신들이 과연 그 이상적 미래를 성취할 수 있는지 따져 보는 창의적이고도 중요한 과정이다. 최종적으로 이 과정을 통해 비전을 현실화할 수 있는 통찰력과 계획을 마련할 수 있다. 이 과정을 통해 참가자들은 이전에는 상상조차 할 수 없었던 현재 갈등에 대한 의견들과 접근법들을 깨닫게 된다.

Bunker(2000)는 대규모 집단 방법으로서 **미래탐색**(future search)을 제시한다.

> 그런 다음에, 그들에게 직면하고 있는 현실은 잠시 접어 두고 자신들이 정말 바라는 미래를 상상해 보라고 요청한다. 마지막으로, 가장 바람직한 미래의 방향에 대해 합의하고 실현을 위한 행동계획을 세우는 작업을 하게 한다. 전체적 계획은 합리적이고 이성적이지만, 이러한 작업 자체는 흥미롭고 도전적인 과정이다. 사람들은 상호작용을 통해 변화를 위한 에너지와 동기를 얻는다(p. 550).

미래에 대해 서로 생각이 다른 경우, 관건은 공통점을 찾는 것이다. 사람들에게 공통점을 찾는 데 마음과 에너지를 집중하도록 한다. 차이점을 발견하고 신중하게 고려하도록 격려는 하되, 갈등해결에만 너무 많은 에너지를 쓰지 않도록 한다. 서로 동의하는 것을 찾고, 그것을 자원 삼아 앞으로 나아가는 데 더 신경을 쓰도록 한다.

클라이언트, 당사자, 변호인 그리고 소송 당사자: 각 단어의 의미

이 책에서 클라이언트는 조정 참가자를 지칭하는 용어이다. 일각에서는 조정 참가자들을 원고 또는 피고라고 부르기도 한다. 앞에서 언급하였듯이, 이러한 용어들은 전쟁 용어에서 파생되었기 때문에, 해결중심 관점에서는 좀 더 중립적인 단어인 클라이언트를 사용하는 것이 더 바람직하다. 비록 그들이 자신의 클라이언트를 조정가에게 보내고 있음에도 불구하고, 이 책에서는 조정에 관여하는 변호인을 클라이언트라고 부르지 않는다.

연습 2

당신의 인생에서 문제나 갈등이 있었던 시기로 돌아가 생각해 보자. 그때 당신은 어려움을 어떻게 해결했는가? 당신이 사용했던 방법 중에 해결에 도움이 된 것 세 가지를 생각한다.

당면 문제나 갈등이 있다면, 과거에 적용하였던 방법 중에 어느 것을 현 상황에 적용하고 싶은가? 그리고 유사한 문제나 갈등을 해결하기 위해 다른 사람들은 어떤 방법을 사용하고 있는가?

전통적 갈등관리와 해결중심갈등관리의 차이

〈표 4-1〉은 전통적 갈등관리와 해결중심갈등관리의 차이를 개괄적으로 보여 준다. 문제해결모델(problem solving model), 전환적 모델(transformative model), 이야기모델(narrative model)을 포함한 전통적 모델과 해결중심모델의 차이점에 대한 상세한 비교는 14장에서 다룰 것이다.

전통적 갈등관리와 해결중심갈등관리는 세 가지 중요한 차이점이 있다.

첫 번째 차이점은 무엇에 초점을 맞추는가이다. 전통적 모델은 갈등, 원인, 영향, 감정 등에 초점을 맞춘다. 해결중심모델은 클라이언트가 자신의 삶에서 원하는 변화와 그 변화를 이루기 위한 방법에 초점을 맞춘다. "갈등 대신에 그들이 원하는 것은 무엇인가?" 대화는 클라이언트가 원하지 않는 것이 아니라 원하는 것을 중심으로 한다. 물론 갈등이 클라이언트에게 미치는 영향은 인정한다. 하지만 이것은 갈등과 그 결과에 초점을 맞추는 것과는 매우 다른 사안이다. 두 번째 차이점은 해결책 개발을 반드시 갈등 자체에 국한하지 않는다는 것이다. 따라서 갈등분석 자체가 해결책을 찾는 데 반드시 유용한 것만은 아니다.

마지막 차이점은 조정가의 태도(attitude of the mediator)이다. 해결중심갈등관리에서 조정가는 아무것도 모른다는 자세로 조언 대신 질문을 하고 한 걸음 뒤에서 이끌기 때문에 조언을 하지 않는 태도를 취한다(3장 '대화미시분석' 참조).

표 4-1 전통적 갈등관리와 해결중심갈등관리의 차이

전통적 갈등관리	해결중심갈등관리
• 과거와 현재 중심	• 미래 중심
• 클라이언트가 원하지 않는 것-늘 갈등 위주의 대화	• 갈등보다는 클라이언트가 원하는 것-소망하는 미래 위주의 대화
• 갈등 탐구 및 분석에 초점	• 갈등 예외상황에 대한 탐구 및 분석에 초점
• 일치를 주장하고, 불가능한 것 위주의 대화	• 차이를 인정하고, 가능한 것 위주의 대화
• 통찰을 위한 대화와 책임소재 및 무효 규명을 위한 대화	• 책임소재 및 실패 규명이 아니라 임무와 행위를 위한 대화. 통찰은 조정 중 또는 이후에 가능
• 클라이언트의 낮은 동기부여(저항)	• 클라이언트의 높은 동기부여(그들의 목적과 조정가의 목적이 같지 않음에도 불구하고)
• 무능한 클라이언트(결핍모델)	• 강점과 능력 있는 유능한 클라이언트(자원모델)
• 조정가는 전문가로서 클라이언트에게 조언	• 조정가는 전문가인 클라이언트에게 질문. 조정가는 '나는 모른다'는 태도로 한 걸음 뒤에서 이끌기
• 조정가의 변화이론	• 클라이언트의 변화이론
• 감정표현이 목적	• 클라이언트별 사적 목적. 감정표현이 반드시 필요한 것은 아님
• 인정과 임파워먼트가 목적	• 인정과 임파워먼트는 원하는 미래에 도달하기 위한 수단
• 해석	• 승인, 확인 그리고 가능성을 열어 둠
• 커다란 변화 필요	• 작은 변화로도 충분
• 새로운 기량 습득이 필요	• 새로운 것을 습득할 필요가 없음. 클라이언트들은 유능하고 이미 변화하고 있음
• 조정 종료 시 클라이언트로부터 피드백을 받음	• 조정의 각 회기마다 클라이언트와 조정가가 서로 피드백을 주고받음
• 장기 갈등관리	• 가변적이고 개별적인 기간. 단기 갈등관리
• 조정가가 조정을 종료함	• 클라이언트가 조정을 종료함
• 갈등해결만이 성공	• 원하는 결과를 얻었을 때 성공. 원하는 결과는 갈등해결과 다르거나 더 좋을 수도 있음

해결중심조정가는 클라이언트야말로 자신과 자신의 경험 및 그 의미에 대해 가장 잘 아는 전문가라는 전제하에 조정을 진행한다. 조정가는 클라이언트를 이끄는 최선의 방법이란 해결책에 초점을 맞추어 한 걸음 뒤에서 이끄는 것이라고 생각한다. 따라서 잘 모른다는 자세로 인터뷰 기법을 개발하여 클라이언트가 자신과 자신이 처한 상황에 대해 자세한 정보를 제공하도록 한다. 클라이언트를 너무 잡아끌거나 밀어붙이지 않으며 일방적으로 이끌어 가지도 않는다. 클라이언트는 자신의 삶에 대한 전문가이며, 조정가는 질문을 통해 클라이언트가 스스로 자신에 대해 말하고 갈등에 대한 해결책을 찾도록 돕는다. 이러한 태도는 클라이언트로 하여금 신뢰와 자신감 그리고 미래에 대한 희망을 가지게 한다.

갈등 이야기 바꾸기

다음의 네 가지 갈등 이야기 유형은 해결중심갈등관리를 통해 해결 이야기로 바꿀 수 있다.

- 비난 이야기: 갈등에 대한 책임을 물어 누군가를 비난한다.
- 불가능 이야기: 주어진 상황에서는 어떠한 변화도 불가능하다.
- 무효 이야기: 누군가의 감정, 욕구, 생각 또는 행동들은 잘못된 것이거나 받아들일 수 없다.
- 이해할 수 없는 이야기: 사람들은 자신들이 통제할 수 없는 다른 사람들이나 요인들의 통제하에 있다고 주장하면서 자신의

행동에 대해 책임지려 하지 않는다.

갈등 이야기는 갈등을 평가, 판단 또는 설명하기보다는 갈등의 영향과 갈등 관련 사실들을 인정함으로써 해결 이야기로 바꿀 수 있다. 도움이 되지 않는 갈등 이야기와 상반된 증거가 나올 수도 있고, 클라이언트는 자신이 가지고 있는 이야기가 전부가 아님을 깨달을 수도 있다. 동정적이고 도움이 되는 이야기를 만들고 자신과 타인 및 상황에 대해 좀 더 친근하고 유연한 관점을 가지는 것도 가능하다(O'Hanlon, 1999).

3장에서 이미 해결중심인터뷰가 변화를 위해 어떻게 용인과 가능성 사이에 균형을 잡는지에 대해 살펴보았다. 해결중심갈등관리에서 조정가의 역할은 갈등의 효과를 용인하고 클라이언트들이 불가능보다 변화 가능성에 초점을 맞추도록 돕는 것이다. 이 과정에서 조정가의 설득과 영향력도 나타나게 된다(8장 참조).

조정가가 직면하는 도전적 과제 중에 하나는 타인의 관점에서 사례를 보는 것이다. 해결중심갈등관리에서 이러한 과정은 여타 조정 유형의 관점과는 전혀 다르다. 해결중심모델에서 갈등은 조정가, 증거 또는 재판에서의 승소 가능성의 관점이 아니라, 클라이언트들과 그들이 달성하고자 하는 목표의 관점에서 고려되어야 하는 사안이다. 이러한 접근법은 새롭고 폭넓은 관점을 제공함으로써 다양한 해결방안을 모색할 수 있다. 이것이 바로 승-승(win-win) 시나리오이며(2장 참조), 이 시나리오에서 클라이언트들은 승자가 되기 위해 무엇을 할 수 있는지에 관한 질문을 받고, 조정가는 클라이언트들이 그런 목적을 달성할 수 있도록 도움을 준다.

Lazarus(2000)는 스트레스반응모델을 개발하고 연구하였다. 그의 연구에 의하면, 위협 상황에서 사람들은 그 대처전략으로서 희망적 관측, 회피, 분노, 적대감 그리고 공격을 사용하는 경향이 있다. 스트레스를 하나의 도전으로 보게 되면, 사람들은 해결책을 모색하고 사려 깊은 행위를 하려고 한다.

위기(crisis)를 뜻하는 중국 한자는 다음과 같이 표기된다. 위기(Wei Ji)는 위험과 함께 기회를 뜻한다. 여러분은 클라이언트들에게 이러한 중국의 지혜를 들려주면서 다음과 같은 해결중심질문을 할 수 있다.

- 갈등에서 위험과 위협뿐만 아니라 도전과 기회를 엿볼 수 있다고 가정한다면, 당신은 어떤 도전을 하고 어떤 기회를 포착할 수 있나요?
- 당신이 그 도전과 기회를 선택한다면, 무엇이 달라지나요?
- 당신은 어떤 행동을 다르게 할 수 있나요?
- 그 행동은 어떤 도움이 되나요?
- 그 행동은 당신과 상대의 관계에 어떤 변화를 주나요?
- 그런 관점에서 상황을 볼 수 있으려면 당신에게 필요한 것은 무엇인가요?

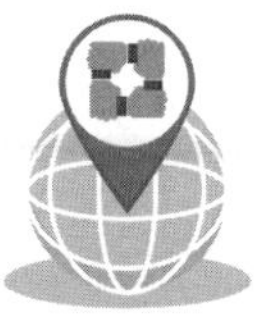

05

해결중심핵심질문

일반적으로 사람은 타인이 생각한 이유보다
자신이 발견한 이유로 더 잘 납득한다.
–Blaise Pascal

연습 3

조정을 시작할 때 당신은 보통 어떤 질문을 하는가? "당신의 갈등은 무엇인가요?" 또는 "당신의 어려움은 무엇인가요?"와 같은 문제중심(problem-focused)질문을 하는가? "당신은 무엇 때문에 여기에 오셨나요?"와 같은 중립적인 질문을 하는가? "무엇을 도와드릴까요?"와 같은 당신이 열심히 일하고 있음을 암시하는 질문을 하는가? 클라이언트의 조정 목적을 파악하기 위해 해결중심(solution-focused)질문을 하는가? 해결중심질문은 다음과 같다. "당신이 가장 원하는 것은 무엇인가요?" 혹은 "당신은 이 조정이 종료될 때 어떤 것을 이루고 싶은가요?" "상황이 좋아져서 더 이상 조정에 나올 필요가 없다고 한다면, 당신은 그것을 어떻게 알 수 있나요?" 또는 "당신은 갈등 대신에 무엇을 원하시나요?"

당신은 기적질문(miracle-questions)과 같은 해결중심 가설질문을 하는가? 예를 들어, 다음과 같은 질문들을 생각해 볼 수 있다. "지난밤에 기적이 일어나 당신이 겪고 있는 갈등이 말끔히 해소되었습니다. 그러나 당신은 여전히 그것을 알지 못한다고 가정해 봅니다. 다음 날 아침에 무엇인가 일어났다는 것을 당신은 먼저 무엇을 보면 알 수 있을까요? 당신은 어떻게 그것을 알아차릴 수 있을까요? 차이점은 무엇일까요? 당신은 어떤 다른 행동을 할 수 있을까요? 그 밖에 다른 것은 무엇이 있을까요? 무언가가 달라졌다는 것을 당신 외에 알아차릴 수 있는 사람은 누구일까요? 그들은 어떻게 말할까요? 그들은 어떤 다른 행동을 할까요? 그 사람들과 당신의 관계는 어떻게 변할까요?" 이와 같은 모든 질문을 시도해 보고 클라이언트의 반응과 대화 분위기의 변화를 살핀다.

희망질문

기본적인 해결중심질문 네 가지는 다음과 같다.

- 당신이 바라는 최고의 희망은 무엇인가요?
- 그 희망으로 달라지는 것은 무엇인가요?
- 이미 올바른 방향으로 작동되고 있는 것은 무엇인가요?
- 긍정적 변화를 알리는 다음 단계 또는 다음 신호는 무엇인가요?

첫 번째 해결중심질문은 희망(hope)에 관한 것이다. 이미 2장에서 전술하였듯이, 희망은 목적지(목표), 지도(경로) 및 운송수단(주도)을 필요로 한다는 점에서 일종의 여행과 같다고 할 수 있다. 희망에 관한 연구는 목표와 그 목표에 다다르기 위한 방법을 가지고 있는 것이 중요함을 보여 주고 있다. 희망에 찬 사람은 그렇지 못한 사람보다 더 분명한 목표, 즉 목적지를 가지고 있다. 또한 그들은 그 목표까지 가는 경로에 대한 명확한 이미지, 즉 정신적 지도를 그리고 있다. 그뿐만 아니라 그들은 자신들이 목표에 좀 더 가까이 가기 위해 무엇인가를 할 수 있다고 믿고 있으며, 더 나아가 스스로를 그 목표까지 가는 운송수단으로 인식한다. 목표로 가는 길에 장애가 생기면, 높은 희망을 가진 사람들은 낮은 희망을 가진 사람들보다 좀 더 쉽게 대안을 찾고 기분도 더 좋아질 것이다. 따라서 해결중심갈등관리에서는 먼저 라포를 형성하고 규칙을 설명한 다음, 첫 번째 질문은 "당신이 원하는 최고의 희망은 무엇인가요?" 또는 "이번 조정에서 당신이 기대하는 최고의 결과는 무엇인가요?"로 시작하는 것이 좋다. 조정가는 클라이언트들이 좀 더 나은 미래를 위한 자신들의 희망에 대해 생각하고 말하도록 한다.

갈등관리에서는 변화가 가능하고 현재 상황을 다룰 수 있는 새롭고 더 나은 방법이 있다는 비전을 제시하는 것이 매우 중요하다. 해결중심갈등관리는 이러한 가치와 일맥상통하는데, 해결책 강구는 클라이언트가 가지고 있는 최고의 희망과 그 희망이 만들어 낼 변화에 대해 질문하거나, 기적질문이나 미래투사들에 대한 질문을 통해 클라이언트로 하여금 자신의 목표를 잘 표현하도록 하는 것이기 때문이다(6장 참조). 이 질문들은 클라이언트로 하여금 현재의 갈등과 문제가 잘 해결되었을 때 그들이 맞이하게 될 구체적인 삶의 모습을 그려 보도록 하는 데 도움을 준다. 여기서 강조점은 클라이언트들이 자신들의 고유한 준거틀에 의거하여 그러한 비전을 만들도록 하는 것이다. 이 방법은 문제해결 접근에 비해 전문가에 대한 클라이언트들의 의존도가 현저하게 낮다. 그리고 클라이언트들은 희망과 동기가 충만하여 자기결정권을 높여 간다.

해결중심갈등해결에서는 클라이언트에게 잘못된 희망을 가지게 하는 그 어떤 것에도 반대한다. 클라이언트들은 자신의 삶의 전문가로서 변화에 대한 비전을 스스로 만들며, 자신이 원하는 미래의 어떤 부분이 가능하고 어떤 부분이 불가능한지를 분명히 한다. 그들은 현실적인 것과 비현실적인 것을 구분하여 생각하고 설명한다.

Cloke(2005)는 '조정에서 당사자들이 마음의 여유를 갖도록 하기 위해' 희망과 원하는 미래에 관한 질문을 활용한다.

- 이번 대화에서 어떤 결과를 얻게 되기를 희망하나요?
- 왜 그것이 당신에게는 그렇게 중요한가요?
- 당신은 상대와 어떤 종류의 관계를 가지고 싶나요?

희망에 대한 질문은 기대에 관한 질문과 다르다. "이번 조정에서 무엇을 기대하나요?"와 같은 질문은 당사자들로 하여금 자신들의 갈등해결을 조정가에게 기대하도록 만든다. 목적지까지 가는 데 있어, 자신이 아닌 조정가를 유일한 운송수단으로 생각하게 하는 위험성이 있다. 하지만 위험한 상황에서도 누군가에게 한 가닥 희망을 가지게 하고 싶다면 다음과 같은 질문을 활용하는 것이 좋다.

- 매우 미미하더라도 과거에 도움이 되었던 것은 무엇인가요?
- 현재 경험하고 있거나 과거에 경험하였던 것에 당신은 어떻게 대처하나요?
- 당신은 매번 어떻게 성공하나요?
- 상황이 현재보다 더 나빠질까요? 왜 더 나빠지지 않을까요?
- 당신에게 중요한 사람들은, 이 어려운 시기에 당신이 어떤 점을 잘하고 있다고 말할 수 있을까요?
- 10년 또는 15년 후에 상황이 나아졌다는 가정하에 당신이 오늘을 회고한다면, 상황 개선에 도움이 되었던 것은 무엇일까요?
- 희망척도(매우 희망적이면 10점, 전혀 희망적이지 않으면 0점)에서 현재 당신은 어디에 위치해 있나요? 몇 점인가요? 점수가 더 낮지 않은 이유는 무엇인가요?
- 만약 1~2점이 올라간다면 당신의 삶에 어떤 변화가 있을까요? 당신은 달리 어떤 행동을 할 것인가요? 상대와 관계에서 어떤 변화가 있을까요? 상대는 달리 어떤 행동을 할까요?
- 만약 해결책이 있다면 무엇이 달라질까요? 좀 더 구체적으로 무엇이 나아질까요?

이야기 5: 희망의 힘

심하게 앓고 있는 한 남자가 병원에 입원하였다. 의사들은 치료 가능성이 없다고 이미 포기한 상태였다. 그들은 환자가 어떻게 아픈지 확인할 방법이 없었다. 다행히 진단기술이 탁월한 유명 의사가 그 병원을 방문할 예정이었다. 의사들은 그 의사가 환자를 진단한다면 치료할 수 있을 것이라고 믿었다. 그 의사가 도착했을 때, 환자는 거의 죽기 일보 직전이었다. 그 의사는 환자를 잠시 바라보며 "moribundus(라틴어로 '죽어 간다')"라고 중얼거리고는 다음 환자에게로 걸어갔다. 몇 년 후, 라틴어를 몰랐던 그 환자가 그 유명한 의사를 찾아와 말했다. "나는 당신의 훌륭한 진단에 어떻게 감사해야 할지 모르겠습니다. 제가 죽을지도 모르던 그 순간에 의사들은 당신이 저를 진단하면 치료가 가능할 것이라고 말했었습니다."

차이질문

두 번째 질문은 "그 희망으로 달라지는 것은 무엇인가요?"이다. 이 질문을 받은 클라이언트는 자신이 희망하는 미래에 대해 긍정적이고 구체적이며 현실적인 답을 하게 된다. 많은 사람이 자신의 미래에 대해 이야기하면 안도감이나 행복감을 느낀다고 말할 것이다. 그들은 어떻게 반응하고, 어떻게 상호작용할 것인가? 그들의 일상은 어떤 모습일까? 그들은 무엇을 다르게 할 것이며, 타인들은 클라이언트가 원하는 미래에 도달했다는 것을 어떻게 알 수 있을까?

자신이 바라는 미래에 대해 말할 때 대부분의 사람은 조정에 오도록 만든 갈등에 대해 언급하지 않는다. 물론 일부 사람들은 현재 겪고 있는 갈등에 대해 말하기도 하지만, 그럼에도 그다지 심각한 정도로 언급하지는 않는다.

Bateson(1972)은 차이의 중요성에 대하여 다음과 같이 말한다.

> 차이란 무엇인가? 차이는 매우 기이하고 애매모호한 개념이다. 차이는 사물도 사건도 아닌 것만은 확실하다. 이 종이 한 장은 교탁의 나무와 다르다. 이 종이와 나무는 색상, 질감, 모양 등 여러 면에서 많은 차이점이 있다. 그러나 그 차이를 파고들면 들수록 우리는 어려움에 빠지게 된다. 분명한 것은, 종이와 나무의 차이는 종이에 있는 것도 아니고 또 나무에 있는 것도 아니다. 또 그 둘 사이의 공간에 있는 것도 아니다. 그렇다고 둘 사이의 시간에 있는 것도 아니다. 시간이 흐름에 따라 일어나는 차이를 소위 변화라고 한다. 이러니 차이는 추상적인 것이다(Bateson, 1972, p. 452).

De Shazer(1991)는 전문가와 클라이언트에게 중요한 도구는 차이 그 자체라고 주장한다. 이 주장은 단순히 차이를 만드는 다른 것들이 있다는 뜻이 아니다. 다른 것들은 단지 다른 것들일 뿐, 그것들이 자발적으로 작동하는 것은 아니다. 그것들은 다르다고 인식될 때 비로소 차이를 만들도록 작용할 수 있다. "심리상담에서 클라이언트의 이야기는 상담자가 사물을 한 방향으로 보게 만든다. 상담자의 수정(또 다른 차이)은 클라이언트로 하여금 사물을 다른 방향으로 보게 만든다."(p. 156) 전문가는 클라이언트의 이야기에서 차이가 작동되도록 하는 요점이나 요소를 찾아야 한다. 구분될 수 있는 많은 요점과 차이라고 할 수 있는 지점들이 있다. 이러한 차이들 중의 일부가 작동하여 차이를 만들 수 있으면 클라이언트는 삶이 만족스럽다고 말할 수 있다.

변화는 항상 일어나고 있다. 우리의 역할은 유용한 변화를 발견하고 그것을 확대시키는 것이다. 해결중심갈등관리는 변화를 도모하는 것이고 클라이언트가 더 나은 미래를 만들 수 있도록 돕는 것이기 때문에(Salacuse, 2000), 긍정적 차이에 대한 질문이 매우 중요하다. 당신의 최고의 희망이 실현되면 그것이 어떤 차이를 만들 것인가? 당신의 미래는 어떤 모습일까? 당신은 달리 어떤 행동을 할 것인가? 상대와 당신의 관계는 어떻게 달라질까? 그들은 달리 어떤 행동을 할 것인가?(Bannink, 2010)

갈등에 대한 예외질문은 차이에 대해 묻는 또 다른 방법이다. 갈등이 심각하지 않았을 때, 무엇이 달랐는가? 당신은 무엇을 다르게 했고, 상대는 무엇을 다르게 했는가? 그때 당신들의 관계는 어떻게 달랐는가? 예외질문은 관계가 좋았을 때 무엇이 작동했는지를 드러내기 때문에 대단히 유용하다. 과거에 도움이 된 것들이 관계개선에 활용될 수도 있다. 또한 척도질문(다음의 내용 참조)으로도 차이를 만드는 차이들을 찾을 수 있다. 척도질문은 진척, 조정 전에 이루어진 변화나 희망, 동기부여, 자신감에 대해 할 수 있다.

> 만약 당신이 늘 해 왔던 것만 계속한다면
> 당신은 늘 얻었던 것만을 얻게 될 것이다.
> 그러니 변화를 원한다면 무언가 다르게 하라.
>
> −Mark Twain/Anon

사례

이혼소송조정에서 조정가가 두 클라이언트에게 말한다. "제가 하는 질문에 대하여 0점에서 10점까지 척도로 평가해 보세요. 모든 것이 매우 잘되었을 때 당신의 삶의 모습을 10점으로 평가하고, 가장 상황이 좋지 않았을 때를 0점으로 평가합니다. 예를 들어, 이번 조정을 신청하였을 때의 모습을 0점으로 평가할 수도 있을 것입니다. 그렇다면 오늘은 몇 점으로 평가할 수 있을까요? 이번 조정이 끝나면 당신은 몇 점이기를 원합니까?"

이미 잘하고 있는 것에 대한 질문

세 번째 해결중심질문은 "이미 올바른 방향으로 작동되고 있는 것은 무엇인가요?"이다. 조정가는 조정에 참여하기 전의 변화에 대한 질문으로 시작할 수 있다. 대부분의 클라이언트는 조정가를 만나기 전에 다른 방안들을 시도했다. 조정가는 첫 조정 전에 어떤 변화가 있었는지 물어볼 수 있다. 전문가가 돕기 시작하면 클라이언트가 변화하기 시작한다는 것은 일반적 전제이다. 그러나 변화는 클라이언트의 모든 생활에서 일어나고 있다. 심리상담을 받고 있는 클라이언트의 2/3는 질문을 받으면 상담 약속을 잡은 날로부터 첫 번째 상담일 사이에 긍정적인 변화가 있었다고 대답한다.

조정 개시 전 변화를 탐색하면 새롭고 유용한 정보를 얻을 수 있다. 클라이언트가 아주 적더라도 더 좋아진 것이 있다고 하면, 조정가는 "당신은 어떻게 그것을 하였나요? 어떻게 그런 결정을 하였나요? 그런 좋은 아이디어가 어디서 나왔나요?"와 같은 역량질문(competence questions)을 할 수 있다. 이미 올바른 방향으로 작동하고 있는 것에 대해 물을 때에는 예외질문이 자주 사용된다. 예외질문은 문제중심질문에 더 익숙한 클라이언트에게는 생소하다. 예외상황에 대해 질문을 받으면, 클라이언트는 처음으로 자신에 대해 주목하기 시작한다. 해결책은 과거에 알아차리지 못했던 차이점들에서 찾는 경우가 많다.

Wittgenstein(1968)은 예외상황이 이미 노출되어 있기 때문에 깊이 들어갈 필요가 없다고 말한다. 우리에게 가장 중요한 것은 그 단순함과 친숙함 때문에 보기가 쉽지 않다. 우리는 눈앞에 있기 때문에 알아차리지 못하는 것들이 많다. 조정가는 갈등의 예외상황에 대해 듣고 탐색하면서 클라이언트가 이미 행한 모든 것을 칭찬한다. 예외상황 탐색은 클라이언트의 준거틀을 존중한다는 점에서 해결중심갈등관리와 여러 측면으로 유사하다.

척도질문은 다음과 같이 사용할 수 있다. "척도에서 10점은 당신이 원하는 미래에 도달했음을 의미하고, 0점은 당신이 상상할 수 있는 최악의 상황이라면, 당신은 지금 어느 정도에 있다고 할 수 있나요?"

조정가는 척도질문을 통하여 클라이언트가 과거 경험과 미래 가능성에 대한 복잡하고 직관적인 관측을 표현하도록 도울 수 있다. 척도질문은 클라이언트로 하여금 자신의 의견, 느낌, 예측을 0점에서 10점까지의 척도로 표현하게 하는 것이다. 예를 들어, 다음과 같이 질문할 수 있다. "0점에서 10점까지의 척도가 있습니다. 이번 조정에서 두 사람이 완벽하게 해결책에 도달할 수 있을 것으로 확신한다면 10점으로, 반대로 두 사람의 합의를 전혀 자신할 수 없다면 0점으로 평가합니다. 현재 당신은 몇 점으로 평가할 수 있나요?"

척도질문은 다양한 목적으로 사용할 수 있다. 조정 전 변화, 자신감, 동기, 희망, 변화에 대한 투자, 진행 정도에 대한 평가 등 그 무엇이든 클라이언트의 인식 수준을 알아보는 데 사용할 수 있다. 예외상황에 대한 구체적인 질문을 먼저 하고 그 후에 척도질문을 하면, 척도질문을 먼저 하고 예외상황에 대한 질문을 나중에 할 때보다 좀 더 높은 점수를 얻을 수 있을 것이다.

다음 단계 또는 긍정적 변화 징후에 대한 질문

마지막 네 번째 해결중심질문은 "다음 단계는 무엇인가요?" 또는 "긍정적 변화를 알리는 신호는 무엇인가요?" 중에 하나이다. 다음 단계가 무엇이 될 것인지 질문함으로써, 조정가는 클라이언트에게 상대가 무언가를 해 주기를 기다리는 대신에 그 상황을 개선하기 위해 자신이 할 수 있는 것에 대해 스스로 생각하게 한다. 물론 이 질문은 클라이언트가 척도상 더 높은 점수를 원할 때에만 할 수 있다. 만약 현재가 최선의 상태라고 한다면, 계속 그 상태를 유지하기 위해 무엇을 할 수 있을지 물으면서 대화를 진행할 수 있다.

이 두 질문은 다음 단계로 나아가기 위한 행동을 누가 취할 것인지에 대해 아직 묻고 있지 않다는 것을 명심해야 한다. 적절한 순간에, 조정가는 "당신 스스로 할 수 있는 것은 무엇이고, 상대가 해 주기를 바라는 것은 무엇입니까?"라고 묻는다. 이 질문은, 상황을 개선하기 위해서는 상대가 무언가 해 주기만을 기다리는 대신에 클라이언트 자신이 기여해야만 한다는 것을 자각하게 한다. 다음 단계로의 이행 신호에 대한 질문은 누가, 무엇을, 언제 해야 할지에 대해서도 할 수 있다(Bannink, 2007a). 긍정적 변화의 신호는 클라이언트가 행동을 취하지 않아도 일어날 수 있는 어떤 것이 될 수도 있다.

상술한 네 가지 해결중심핵심질문은 여러 자물쇠에 쓸 수 있는 **만능열쇠**(skeleton keys)처럼 보일 수도 있다. 이러한 열쇠는 사용하기 전에 자물쇠(예: 문제 또는 갈등)를 탐구하고 분석할 필요가 없다.

사례

이혼 후 자녀양육에 대한 조정 중에, 남편이 조정 중단을 원했다. 조정가가 그에게 "만약 조정에 계속 참여한다고 가정한다면, 당신이 좀 작더라도 어떤 행동을 하면 이 조정에 계속 참여할 수 있을까요?"라고 물었다. 남편이 재차 조정 중단을 요청하였고, 이에 조정가도 다시 한 번 "나는 당신이 조정 중단을 원한다는 것을 알고 있습니다. 계속하기를 원한다는 가정하에 당신이 할 수 있는 행동은 무엇일까요?"라고 물었다. 남편은 모른다고 말했다. 그러자 조정가는 "당신의 아이들에게 물어본다면, 긍정적 변화를 위해 당신이 취해야 할 행동이 무엇이라고 말할까요?"라고 관계질문을 하였다(6장 참조). 아이들에게 어떤 것을 물어보아도 입을 꾹 다물 것이라고 아내가 바로 대답했다. 조정가가 "아이들이 입을 다물지 않는다고 상상한다면, 아이들이 제안하는 처음 취해야 할 행동은 무엇일까요?"라고 조정가가 물었다. 이에 남편이 대답하기를, 아이들은 공원을 가거나 햄버거를 먹는 것처럼 함께 즐겁게 놀고 싶다고 할 것 같다고 했다.

두 사람은 이 아이디어에 동의하였고, 조정가가 격려하사 즉시 날씨가 좋으면 공원이나 놀이터에 가거나 햄버거를 먹으러 가는 계획을 세웠다. 조정가는 이 계획에 대해 두 사람을 칭찬하면서, 아이들과 있는 동안 분위기를 유쾌하게 유지할 것을 요청했다. 그러나 만약 그것이 어렵다면, 아이들을 위해서 평상시처럼 행동하는 것이 중요하다고 하였다.

해결중심갈등관리의 실제

첫 번째 질문을 한다. 자기소개, 해결중심갈등관리에 대한 설명, 그리고 구조와 규칙에 대한 설명을 마치면, 조정가는 다음과 같이 질문한다. "이 조정을 통해서 이루어져야 할 것이 무엇입니까?" "당신이 가장 희망하는 것은 무엇입니까?" 이에 클라이언트가 갈등에 대해 간단하게 설명하면, 조정가는 경의를 표하며 경청한다. 클라이언트는 조정의 목표를 이야기할 수도 있다. 갈등 사실과 그 영향을 인정하는 것 그리고 클라이언트가 그 상황을 바꿀 수 있도록 돕는 것 모두 해결중심갈등관리에서 매우 중요하다. 조정이 시작될 때 조정에서 반드시 이야기하고 싶은 것을 말할 수 있는 기회를 주는 것이 도움이 될 수 있다. 이러한 과정을 통해 앙금처럼 쌓인 부정적 감정의 찌꺼기를 줄일 수 있다(10장 참조).

명확한 목표를 세운다. 다음과 같은 질문을 통해 갈등이 일단 해결된다면 무엇이 달라질 것 같은지를 클라이언트에게 설명하도록 한다. "만약 당신의 희망이 실현된다면 무엇이 달라질까요?" 때로는 기적질문을 한다. "오늘 밤 당신이 잠든 사이에 기적이 일어나, 당신을 여기 오게 한 갈등이 충분히 해결되었다고 상상해 봅시다. 당신은 다음 날 아침에 그 기적이 일어났다는 것을 어떻게 알아차릴 수 있을까요? 당신은 무엇을 다르게 할까요? 당신들 사이에 무엇이 달라질까요? 그 기적은 다음 날 어떻게 그 모습을 드러낼까요?" 그 모습을 De Bono의 꿈 같은 해결책(dream solution)과 비교해 볼 수 있다. 목표의 좋은 예로는, 팀 내에서 적절한 협력관계 구축 또는 화합, 사람들 간 긍정적 관계 만들기 또는 가능한 한 원만하게 관계 끝내기 등이 있다. 상호의존성이 없고 공동 목표를 세울 수 없다면, 조정은 진행되기 어렵다. 이러한 경우에는 대안으로서 법을 통한 해결을 고려해 볼 수 있을 것이다.

해결중심갈등관리는 클라이언트에게 최선의 시나리오 또는 좀 더 나은 시나리오의 디자인을 중심으로 진행된다. 때로는 좋은 사례 시나리오나 적합한 시나리오가 더 현실적일 수도 있다. 최악의 시나리오는 클라이언트들이 (아직) 자신들이 원하는 미래를 볼 준비가 되지 않았을 때만 사용된다. 갈등이 더 악화되는 경우에 치르게 될 대가를 클라이언트가 인식하게 되어 스스로 변화에 대한 동기를 가질 수도 있다고 판단한다면, 최악의 시나리오도 좋은 대안이 될 수 있을 것이다(6장 '갈등고조단계' 참조).

조정 개시 전에 일어난 변화를 평가한다. 때로는 공식적인 조정 시작에 앞서, 클라이언트가 먼저 자신이 이룬 것들을 자랑하기도 한다. 그러한 변화에 주목하면 클라이언트가 이미 가지고 있는 자원들을 명확히 하여 자연스럽게 참여를 유도할 수 있다. 클라이언트가 그리한 변화를 가져오기 위해 한 행동들에 관심을 기울이는 것이 특히 중요하다(6장 참조). 조정가는 다음과 같이 질문할 수 있다. "많은 클라이언트가 조정 약속을 한 날부터 첫 조정일 사이에 이미 뭔가 달라진 것 같다고들 합니다. 당신은 어떤 것이 달라진 것 같나요?"

변화 동기를 평가한다. 조정가는 클라이언트와의 관계를 방문형, 불평형, 고객형으로 구분하여 평가한다. 방문형 관계에서 클라이언트는 통상 지시로 오는 경우가 많기 때문에 자신의 자유의지로 참여하지 않는다. 그는 판사, 조직관리자 등과 같은 타인의 지시로 오기 때문에 도움을 청하지도 않는다. 지시하는 사람은 클라이언트를 걱정하거나 그와 갈등이 있는 사람이다. 조정가는 클라이언트가 자발적으로 도움을 요청할 수 있는 맥락을 만들고자 노력한다. 그러한 노력의 일환으로 조정가는 조정을 지시한 사람이 미래에 어떠한 변화를 원할 것이며, 클라이언트는 그러한 변화를 위해 어느 정도 협력할 준비가 되어 있는지를 물어볼 수 있다.

불평형 관계에서 클라이언트는 감정적으로 고통받고 있지만, 갈등이나 해결책에 자신의 책임 또는 역할을 인식하지 못한다. 비난이나 변화의 대상은 자신이 아니라 다른 팀원, 관리자 또는 조직체계이다. 조정가는 클라이언트의 고통을 인정하고, 갈등이 있거나 약해졌던 순간들이나 기적 또는 원하는 결과가 이미 일어났던 순간들을 되돌아보고 분석하고 관찰하도록 지원할 수 있다.

고객형 관계에서 클라이언트는 갈등이나 해결책에 있어 자신의 역할을 인식하고 행동을 변화시키려는 강한 의욕을 가지고 있다. 해결중심갈등관리는 변화의지를 확인하는 것 이상이다. 이를 위해 조정가는 동기유발과 변화자극에 대해 훈련받는다.

클라이언트는 종종 방문형 또는 불평형 관계에서 조정을 시작한다. 따라서 클라이언트의 동기수준에 대한 초기 평가는 조정가의 전략수립과 과제제안의 유형에 매우 중요하다(8장 참조).

예외상황을 탐색한다. 갈등이 언제 덜 심각한지 그리고 그러한 예외상황을 다시 만들기 위해 누가 무엇을 해야 할 것인지와 관련하여 질문한다. 다시 말해, 조정가는 클라이언트의 목표가 일부분이라도 이미 이루어진 순간에 대해 다음과 같이 질문할 수도 있다. "이미 올바른 방향으로 나아가고 있는 것은 무엇인가요?" 갈등의 예외상황은 갈등이 덜 심각해서 긍정적일 수도, 갈등이 더 악화되어 부정적일 수도 있다. 클라이언트에게는 부정적 예외상황보다 긍정적 예외상황을 더 활용하도록 한다.

역량질문을 활용한다. 조정가는 "어떻게 그것을 했나요?" "어떻게 그것을 하기로 결정했나요?" "어떻게 그것을 해낼 수 있었나요?"와 같은 질문을 통해 클라이언트의 역량을 찾을 수 있다. 이러한 질문에 답하면서 클라이언트는 자율성을 키울 수 있고 이전에 도움이 되었던 것들을 다시 할 수 있을지를 확인한다.

척도질문을 활용한다(10점=매우 좋음, 0점=매우 나쁨). 척도질문을 통해 조정가는 조정 약속이 잡혔을 때부터 첫 조정회기가 끝날 때까지 이루어진 개선사항들을 평가할 수 있다. "척도로 10점은 완전한 화합과 이상적 결과를, 0점은 완전한 갈등을 의미한다면, 당신은 지금 몇 점에 있다고 말할 수 있나요?"와 같은 척도질문을 함으로써 조정에서의 변화된 내용을 측정하거나 변화를 촉진할 수 있다. 또한 변화의 동기와 자신감을 측정하고 촉진할 수도 있다. 아울러 이루고 싶은 미래의 모습에 대한 희망을 불러일으킬 수도 있다(Schelling, 1960).

회기 말미에 피드백 시간을 가진다. 회기를 마치기 전에 조정가는 클라이언트와 조정에 대한 피드백 시간을 갖는다. 이 시간에는 클라이언트에 대한 칭찬과 향후 클라이언트가 수행해야 할 몇 가지 과제를 제안하는 것이 보통이다. 칭찬은, 클라이언트가 자신의 목표 달성을 위해 이미 건설적으로 하고 있는 것에 집중하는 것이 좋다. 이런 칭찬을 통해 클라이언트가 바라는 행동에 대한 긍정적 강화가 이루어질 수 있다. 과제는 클라이언트가 특히 주의하여야 할 사항 또는 목표 달성을 위해 추가적으로 해야 할 행동에 초점을 맞춘다. 조정가에게 정보를 제공하는 피드백 시간을 통해 클라이언트는 전체 조정 과정에서 조정가와 동등한 파트너가 된다. 또한 클라이언트에게 버스 뒷자리가 아닌 운전석에 앉아 전체적으로 조망할 수 있게 함으로써 향후 긍정적인 결과를 얻을 수 있을 것이라는 자신감을 심어 줄 수 있다는 점에서 의미가 매우 크다(12장 참조).

긍정적 변화를 평가한다. 클라이언트가 희망했던 결과를 얼마나 달성했는지를 규칙적으로 평가함으로써, 클라이언트들은 공동 목표 달성과 조정 성공(해결책 합의)에 앞서 무엇을 해야 할지를 탐색하게 된다. 다음 단계는 어떨 것인가? 긍정적 변화를 알리는 신호는 무엇이 될 것인가? 모든 해결중심대화는 마지막 대화로 간주된다. 모든 대화 말미에 조정가는 또 다른 회기가 필요한지를 물어, 클라이언트로 하여금 다음 회기 진행 여부를 정하도록 한다.

모른다는 태도를 유지하면서 한 걸음 뒤에서 안내한다. 조정가는 클라이언트 뒤에 서서 해결중심질문들을 함으로써 클라이언트로 하여금 자신이 희망하는 미래를 보고 그 미래로 가는 단계들을 정하도록 한다. 클라이언트는 자신의 경험과 그 의미에 관한 한 전문가라 할 수 있다. 따라서 클라이언트만이 자신과 자신의 상황에 관해 필요한 정보를 제공할 수 있다.

첫 회기 회의록은 부록 1을 참조하라.

연습 4

먼저, 5분간 파트너와 당신의 개인적 문제, 화, 걱정, 또는 갈등에 관해 이야기한다. 파트너는 그 이야기를 듣고 다음과 같이 문제중심방식으로 반응한다. "그런 일이 생긴 지 얼마나 되었나요?" "어떤 느낌이 드나요?" "얼마나 안 좋은가요?" "또 다른 문제가 있나요?"

같은 문제에 대해 당신은 다시 5분 동안 이야기하고, 이번에는 파트너가 다음과 같이 해결중심방식으로 반응한다. "그 문제 대신에 당신이 원하는 것은 무엇인가요?" "그 문제가 줄어든 때는 언제인가요?" 또한 다음과 같이 질문할 수 있다. "당신이 희망하는 것은 무엇인가요?" "그것이 어떤 차이를 만드나요? 또 다른 것은 무엇이 있나요?"

두 대화의 차이점에 대해 알아본다. 어떤 사람들은 해결중심대화가 톤이 더 밝고 낙관적이라고 하거나 해결중심대화를 시작한 지 불과 몇 분 만에 이미 문제가 해결되었다고 말할 수도 있다. 너무 진지하게 생각하지 않아도 된다는 점에서 문제중심질문이 해결중심질문보다 훨씬 좋다고 할 수도 있다.

이번에는 서로 역할을 바꾸어 파트너가 자신의 문제에 대해 말하고 당신은 듣는다. 처음 5분 동안은 문제중심방식으로 반응하고, 이후 5분은 해결중심방식으로 반응한다. 그러고 나서 두 대화의 차이점에 대해 서로 이야기를 나눈다.

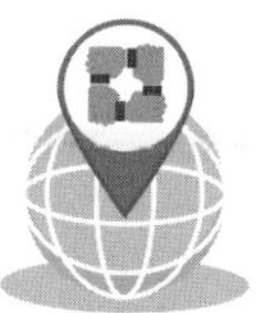

06

해결중심 추가질문

현실 세계에 엄존하는 그 어떤 한계도
상상의 세계에서는 더 이상 존재하지 않는다.
–Jean-Jacques Rousseau

추가질문

이 장에서는 또 다른 해결중심질문들을 소개할 것이다. "또 다른 무엇이 있는가?(What else?)"라는 질문은 유용한 것들을 더 상세히 찾는 데, 상호작용 매트릭스(interaction matrix) 질문은 상황을 다른 시각에서 보는 데, 미래지향적 질문(future-oriented question)은 갈등이 더 이상 존재하지 않는 미래로 나아가는 데 큰 도움을 줄 수 있다. 소망, 동기, 자신감 또는 존중과 협력 등의 정도를 알아보기 위해 척도질문을 활용하면 클라이언트가 당면한 복잡한 문제를 단순화하여 현재 처한 위치를 깨닫고 향후 나아갈 방향을 인식하는 데 도움을 줄 수 있다. 마지막으로 "뭔가 나아진 것이 있는가?(What is better?)"라는 질문은 이어지는 모든 회기에서 첫 질문으로 사용해야 할 만큼 중요한 질문이다.

또 다른 무엇이 있나요?

"또 다른 무엇이 있나요?"라는 질문은 조정가가 또 다른 것이 더 있다는 것을 알고 있음을 암시한다. 이 질문은 "더 할 말 있어요?"라는 질문과 분명한 차이가 있다. 이 간단한 질문에 대해 클라이언트들은 종종 스스로 할 수 있다고 생각했던 것보다 더 많은 정보와 아이디어를 주기 위해 집중할 것이다. 유사하게 "당신이 가장 원하는 바는 무엇인가요?" "다른 것은 무엇인가요?" "또 다른 것은요?"와 같은 질문을 할 수도 있다.

조정가는 클라이언트가 "그게 다네요." 또는 "이 정도면 되지 않나요?"라고 대답할 때까지 계속 질문한다. 조정가는 항상 클라이언트의 이러한 노력을 칭찬해야 한다. "또 다른 무엇이 있나요?"는 클라이언트들이 과감하게 생각하여 가장 창의적인 아이디어를 발상하는 계기가 된다.

연습 5

당신의 삶에서 변화시키고 싶은 것 한 가지를 생각한다. 이어서 '그것이 어떤 변화를 가져올까?'라고 자문한다. 그런 다음, '다른 변화는?', 다시 한 번 '또 다른 변화는?' 하고 계속해서 자신에게 질문

한다. 아마도 스스로 할 수 있을 것이라고 생각했던 것보다 훨씬 더 많은 아이디어를 발상할 수 있을 것이다.

사례

A 부장과 여직원 B 사이에 갈등이 있다. A의 말에 의하면, B는 자주 지각을 하고 정해진 시간보다 일찍 퇴근한다. 이것만으로도 A의 심기가 편치 않은데, 시간을 준수하라는 A의 지적을 B가 무시하였다. A의 지적에도 B가 변화된 모습을 전혀 보이지 않자, A의 불만이 더 커져 갔다. B는 자신이 근무시간을 비교적 잘 지키고 있다고 믿고 있다. 최근 A가 B의 행동과 태도에 대해 다시 한 번 지적하자, B가 불손하게 대응하면서 갈등은 심각한 수준으로 발전하였다. 현재 B는 몸이 아프다고 회사에 병가를 낸 상태이다. A는 B의 근무태도가 변해야 한다고 주장하지만, B는 자신에게 전혀 문제가 없다고 한다. A는 방문형 클라이언트이고, B는 불평형 클라이언트이다.

조정에서 B는 A의 비난이 중단되었으면 좋겠다는 목표를 명확히 밝혔다. 이런 표현으로 B는 스스로를 고객형 클라이언트로 변화시켰다. 이는 이제 목표 달성을 위해 자신의 태도를 변화시킬 준비가 되어 있음을 의미한다. 목표 찾기 질문과 별개로 조정가는 다음과 같이 질문할 수 있다. "A가 무슨 말을 하면 당신의 행동이 변화되고, 그에 따라 A의 비난이 중단될 수 있을까요?" "당신 상사의 비난을 중단시킨다는 목표를 달성하기 위해 당신은 무엇을 할 준비가 되어 있나요?" "상사의 비난 대신에 당신이 원하는 것은 무엇인가요?"

B는 과거처럼 좋은 관계 속에서 일하고 싶고, 상사로부터 비난이 아닌 칭찬을 듣고 싶어 했다. A도 B와의 업무관계가 개선되기를 원하며, 최근의 일들로 인해 매우 피곤하다고 하였다. 두 사람은 근무시간 단축에 원칙적으로 합의하였으며, 그로 인해 B는 오후에 조금 일찍 퇴근하여 병든 어머니를 간호할 수 있게 되었다.

조정 전 변화

그리스 철학자 Heracleitus(기원전 540~480)는 "만물은 유전(流轉)한다."라는 명언으로 유명하다. 변하지 않고 영원한 것은 없다는 뜻이다. 클라이언트로부터 더 좋은 날과 더 나쁜 날의 차이와 갈등이 없을 때와 갈등이 최고조에 달했을 때의 차이를 탐색하면, 조정가는 클라이언트의 변화 설명을 행동지침으로 삼을 수 있다.

심리상담연구(Miller, Hubble, & Duncan, 1997)에 의하면, 클라이언트의 15~66%가 본격적인 치료가 시작되기 전부터 이미 긍정적 치유 경험을 한다고 한다. 단순히 예약을 잡는 것만으로도 변화의 수레바퀴가 움직이기 시작하며, 그동안 깨닫지 못했던 역량과 기량에 대해 새롭게 이야기를 할 가능성도 높아진다.

조정가는 변화에 초점을 맞춘 렌즈를 통해 클라이언트를 볼 수 있다. 변화에 집중하면 클라이언트가 이미 가지고 있는 자원을 찾아 활용할 수 있다. 클라이언트로 하여금 변화 이전과 이후를 구분해 보도록 한다. 클라이언트는 자신의 경험들을 돌아보고 과거의 방식과 새로운 방식을 구분하여야 한다. 변화에 초점을 맞추기 위해서는 조정가가 Heraclcitus처럼 변화에 대한 확신이 있어야 함은 물론이고, 새롭거나 다른 관점과 행동을 환영하고 탐구하며 개발하는 맥락을 만들어 내야 한다. 이 변화를 만들기 위해 클라이언트가 한 것들과 그것들을 클라이언트가 어떻게 이해하는지가 특히 중요하다. 조정 전에 이루어진 변화에 관한 해결중심질문은 다음과 같다.

- 당신은 조정을 예약하고 오늘 조정에 나오기까지 무엇이 더 좋아졌나요?
- 조정을 예약하고 오늘 조정에 나오기까지 벌써 뭔가 달라진 것 같다고들 말합니다. 당신도 변한 것이 있었나요?
- 당신들 사이에 이미 달라졌거나 좋아진 것이 있나요?
- 당신은 어떻게 그렇게 할 수 있었나요?
- 그런 변화나 개선을 더 많이 경험하기 위해 당신이 할 수 있는 것은 무엇일까요? 혹은 어떤 일이 발생할 필요가 있을까요?
- 당신이 이런 것들을 계속한다면, 앞으로 당신에게 어떤 변화가 일어날까요?
- 이러한 변화는 당신에 대해 뭐라고 말하는 것일까요?

상호작용 매트릭스

관계질문(relationship question)은 클라이언트가 자신이 경험한 상호작용 사건들과 그 의미를 설명하는 데 활용된다. 조정가는 클라이언트에게 중요한 사람들을 파악해서 그들과 관련된 질문을 함으로써, 클라이언트로 하여금 자신의 상황을 자세하게 설명하도록 하고 더 나아가 그들이 상호작용의 측면에서 어떤 다른 것을 원하는지 설명하도록 격려한다. 관계질문은 클라이언트로 하여금 다양한 해결책을 찾도록 하는 데도 유용한 방법이다. 관계질문의 예를 들면, 다음과 같다. "앞으로 두 사람의 관계가 조금 개선되었다고 가정할 때, 그는 당신이 화내는 것 대신에 어떤 행동을 하기를 기대할까요?" "만약 팀 내 상황이 개선되었다면, 사장님은 팀원들의 어떤 모습을 보고 그런 변화를 알 수 있을까요?"

Walter와 Peller(1992)가 제시한 상호작용 매트릭스(부록 3 참조)는 상호작용 관점에서 해결책을 쉽게 찾을 수 있고 클라이언트의 관심을 차이로 돌릴 수 있는 적절한 질문들을 선택하기 위한 도구이다. 매트릭스의 상변은 목표, 가설적 해결책(기적질문 또는 미래지향적 질문)과 예외상황을, 좌변은 보고 위치에서의 질문 및 응답으로 되어 있다.

첫 번째는 클라이언트 자신의 입장이다. 자신의 입장에서 하는 질문은 클라이언트로 하여금 자신의 입장에서 응답하도록 한다.

두 번째는 관련된 상대의 입장이다. 이 입장에서 하는 질문은 클라이언트로 하여금 해결 맥락에 관련된 타자의 입장에서 듣고 말하는 것처럼 대답한다. 예를 들면, 이혼조정에서 해결책에 대해 아이들이 어떻게 말할 것 같은지를 부부에게 묻는다. 이 질문에 답하기 위해 클라이언트들은 자신만의 방식으로 생각하는 것을 잠시 중단하고, 다른 사람들이 어떻게 답할 것인지에 대해 생각해야 한다. 그들은 잠깐이라도 다른 사람의 입장에서 생각해 보거나 다른 사람은 이 질문에 어떻게 대답할 것인지에 대해 생각해 보아야 한다. 이를 통해 클라이언트는 새로운 정보를 찾는 시도를 하게 된다.

세 번째는 제삼자 입장의 질문으로, 갈등 및 갈등해결과 무관한 관찰자의 눈으로 보도록 하는 것이다. 다음과 같은 질문을 예로 들 수 있다. "만약 제가 벽에 붙어 있는 파리로서 당신과 당신의 팀원들을 보고 있다면, 상황이 개선되었을 때 제가 당신의 어떤 행동을 보고 상황이 개선되었다는 것을 알 수 있을까요?" 이 질문은 클라이언트로 하여금 중립적인 위치에서 대답하도록 한다. 이러한 각각의 질문에 대답하면서 클라이언트는 그동안 자신이 해 왔던 일상적 사고와는 다른 방식으로 생각하는 경험을 하게 된다.

연습 6

당신이 다른 사람과 갈등하거나 문제가 있는 상황을 한 가지 생각한다.

다음으로 매트릭스에 있는 질문들을 자신에게 해 보거나 다른 사람으로 하여금 당신에게 하도록 한다. 유의할 점은 매트릭스에 있는 순서대로 질문하는 것이다. 즉, 목표부터 가설적 해결책(기적 질문) 그리고 예외상황 순으로 질문하도록 한다. 첫 번째 질문에 대한 당신의 반응에 어떤 차이가 발생하였는가? 나아가 당신의 생각을 변화시켰는가? 다음의 질문들을 순차적으로 하면서 당신의 반응의 차이와 생각의 변화 여부를 점검한다. 어떤 질문이 좀 더 큰 차이를 만들어 내었거나 당신에게 좀 더 유용한 것 같은가?

사례

한 NGO 단체 내 갈등과 관련된 조정이 진행되고 있다. 총무부장인 P의 입장은 다음과 같다. 직장 분위기가 악화되어 더 이상 회복이 불가능한 상태이다. 현재 몸이 아파 집에서 쉬고 있으며, 질병 수당을 신청한 상태이다. 다시 일하고 싶은 마음이 전혀 없다.

P가 조정가와 이사회 앞에서 갈등에 대하여 이야기하는 것은 이번이 처음이다. 조정가가 P에게 묻는다. "상황 개선을 위한 몇 가지 방법이 아직 남아 있다고 가정할 때, 당신이 취할 수 있는 첫 번째 조치는 무엇일까요? 그리고 다른 사람이 취해야 하는 첫 번째 조치는 무엇일까요?"

조정가는 상호작용 매트릭스를 이용하여 다음과 같은 질문들을 할 수 있을 것이다.

- 당신이 상황 개선을 위해 처음으로 어떤 조치를 취한다면, 동료들은 어떻게 그것을 알 수 있을까요?
- 당신이 예전과는 다르게 행동하는 것에 대해 당신의 아내는 뭐라고 할까요?
- 조정가를 벽에 붙어 있는 파리라고 상상해 봅니다. 그리고 당신이 업무에 복귀할 가능성이 아직 조금은 남아 있다고 가정할 때, 그 파리가 볼 수 있는 당신의 변화된 행동은 어떤 것이 있을까요?

연습 7

당신은 클라이언트에게 다음과 같은 상호작용 매트릭스의 질문들을 함으로써 해결중심기술들을 연마할 수 있다.

- 갈등이 해소되었을 때, 당신이 상대로부터 확인할 수 있는 그의 달라진 점은 무엇인가요?
- 마찬가지로 갈등이 해소되었을 때, 갈등 상대가 당신으로부터 확인할 수 있는 당신의 달라진 점은 무엇인가요?
- 외부 관찰자가 당신을 볼 때, 상대와 당신의 관계에서 달라진 점은 무엇인가요? 당신은 무엇을 다르게 할 것인가요? 또 다른 무엇이 있나요?

미래에 초점 맞추기 3: 미래에서 하는 질문

클라이언트들로 하여금 미래의 자신을 바라보게 하거나 미래로부터 자신을 바라보게 하는 다양한 방법이 있다(Dolan, 1998; Isebaert, 2005). 예를 들면, 1년 또는 5년 후, 좀 더 성숙해지고 현명해진 당신 자신으로 하여금 현재의 당신에게 편지를 쓰게 하는 것이다. 3장에서 소개한 Milton Erickson의 미래투사기법을 Covey의 기법을 이용하여 3년 내에 있을 자신의 장례식을 기술하게 할 수도 있다.

경험에 의하면, 이러한 개입은 고객형 클라이언트와 자신이 원하는 미래를 탐색하고자 하는 클라이언트에게만 효과가 있다. 방문형 또는 불평형 클라이언트에 대해서는 다른 개입방법이 적용되어야 한다. 10장에서 소개할 **합의형성기법**(technique of consensus-building)도 일종의 미래투사기법이다.

클라이언트에게 미래의 자신이 현재의 자신에게 보내는 편지를 쓰도록 한다. “이제부터 미래의 당신이 현재의 당신에게 보내는 편지를 써 보세요. 먼저, 당신에게 의미 있는 미래의 한 시점을 정하세요. 6개월, 1년, 5년 등 어떤 것이든 상관없습니다. 다음으로 당신이 일을 매우 잘하고 있다고 상상하면서, 당신이 하고 있는 일과 어디에서 하고 있는지를 자세하게 써 주세요. 현재 당신이 고민하고 있는 문제나 갈등도 미래에는 당신이 이미 해결하였거나 만족할 만한 방법을 찾아 잘 대응하고 있을 것입니다. 이런 결과를 만들어 내기 위해 당신이 한, 가장 중요한 것들을 적어 주세요. 당신은 어려움과 갈등을 어떻게 해결하였나요? 무엇이 또는 누가 가장 크게 도움이 되었나요? 마지막으로 당신 자신에게 도움과 위로가 되는 조언 몇 가지를 적어 주세요.”

연습 8

6개월 또는 1년 후, 미래의 당신이 현재의 당신에게 보내는 편지를 쓴다. 현재 겪고 있는 갈등이 잘 해결되었다고 상상하면서, 당신이 구사했던 효과적인 방법들을 생각하며 적는다. 그 편지를 잘 보관하였다가 6개월 또는 1년 후에 읽어 보면 매우 놀랄 것이다.

클라이언트에게 좀 더 성숙해지고 현명해진 몇 년 후의 자신을 상상하도록 한다. 여전히 신체적으로 건강하고 지적 역량도 탁월한 미래의 자신에게 다음과 같은 질문을 하도록 한다.

- 당신의 삶을 뒤돌아볼 때, 젊은 당신에게 어떤 조언을 해 주고 싶나요?

- 당신의 삶을 뒤돌아볼 때, 어떤 점이 가장 좋았나요?
- 과거와 다르게 행동했으면 하는 것이 있나요?
- 당신의 자녀들이 당신과 함께했던 삶에 대해 어떻게 기억하기를 원하나요?
- 당신이 인생에서 이루고자 했던 것이 어느 정도 성취되었다고 평가할 수 있나요? '매우 그렇다 10점' '전혀 그렇지 않다 0점'으로 한 척도에 점수로 평가해 보세요.
- 그 성취도를 한 단계 더 높이기 위해 당신이 할 수 있는 것은 무엇인가요? 아주 작은 것이라도 괜찮습니다.

클라이언트는 이처럼 성숙하고 현명한 미래의 자신과 함께 산책하면서 문제나 갈등을 해결할 수 있는 조언을 구할 수도 있다.

클라이언트에게 1년 후 특정 하루를 묘사하도록 할 수도 있다. 그 날 클라이언트가 무엇을 했는지를 정확하게 알 수 있을 정도로 아주 상세하게 묘사하게 한다. 이 방법은 선택의 결과가 명료해지기 때문에, 클라이언트가 선택하는 데 어려움을 겪는 경우에 유용한 개입이 될 수 있다. 또한 클라이언트가 선택의 결과를 예측하는 데 어려움을 겪을 경우에도 이 방법은 유용할 수 있다.

5개년 계획 수립을 통해 클라이언트는 평소 자신이 하던 것에서 벗어나 미래를 내다볼 수 있다. 클라이언트에게 백지에 표를 그리고 종축에는 원하는 목표를, 횡축에는 최장 5년을 기준으로 성취 기간을 나누어 적도록 한다. 목표는 일, 대인관계, 돈 등과 관련된 내용을 구체적으로 적는다. 중간 칸에는 각각의 목표를 달성하기 위해 자신들이 해야 할 것들을 기록한다. "만약 내가 5년 내에 거기에 도달하고자 한다면, 3년 내에 어느 정도까지 가야 할까? 이미 내가 이룬 것은 무엇인가? 2년 내에, 1년 내에, 3개월 내에 이루어야 할 것은? 지금 어떻게 시작해야 할까?" 등과 같은 질문에 답하면서 클라이언트는 현실적인 목표 수립과 그 달성을 위한 일정표를 작성할 수 있다.

이야기 6: 미래로부터 역으로 작업하기

영국의 정신건강의학과 의사 MacAdam은 학대 경험이 있는 소녀에 관한 이야기를 들려주었다.

빡빡머리에 문신을 하였고, 1주일 정도 씻지 않은 것 같은 덩치 큰 여자아이가 내 방으로 들어왔다. 그 소녀는 매우 화가 나 있었으며, 정신건강의학과 의사를 만나고 싶어 하지 않음이 분명했다.

그 소녀는 이곳에 오기 전에 이미 사회복지사, 심리학자, 그리고 학교상담사 등 수많은 상담사를 경험하였을 것이다. 그래서 나는 단도직입적으로 "그동안 너의 과거에 대해서는 여러 사람에게 충분히 이야기했을 것이니, 오늘은 너의 미래 꿈에 대해 이야기해 보는 게 어때?"라고 했다. 그러자 그 아이의 얼굴에 화색이 돌면서 자신의 꿈은 공주가 되는 것이라고 했다.

매우 상반되는 이미지라는 생각이 들었지만, 그래도 진지하게 어떤 공주가 되기를 원하는지 그 아이에게 물었다. 그 아이는 사람들을 위해 좋은 일을 하고, 배려심 깊고 관대하며 아름다운 대사와 같은 국민의 공주가 되고 싶다고 했다. 공주는 날씬하고 멋진 옷을 입

는다고도 했다. 그 후로 몇 달 동안 우리는 공주가 무엇을 할 것인가에 대해 이야기했다. 그 과정에서 나는 그 아이의 나이가 14세임에도 2~3년 동안 학교에 간 적이 없다는 것을 알게 되었다. 학교에 가기 싫어 스스로 거부했다고 했다.

그 아이가 말한 공주는 사회복지사였다.

의사: 얘야, 지금으로부터 10년의 세월이 흘렀고, 너는 사회복지사로서 충분히 준비가 되어 있다고 생각해 보자. 너는 어느 대학에 들어갔니?

소녀: 영국 북부에 있는 ○○ 대학이요.

의사: 너는 어떤 책을 읽었지? 그 대학에서 무엇을 공부했니?

소녀: 잘은 모르겠지만, 심리학, 사회학 등과 같은 과목을 공부했어요.

의사: 너의 14세 시절을 기억하니? 너는 2~3년간 학교에 가지 않았었지. 그런데 어떻게 학교에 다시 가게 되었었는지 생각해 보렴.

소녀: 저를 도와주는 정신건강의학과 의사 선생님을 만났어요.

의사: 그 의사가 너를 어떻게 도왔어?

소녀: 의사 선생님이 학교에 전화해 주셨어요.

의사: 누가 통화를 했지? 의사 선생님이야, 아니면 네가 했어?

소녀: 의사 선생님이 이야기해서 우리가 학교에 가는 약속을 잡았어요.

의사: 네가 학교에 갔을 때 선생님과 어떻게 악수했는지 기억할 수 있어? 그리고 너는 어떤 옷을 입었었고, 어떻게 보였을 것 같아?

우리는 학교에서의 그 특별한 만남에 대해 아주 세밀하게 이야기하며, 미래에서 현재를 돌이켜 보는 작업을 진행하였다. 그 아이는 그날의 대화 내용과 자기가 얼마나 자신감 넘치게 말을 잘하였는지에 대해 자세히 말하였다.

이러한 대화를 하고 한 달이 지나, 그 아이가 "이제는 학교에 가야 할 때 같아요. 선생님은 어떻게 생각하세요? 학교에 전화 좀 해 주시겠어요?"라고 하였다. 내가 그 문제에 대해 좀 더 이야기하고 싶은지를 물었을 때, 그 아이는 "아니요."라고 답했다. 이제 그 아이는 어떻게 행동해야 할지를 알고 있었다. 우리가 학교에 갔을 때 그 아이는 매우 밝고 쾌활했다.

10년 전에 만났던 그 아이가 이제 국가가 인정하는 사회복지사가 되었다. 비록 당초에 원했던 대학에 가지는 못했지만, 그 아이는 자신의 꿈을 이루었다.

척도질문: 소망, 동기 그리고 자신감

소망, 동기 그리고 자신감에 대한 척도질문은 클라이언트가 조정의 성공을 얼마나 소망하고, 동기와 자신감을 가지고 있는지 알아보는 데 유용하게 사용할 수 있다. 척도질문은 조정을 시작할 때 사용하는 것이 좋다. 조정에 임하는 동기, 자신감 그리고 소망을 평가하는 데도 척도질문은 유용하다. 동기에 대한 척도질문의 예를 들면, 다음과 같다.

- "자신이 소망하는 것을 이루기 위해 무엇이든 적극적으로 한다면 10점을, 반대로 아무것도 하지 않고 소극적으로 관망만

한다면 0점으로 평가합니다. 그렇다면 현재 당신은 당신 자신에게 몇 점을 줄 수 있나요?"

- 클라이언트가 7점이나 8점과 같이 높은 점수로 평가할 때, "그렇게 열심히 하고자 하는 높은 의지력은 어디서 나오는 것일까요?"라고 질문할 수도 있다.
- 클라이언트가 2점과 같은 낮은 점수로 평가할 때, "0점이나 1점으로 평가할 수도 있었을 텐데, 어떻게 2점이 될 수 있게 관리할 수 있었나요?" 또 "1점을 더 올리려면 무엇을 할 수 있을까요?"라고 질문할 수 있다.
- "당신의 의지에 좀 더 높은 점수를 준다고 가정한다면, 당신의 어떤 행동이 달라질까요? 상대와 관계에서는 어떤 변화가 일어날까요?"

자신이 원하는 미래의 꿈을 이룰 수 있다는 소망 또는 자신감의 정도에 대해서도 조정가는 다음과 같이 질문할 수 있다.

- "자신의 꿈을 이룰 수 있다는 자신감이 충만하면 10점으로, 자신감이 전혀 없다면 0점으로 평가할 때, 현재 당신은 자신에게 몇 점을 줄 수 있나요?"
- 클라이언트가 높은 점수로 평가한다면, "당신은 뭔가를 하겠다고 마음을 먹으면, 그것을 이루어 낼 수 있다는 강한 믿음을 가지고 있나요?" 또는 "그런 높은 자신감은 어디에서 나오나요?"라고 물을 수 있다.
- 클라이언트가 3점 정도로 낮게 평가하면, "그런 어려운 상황에

서 어떻게 3점으로 평가할 수 있게 관리할 수 있었나요? 만약 1점을 더 높인다면 어떤 모습이 될까요? 1점을 더 높이기 위해서 필요한 것은 무엇일까요? 그러기 위해서 당신이 할 수 있는 것은 무엇이고, 상대에게 요청할 것은 무엇일까요?"라고 질문할 수도 있다.

- "당신의 자신감 또는 소망의 점수가 약간 더 높아진다면, 당신 자신에게서 발견할 수 있는 차이점은 무엇일까요? 당신은 무엇을 다르게 행동할까요? 상대와의 관계에서 달라지는 것은 무엇일까요?"

사례

고용주 A와 직원 B가 조정에 참석하였다. B는 서두에 "저는 이번 조정이 성공할 것 같지 않아요. 지난번 조정도 우리에게 별로 도움이 되지 않았어요. 합의서를 작성했지만, 전혀 지켜지지 않았고요, 분란만 더 커졌어요. 무엇보다도 이제는 제가 더 이상 계속하고 싶지 않아요."라고 본인의 의사를 피력하였다. 그러나 지나치게 낙관적이었던 조정가는, B가 이제는 판결로 갈 수밖에 없다고 반복해서 말했음에도 불구하고 그의 말을 무시해 버렸고, 조정은 얼마 안 가서 교착상태에 빠졌다. 조정가가 그의 자신감과 소망을 존중하고 척도질문을 통해 그의 의구심을 확인했더라면 더 좋았을 것이다. 그랬더라면 아마 B의 자신감과 소망을 높이는 계기가 되었을 것이다. "만약 이번 조정에 대한 소망이 조금이라도 남아 있다고 한다면, 어떤 차이가 발생할까요?"라거나 "과거 그런 경험에도 불구하고, 당신은 어떻게 오늘 조정에 참여하게 되었나요?"라고 묻는 것도 좋았을 것이다.

척도질문: 존중과 비하

갈등에서 상호존중은 대개 가장 낮아진다. 클라이언트들은 상대를 더 이상 사람으로 보지 않는다. 즉, 주체가 아닌 객체로만 인식한다. 상대는 측은한 마음으로 바라보던 주체였지만, 이제는 하나의 장애물로 인식될 뿐이다. 상대가 존재하지 않았더라면 모든 것이 좋았을 것이다. 상대는 하찮은 대상일 뿐이다.

하지만 누구든 상대를 객체로 보는 것을 중단해야 비로소 갈등에서 전환점이 만들어질 수 있고, 공정성과 상호관계가 회복될 수 있다. 존중이라는 주제를 다룰 때, 조정가는 다음과 같은 척도질문을 활용하여 존중과 비하에 대해 질문할 수 있다.

- 10점은 다른 사람에 대한 최고의 존중을 의미하고, 0점은 전혀 존중하지 않음을 의미한다면, 현재 당신은 몇 점을 줄 수 있나요?
- 더 낮은 점수를 주지 않은 것은 무슨 이유인가요?
- 당신은 앞으로도 상대를 계속 만나게 될 텐데, 향후 몇 점 정도가 되기를 희망하나요?
- 이미 올바른 방향으로 작동하고 있는 것은 무엇인가요?
- 긍정적 변화의 다음 단계 또는 신호는 무엇일까요?

의사들이 의료사고로 고소당할 가능성은 의료사고의 빈도와는 별 상관이 없는 것으로 보인다. 의료소송 분석결과를 보면, 숙련된 의사들이 자주 고소당한 경우도 있고, 반대로 의료사고가 많았던 의사들이 전혀 고소당하지 않은 경우도 있다. 달리 말하면, 환자들은 의료사고와 함께 또 다른 요인들이 작용할 때 소송을 제기한다는 것이다.

의료연구자 Levinson(Gladwell, 2005)은 의사와 환자 간 대화 수백 건을 녹음하여 연구하였다. 절반의 의사는 한 번도 고소를 당한 적이 없었고, 나머지 절반은 최소 두 번 이상 고소를 당했다. 그녀는 대화 연구만으로도 두 그룹의 확연한 차이를 확인할 수 있었다. 고소를 당하지 않은 의사들의 진료시간은 18.3분으로, 고소를 당한 의사들의 진료시간인 15분보다 3분 이상 더 길었다. 그들은 "자, 먼저 진찰을 한 다음에 무엇이 문제인지 말씀드리겠습니다."와 같은 향후 진료 방향에 대한 언급을 더 자주 하는 경향이 있었다. 향후 방향에 관한 말을 들은 환자들은 의사가 진찰을 통해 무엇을 하고자 하는지 그리고 언제 의사에게 질문을 해야 하는지를 알 수 있었다. 또한 그들은 "그것에 대해 좀 더 이야기해 보세요."와 같은 표현을 함으로써 좀 더 적극적으로 경청하는 경향이 있었다. 그들은 자주 웃으면서 유쾌하게 진찰하는 경향을 보였다. 흥미로운 사실은, 그들이 환자들에게 제공하는 의학정보의 양과 질에서는 다른 의사들과 큰 차이가 없었다는 것이다. 약이나 환자의 상태에 대해서도 더 자세한 정보를 제공하지 않았다. 차이는 전적으로 그들이 환자에게 말하는 방법에 있었다.

심리학자 Ambady는 Levinson의 녹음 내용 중에서 외과 의사와 환자 간의 대화에 주목하였다. 그녀는 의사가 환자 두 명과 대화한 녹음테이프에서 환자별로 10초 분량의 내용을 두 개씩 발췌한 후,

인간의 개별 언어 인식을 가능하게 해 주는 고주파 소리를 대화에서 제거하였다. 그러자 대화의 맥락은 사라지고 억양과 음의 고저 그리고 리듬만 남게 되었다. 그녀는 이들 내용을 분석하여 외과 의사의 피소 가능성을 예측할 수 있는 놀라운 결과를 얻었다. 나머지 테이프 내용으로는 의사의 기술 수준, 경험 정도, 훈련 유형, 진단 절차 등에 대한 정보를 전혀 알 수 없었다.

그들은 의사들이 환자들에게 하는 말조차도 구분할 수 없었다. 예측에 사용될 수 있는 것은 의사의 어조에 대한 분석이 전부였다. 분석 결과 확인된 근본적인 사실은, 의사의 목소리가 지배적인 것으로 인식되면 피소 그룹에 속할 가능성이 높고, 덜 지배적이고 좀 더 걱정하는 것처럼 인식되면 피소 그룹에 속할 가능성이 낮다는 것이다. 의료사고라면 복잡하고 다차원적인 문제인 것처럼 들리지만, 결국 존중의 문제로 귀결된다. 존중을 전달하는 가장 간단한 방법은 어조이다. 의사가 지배적인 어조로 말하면 환자에게 매우 부정적인 이미지를 줄 수 있고, 이러한 부정적 이미지가 의료사고 시 환자의 소송에 영향을 미친다는 것이다. 이러한 흥미로운 연구 결과는 조정가와 같은 전문가들에게도 충분히 적용될 수 있다.

척도질문: 완전한 협력과 완전한 갈등

Schelling(1960)은 다음과 같이 질문한다. "제로섬(zero-sum)게임의 단적인 예가 완전한 갈등(pure conflict)이라면, 그 반대의 극단적인 예는 무엇인가? 그것은 동일한 결과를 얻고자 하는 참가자들이 협력하여 함께 이기거나 아니면 함께 지는 완전한 협력(pure collaboration) 게임일 것이다." 완전한 협력 게임에서는 참가자들이 서로 상대의 고유한 행동패턴을 이해함으로써 상대의 다음 행동에 대한 예측 능력을 가지는 것이 중요하다. 참가자들은 서로 시험하여 상대의 패턴을 인식하고, 자신의 의도 표현과 상대의 의도에 대한 반응을 위해 상투어, 습관, 즉흥 코드 등을 활용하여야 한다. 참가자들은 힌트나 암시적인 행동으로 소통하여야 한다. 충돌을 피하고자 하는 두 대의 차량, 낯선 음악에 맞추어 춤추어야 하는 두 명의 댄서 또는 전투 중에 흩어진 게릴라 부대원들은 이러한 방식으로 자신들의 의도를 통일해야 한다. 이는 마치 음악회에서 청중들이 앙코르를 강하게 외칠 것인지 아니면 점점 약하게 할 것인지를 어떤 특정 시점에서 함께 암묵적으로 맞추어 가는 것과 유사하다.

완전한 협력과 완전한 갈등에 대한 척도질문은 클라이언트들이 협력하는 수준의 정도와 그들이 원하는 바가 무엇인지를 파악하는 데 매우 유용할 수 있다. 이혼 사례 또는 이웃이나 가족이 관련되어 있는 사례처럼, 향후에도 상호관계가 지속되어야 하는 경우에 특히 이러한 질문은 매우 유용하다. 존중과 비하의 경우에 사용되는 질문들(앞선 절의 질문 참조)이 여기에서도 사용될 수 있다.

Glasl(1977)은 갈등고조단계 모델을 개발하면서 고조단계(escalation ladder)를 위로 올라가는 계단이 아니라 아래로 내려가는 계단으로 묘사하였다. 새로운 단계로 이동할 때마다 갈등 당사자가 선택할 수 있는 행위 여지는 점점 줄어든다. 갈등고조는 기존의 행동 대안들은 점차 줄어들고, 약간의 새로운 행동 대안들이 나타나는 과정처럼 보인다. 이러한 행동 대안의 축소는 개인적 수준에서 갈등 당사자의 인지적 · 도덕적 퇴행을 수반한다.

갈등고조는 3단계로 구분된다. 1단계에서 당사자들은 긴장과 이해관계의 충돌이 있음을 인지하지만, 여전히 대화를 통해 해결책을 모색하려고 한다. 갈등이 문제라고 하면서, 그들의 행동은 협력을 지향한다. 게임이론(2장 참조)의 관점에서 보면, 아직은 승-승 게임이다.

2단계에서는 갈등 자체뿐만 아니라 갈등 당사자 간의 상호작용과 관계 방식으로 인해 긴장이 감돌기 시작한다. 승패가 달려 있는 갈등에서 중요한 이슈들이 확대되고, 동시에 서로가 상대에 대한 고정관념에 사로잡힌다. 서로 불신하고 존중하지 않으면서 당사자 간 직접대화가 어려워진다. 협력에 기반을 둔 전략은 사라지고 당사자들은 자신의 이익 추구와 상대를 반대하는 데 집착한다. 갈등은 결투로 번져서 결국 승-패 게임으로 바뀐다.

3단계에서는 실제적 갈등이 뒷전으로 밀려나고 적대적인 갈등 당사자 간 부정적 관계가 그 자리를 차지한다. 주요 목표는 자신의 이익을 챙기는 것이 아니라 상대를 파멸시키거나 위해를 가하는 것이다. 존중이나 품격은 이제 찾아볼 수 없다. 갈등은 전쟁이 된다. 갈등이 조금이라도 더 격렬해지면 엄청난 자기파멸로 끝날 수도 있다. 게임은 이제 패-패 게임으로 바뀐다.

클라이언트와 갈등에 대해 이야기할 때, 이러한 갈등고조단계를 척도로 사용할 수 있다. 조정가는 "당신은 지금 척도의 어디에 있나요? 만약 당신이 아무것도 하지 않는다면 어떤 일이 벌이질까요? 척도에서 1~2단계 아래로 내려간다면 어떤 일이 벌어질까요? 이때 당신이 지불하여야 할 비용은 얼마나 될까요? 그리고 어떤 위험이 도사리고 있을까요?"라고 질문할 수 있다. 이 질문들을 통해 바라는 것은, 클라이언트가 갈등악화로 인한 비용이 엄청날 것임을 깨닫는 것이다. 여기서부터 클라이언트는 갈등저감에 대해 생각하게 된다. 이러한 척도질문을 사용하는 방식, 다시 말해 먼저 최악의 시나리오 결과부터 설명하는 방식은 클라이언트들이 좀 더 나은 미래를 향해 한 발자국도 나갈 준비가 전혀 되어 있지 않은 갈등에서도 적용될 수 있다.

클라이언트들이 자신들의 목표 달성을 위해 해결책을 수립하기 시작하는 경우, 갈등고조단계를 긍정적으로 활용할 수 있다. 이때 사용하는 갈등고조단계는 과거가 아니라 원하는 미래, 즉 최상의 시나리오에 초점이 맞추어져야 한다. 가장 좋은 방법은 클라이언트에게 다음과 같이 연속하여 질문하는 것이다. "그것이 어떤 차이를 만들까요? 그리고 또 어떤 차이를 만들까요? 또 다른 차이가 만들어진다면 어떤 것일까요?"

피드백

해결중심 조정회기 말미에 조정가는 클라이언트들을 위해 칭찬과 함께 몇 가지 제안이 담긴 메시지를 준비한다. 칭찬은 클라이언트가 이미 하고 있는 것, 즉 갈등해결과 좀 더 나은 미래를 만드는 데 유용한 것을 강조한다. 제안은 갈등해결을 위해 클라이언트가 지킬 수 있는 것 또는 할 수 있는 것을 찾아서 한다. 피드백은 클라이언트가 대화 중에 보여 준 자신의 목표 및 갈등의 예외상황 등에 관한 정보에 기초하여 목표 달성 가능성을 향상시키기 위해 좀 더 해야 하거나 지금까지와는 다르게 해야 할 필요가 있는 것에 집중한다.

조정가는 클라이언트에게 피드백을 하기 전에 5분 정도 짧은 휴식시간을 갖기도 한다. 이 경우 회기 시작 전에 휴식시간과 휴식의 목적을 미리 알려 주는 것이 좋다. 조정회의 중에 클라이언트가 말한 내용을 정리하여 유용한 피드백을 하기 위한 휴식시간이 필요하다는 조정가의 설명을 미리 들은 클라이언트는 휴식시간도 회의의 일부분으로 자연스럽게 받아들인다.

조정가 피드백의 예를 들면, "오늘 이 자리에 여러분의 의사가 아니었음에도 불구하고, 참석해 주신 것에 대해 감명받았습니다. 서로 마주 앉아 어려운 문제에 대해 이야기하기가 쉽지 않았을 것입니다……. 제가 여러분께 한 가지 제안을 드리고 싶습니다……. 괜찮으신가요? 지금부터 우리가 다시 만날 때까지, 두 분 관계에서 변화된 것이 무엇인지 잘 살펴보시고 다음 조정에서 말씀해 주시기 바랍니다."와 같다.

클라이언트들에게 휴식시간에 유용할 것으로 생각되는 제안을 스스로 생각해 보도록 요청할 수도 있다. 클라이언트들이 조정가에게 피드백을 할 수도 있다. 회기가 끝난 뒤에 클라이언트에게 회기평가척도(Session Rating Scale: SRS) 작성을 요청한다(12장과 부록 5 참조).

무엇이 좀 더 좋아졌는가?

이어지는 회기는 통상적으로 다음과 같은 질문으로 시작된다. "혹시 좀 나아진 것이 있나요?" 처음에는 이러한 질문이 이상하게 느껴질 수도 있을 것이다. 그러나 이 질문은 해결책이 주로 예외상황을 인식할 때부터 가능해진다는 확신을 반영한다. 이전 회기 이후에 클라이언트들의 생활은 갈등 시간과 그렇지 않은 시간이 공존했을 것이라고 예상한다면, 이와 같은 시작 질문, 즉 그 사이에 어떤 예외상황이 일어났는지 물어보는 것은 그들에게 큰 도움이 될 수 있다.

이 질문에 클라이언트들은 각기 상이한 반응을 보일 수 있다. 그 반응에 따라, 클라이언트들은 네 개 그룹으로 분류될 수 있다. 첫 번째는 지난 조정회의 이후 좋아진 예외상황을 구분할 수 있는 그룹이다. 두 번째는 "모르겠어요. 거의 대동소이한 것 같아요."라고 대답하는 그룹이다. 세 번째는 그들이 만들어 낸 긍정적 변화에 대해 다소 엇갈리는 의견을 가진 그룹으로, 상황이 나아진 것 같다고 하는 클라이언트도 있고, 반면에 대동소이한 것 같다거나 아니면 오히려 더 나빠진 것 같다고 하는 클라이언트도 있다. 네 번째는 상황이 더 나빠졌다고 하는 그룹이다.

조정가가 끈기 있게 진행하면 두 번째, 세 번째, 네 번째 그룹에 속한 클라이언트들도 대부분 예외상황을 찾아낼 수 있을 것이다. 클라이언트들로 하여금 예외상황들을 가능한 한 상세하게 기술하도록 함으로써 해결책을 향해 나아가도록 하는 것이 조정가의 임

무이다.

일단 예외상황이 확인되면 조정가는 자세히 탐색해야 한다. 이 작업에서 조정가가 취해야 할 행동을 체계적으로 담아내기 위해 De Jong과 Berg(1997)는 EARS를 개발했다. E(Eliciting)는 예외상황을 끌어낸다는 뜻이다. A(Amplifying)는 그것을 자세히 서술한다는 뜻이다. 이 방법으로 먼저 클라이언트에게 갈등이 있을 때와 그렇지 않을 때 어떤 차이가 있는지를 기술하게 한다. 다음으로 예외상황이 어떻게 발생했는지 그리고 클라이언트가 그것을 위해 어떤 역할을 했는지 탐색하게 한다. R(Reinforcing)은 예외상황이 내포하고 있는 성공과 강점을 강화하는 것이다. 방법은 예외상황을 찾아 깊이 탐색하는 시간을 가지고 기회 있을 때마다 칭찬하는 것이다. 마지막 S(Start)는 조정가가 다시 한 번 "무엇이 좀 더 좋아졌나요?" 라는 질문을 다시 시작하라는 뜻이다.

클라이언트들이 예외상황을 알아냈을 때, 그 상황을 다시 발생하도록 하기 위해서 무엇을 할 수 있는지 질문하는 것은 매우 유용하다. 클라이언트들이 어떤 긍정적 변화도 없었다고 반응할 경우, 조정가는 다음과 같이 역량질문으로 대응할 수 있다. "당신은 어떻게 그 상황을 그대로 유지할 수 있었나요?"

클라이언트가 좀 더 좋아진 것을 탐색하는 노력을 전혀 하지도 않고 상황이 더 나빠졌다고 말할 경우는, 그의 설명을 잘 경청하면서 실망감을 인정하고 잘 다독여 주는 것이 매우 중요하다. 그렇다고 해서 실패한 상황에 대해 자세히 알아보려는 노력을 소홀히 해서는 안 된다. 클라이언트가 충분히 이해받았다고 느끼도록 한 후에 조정가는 다음과 같은 역량질문으로 넘어갈 수 있다. "당신은 그렇게 힘든 상황을 어떻게 견딜 수 있었나요?" "어떻게 해서 상황이 지금보다 더 나빠지지 않았나요?" "과거 상황이 나빴을 때, 그래도 도움이 되었던 것은 무엇이었나요? 그 전략을 다시 사용할 수 있을 거라고 생각하나요?"(후속 회기에서 사용할 수 있는 회의록, 부록 2 참조)

연습 9

회기는 10~20초 동안 "무엇이 좀 더 좋아졌나요?"라는 질문으로 시작한다. 이 질문을 과감하게 시도한다. 클라이언트들은 이 질문을 기대하기 시작하고, 다음 회기의 시작 전에 조정가에게 무엇이 좋아졌는지를 말하기 위해 진지하게 생각할 것이다.

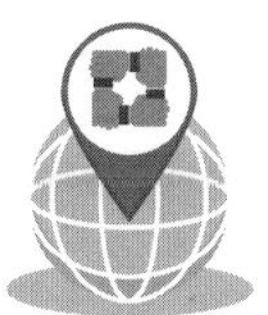

07
이혼조정

지속적인 평화는 의심과 불신, 두려움으로 얻을 수 없다.
신념을 기반으로 한 이해, 신뢰 그리고 용기로 나아갈 때
비로소 획득할 수 있다.
—Franklin D. Roosevelt

사례

법원은 이혼한 C 부부의 8세와 10세 자녀의 면접교섭 방법을 결정하기 위해 부부에게 조정을 권유하였다. 조정 시작과 함께 조정가는 그들이 이번 조정에 참석한 것과 조정을 통해 자녀를 위한 좋은 면접교섭 방법을 결정하고자 하는 적극적 의지를 보여 준 것에 대해 칭찬과 격려를 하였다.

그들은 전에도 조정을 한 적이 있지만 그 과정과 결과가 만족스럽지 못했다고 토로하였다. 아내는 조정 중에 전남편과 조정가의 압박 때문에 너무 서둘러 합의서에 서명했다고 하였다. 아울러 그 후에 합의 내용이 제대로 이행되지 않았는데, 그 이유는 세부적인 이행사항들이 구체적으로 명시되지 않았기 때문이었음을 추후에 알게 되었다고 했다. 조정가가 "과거 조정 경험에 비추어, 이번 조

정이 성공하기 위해, 제가 해야 할 일과 해서는 안 될 일이 무엇인지를 말해 주시겠어요?"라고 아내에게 물었다. 아내는 이번 조정이 천천히 진행되어 충분히 도움이 되는 방법을 찾았으면 좋겠다고 대답하였다. 조정가는 아내의 이러한 의견 제시에 감사를 표시하며, "이번에는 세부적인 내용에 집중하여 협의하시고, 협의사항이 실제로 이행 가능할 정도로 충분히 구체적이라고 생각되시면 합의서에 서명하도록 하세요."라고 당부하였다. 그런 다음 조정가는 이번 조정에서 각자 무엇을 말하고 싶은지를 물었다.

아내: 나는 이 자리에서 면접교섭권에 대해서만 이야기하고 싶어요. 다른 이야기는 싫습니다.

남편: 아니요. 나는 자녀 양육비에 대해서도 이야기해야 한다고 생각해요.

아내: 만약 자녀 양육비에 관해서 이야기하려면, 내가 당신의 학비를 댔기 때문에 당신이 나에게 갚아야 할 돈과 같은 다른 쟁점들에 대해서도 이야기해요. 그리고 내가 조만간 다른 도시로 이사 갈지도 모르는데, 아이들의 주 거주지에 대해서도 이야기해 주세요.

남편: 그것은 이미 작성된 이전 합의서 내용을 다시 논의하는 것이기 때문에 이 자리에서 이야기할 사안이 아니에요. 나는 그것을 원하지도 않고, 필요하다고 생각하지도 않아요.

아내: 그러니까, 오늘은 면접교섭권에 대해서만 이야기하죠. 다른 것들은 조만간 법정에서 다시 이야기해요.

남편: 아니, 그것에 동의할 수 없어요. 나는 오늘 조정에서 자녀 양육비에 대해서 반드시 이야기하고 싶습니다.

두 사람은 오늘 다루어야 할 이슈를 결정할 수 없었다. 양자 사이에 같은 주장이 반복되자, 조정가가 다음과 같이 가설질문을 하였다. “오늘 여러분이 어떤 문제에 대해 논의할지 합의할 수 있다고 가정해 봅시다. 그렇다면, 어떤 문제들에 대해 논의할 수 있을까요?” 그들은 자녀 면접교섭권과 자녀 양육비 분담을 선택하였고, 조정은 재개되었다.

조정가는 두 사람의 인내심과 자신들이 원하는 문제들을 정확하게 확인한 것을 칭찬하였다. 아울러 그들이 이전 조정가와 좋지 않은 경험을 가지고 있었음에도 불구하고 이번 조정 참가를 결정한 것에 대해 다시 한 번 칭찬하였다. 조정가는 두 사람에게 자녀를 위해 최선을 다하고자 하는 의지를 분명하게 보여 주었다고 하였다.

자신들이 가장 원하는 바가 무엇이냐는 질문에, 두 사람은 현재보다 상호 협력이 잘되었으면 하는 것이 가장 큰 바람이라고 했다. 만일 그렇게 된다면, 부모의 대립으로 큰 상처를 받고 있는 아이들에게 가장 큰 혜택이 돌아갈 것이다. 또한 두 사람이 서로 만족할 수 있는 협의안에 동의하고 지킬 수만 있다면, 당사자들의 삶이 좀 더 안정될 수 있을 것이다.

조정가가 다음과 같은 척도질문을 하였다. “두 분이 아이들을 위해 잘 협력한다는 것이, 부모로서 당신들에게 얼마나 중요한가요? 최고로 중요하면 10점, 전혀 중요하지 않으면 0점이라고 할 때, 어느 정도일까요?” 두 사람의 협력은 매우 중요하다고 하면서 아내는 9점, 남편은 8.5점이라고 하였다. 상대가 높은 점수로 평가하는 것을 들으면서, 두 사람은 서로 협력하고자 하는 의지가 더 커지는 것 같았다. 또 “매우 적절하게 협력하고 있다면 10점, 갈등만 하고 있다면 0점이라고 할 때, 두 분은 지금 몇 점쯤 될까요?”(Schelling,

1960)라는 질문에 아내는 2점, 남편은 3점이라고 하였다. 그렇다면 두 사람은 앞으로 몇 점을 희망하느냐는 조정가의 질문에 아내는 7점, 남편은 6점 정도면 좋겠다고 대답하였다. 그러자 조정가가 "두 분이 원하는 방향을 향해 이미 하고 있는 것이 있다면 그것은 무엇일까요?"라고 물었다. 그들은 어쨌든 오랫동안 하지 않았던 대화를 다시 하고 있다는 사실을 깨달았다고 했다. "어떻게 다시 대화를 하게 되었나요?"라는 질문에, 두 사람은 편안한 장소(카페)에서 만나 아이들에 관한 이야기를 하도록 아내의 여동생이 중간에서 중요한 역할을 하였다고 했다. 또한 다시 한번 조정을 받기로 결정한 것도 올바른 방향으로 나아가는 한 걸음이 되었음을 알게 되었다고 했다.

조정가: 그다음 단계는 무엇일까요?

남편: 최근 몇 가지 일들 때문에 서로 믿음이 크게 떨어진 것 같아요.

조정가: 어떻게 하면 두 분의 믿음이 개선될 수 있을까요?

남편: 아내가 핸드폰 번호를 알려 주면 신뢰가 회복되었다고 느낄 것 같아요.

아내: 나중에요. (지난 갈등의 역사를 감안할 때, 아내는 아직 핸드폰 번호를 알려 줄 생각이 없었다.)

조정가: 만약 아내가 당신에게 핸드폰 번호를 알려 준다고 가정한다면, 당신은 어떻게 다르게 행동할 건가요?

남편: 딸에게 생일 카드를 보낼 것입니다.

남편은 아내가 핸드폰 번호를 알려 주는 것과 상관없이 카드를 보낼 수 있다는 것을 깨달았고, 아이들에게도 카드를 보내기로 하였다. 이 때문에 아이들과의 만남에서 작은 변화가 일어났다. 남편의 이러한 행동을 아내가 인정하게 되었고, 두 사람 사이에서도 작지만 긍정적인 변화가 일어났다.

첫 회기는 후속 조정의 필요 여부와 그 일정을 정하고, 회기평가척도(12장과 부록 5 참조)를 작성함으로써 마무리되었다. 조정가는 두 사람에게 상호 협력이 잘될 때와 신뢰도가 올라갈 때 그리고 누가 어떤 행동을 했을 때 협력과 신뢰도가 올라가는지 관찰하고 기록해 올 것을 다음 회기 과제로 부여하였다.

3주 후, 두 번째 조정이 90분간 진행되었다. 조정에 앞서 두 사람은 조정가 사무실 계단에서 큰 언쟁을 벌였다. 따라서 "그동안 좀 나아진 것이 있나요?"라는 통상적인 개회 질문을 이번에는 사용할 수가 없었다. 상호 협력에 대한 척도질문에 평가점수는 이전 주의 5점 내지 6점에서 1점 내지 0점으로 크게 내려갔다. 함께 협력해 나갈 수 있다는 자신감 점수도 0점으로 떨어졌다.

조정가는 두 사람의 실망감을 인지하고 "두 사람이 무엇을 하면 아주 작더라도 차이를 만들어 낼 수 있을까요?"라고 질문하였다. 잠시 곰곰히 생각한 후, 남편이 먼저 분위기가 매우 좋았었기 때문에 언쟁에 대해서는 잊고 아무 일도 없었던 것처럼 행동하면 좋겠다고 했다. 아내는 처음에는 이해할 수 없는 말이라고 했다가 곧 그렇게 하겠다고 수용하였다. 조정가는 그들의 생각이 매우 창의적이라고 칭찬하였다.

이번 조정에서 차이를 만들어 낸 것은 "제가 10년 후에 여러분의 자녀들을 만나 '부모님들이 어떻게 협력하여 이 갈등을 만족스럽게 해결했나요?'라고 질문한다면, 여러분은 자녀들이 저에게 뭐라고 답했으면 좋겠습니까?"라는 미래지향적 관계질문이었다. 그 질문에 오랫동안 침묵하던 아내의 눈에 눈물이 맺혔다. 자녀의 관점에서 문제를 보게 하는 질문으로 그들은 이 조정이 자신들뿐만 아니라 아이들의 행복과도 연계되어 있음을 깨달을 수 있었다. 이후부터 조정은 상호 협력을 위해 두 사람이 이미 잘하고 있는 것과 좀 더 잘 협력하기 위해 할 수 있는 것이 무엇인지를 찾는 데 초점이 맞추어졌다. 또한 스스로 잘할 수 있는 것과 다른 사람들의 도움이 필요한 것 그리고 서로 도울 수 있는 방법 등에 대한 토론이 이어졌다. 끝으로 그들은 더 이상 조정이 필요 없다고 생각하여, 바로 면접교섭과 자녀 양육비 분담에 대한 서면 합의서 초안 작성에 들어갔다. 두 자녀 양육비는 매월 일정 금액과 추가 발생금액으로 나누어 산정하였다. 서면 합의서에 서명하고 사본을 법원에 송부함으로써 조정은 종료되었고, 조정가는 합의를 위한 두 사람의 시간 할애와 인내를 칭찬하였다.

이 사례는 관계중심 조정의 전형을 보여 준다. 이러한 조정은 심리상담과 확연하게 다르다. 갈등이 핵심 사안이고 관련된 모든 사람이 회기를 조정이라고 표현한다면, 그것은 확실히 조정이다. 그러나 대화가 두 사람 또는 개인적 문제에 집중된다면 조정가는 클라이언트를 심리상담자에게 보내야 할 것이다.

칭찬

클라이언트들은 누구나 개인적인 자질과 다양한 경험을 가지고 있기 때문에, 그것들을 충분히 끌어낼 수만 있다면 어려움들을 해소하고 좀 더 만족스러운 삶을 영위하는 데 필요한 자원으로 활용할 수 있다. 유머감각, 회복력, 타인에 대한 배려심과 같은 자질들은 클라이언트의 강점들이다. 과거의 유용한 경험이란 클라이언트의 생각들이나 실행하였던 것들 중에 갈등관리에 활용될 수 있는 것들을 의미한다. 이런 경험들이 곧 클라이언트의 과거 성공이다.

클라이언트들의 자질과 과거 성공경험에 대한 칭찬은 해결중심갈등조정에서 널리 사용되고 있는 강력한 기법 중 하나이다. Cialdini(1984)에 따르면, 칭찬은 영향력의 두 요소인 '보상' 및 '좋아함'과 관련이 깊다. 칭찬은 상대를 더 친절한 사람이 되도록 한다. 칭찬은 받은 사람으로 하여금 준 사람을 더 좋아하게 만들며, 동시에 보상원리에 따라 받은 사람도 준 사람을 칭찬하지 않을 수 없기 때문이다.

노스캐롤라이나에서 남성들을 대상으로 한 흥미로운 연구가 있었다. 조사 대상 남성들은 자신의 도움을 필요로 하는 사람들로부터 평가를 받았다. 첫 번째 그룹은 긍정적인 평가만을 받았고, 두 번째 그룹은 부정적인 평가만을 받았고, 세 번째 그룹은 긍정과 부정이 혼합된 평가를 받았다. 그 결과 아주 흥미로운 사실 세 가지가 발견되었다. 첫째, 조사 대상 남성들은 자신을 최고로 칭찬한 평가자를 좋아했다. 둘째, 그들은 평가자가 칭찬을 통해 자신으로부터 뭔가를 얻고자 한다는 사실을 충분히 알고 있었음에도 그를 좋아한다고 답하였다. 마지막으로 다른 유형의 평가와는 달리, 칭찬은 그 내용의 사실 여부가 그다지 중요하지 않았다고 답하였다. 긍정적인 평가를 받은 사람은 그 평가가 진실이 아닌 경우에도 진실인 경우와 같은 정도로 칭찬한 사람에 대해 좋은 감정을 느낀다고 하였다.

Arts 등(1994)에 따르면, 심리상담에서 칭찬을 체계적으로 사용하면 상담사와 클라이언트가 긍정적인 관계를 형성할 뿐만 아니라 치료효과도 칭찬을 활용하지 않은 치료에 비해 자그마치 30% 높아진다고 한다.

칭찬에도 여러 종류가 있다. **직접 칭찬**(direct compliment)은 클라이언트의 반응에 대해 조정가가 긍정적 평가 또는 반응을 보이는 것이다. 칭찬의 대상은 클라이언트의 말, 행동, 성취, 외모 등이다. 클라이언트의 강점과 자원에 대해 칭찬할 수도 있다. "당신은 정말 배려심 많은 어머니이시군요……. 그것에 대해 좀 더 말씀해 주시겠어요?" 또는 "당신은 정말 단호한 분 같아요. 당신의 그런 단호함에 대해 좀 더 말씀해 주시겠어요?"

간접 칭찬(indirect compliment)은 질문을 통해 클라이언트의 긍정적인 면을 부각시키는 것이다. 예를 들면, 클라이언트가 말한 높은 성과에 대해 좀 더 자세하게 물어보는 것이다. 이러한 질문은 클라이언트로 하여금 자신의 성공 이야기를 말할 수 있는 기회를 제공한다. "당신은 이것을 어떻게 해냈나요? 그런 탁월한 아이디어를 어디서 얻으셨나요?"

여러 사람을 칭찬할 경우에는 동등하게 칭찬하는 것이 매우 중요하다. 칭찬은 여러 사람에 대해 공동으로 이루어질 수도 있다. "여러분 모두는 과거에 매우 즐겁게 협력하며 큰 성공을 이루어 냈습니다. 그 당시로 돌아가, 어떻게 그렇게 할 수 있었는지 말씀해 주시겠어요?"

간접 칭찬은 질문 형식을 통해 클라이언트로 하여금 자신의 강점과 자원을 찾도록 한다는 점에서 직접 칭찬보다 더 효과적일 수 있다.

많은 사람이 칭찬을 편하게 받아들이지만, 일부 평가절하하거나 거부하는 사람들도 있다. 그러나 클라이언트로 하여금 자신의 긍정적 변화와 강점 및 자원을 찾도록 돕는 것이 칭찬의 가장 큰 목적이다. 따라서 클라이언트들이 칭찬을 있는 그대로 받아들이지 않는다고 해서 크게 걱정할 일은 아니다.

연습 10

함께한 사람들과 5분가량 대화를 나누고 적어도 세 가지 이상 칭찬을 한다. 그리고 칭찬으로 대화 분위기가 어떻게 바뀌는지 관찰한다.

이야기 7: 칭찬 받아들이기의 중요성

어느 날 귀여운 어린 뱀이 호숫가에서 목욕을 마치고, 따뜻한 바위 위에서 한껏 멋을 내며 젖은 몸을 말리고 있었다. 이때 주변을 맴돌던 파리 한 마리가 뱀을 내려다보며 다음과 같이 말하였다. “햇빛에 반짝이는 당신 모습이 너무 아름답고 청순해 보입니다.”

뱀은 그 칭찬이 너무 부끄럽고 당황스러워서 살며시 도망쳐 근처 오두막으로 숨어들었다. 그곳은 마을의 마법사가 살고 있는 집이었다. 뱀을 보고 깜짝 놀란 마법사는 북을 마구 두들기며 큰 소리로 이 사악한 침입자를 쫓아내려 하였다.

마침 근처 들판을 유유히 배회하던 거북이가 흥겨운 북 장단에 맞추어 춤을 추기 시작하였다. 조용한 성품의 거북이가 볼품없는 춤을 추는 모습을 본 코끼리는 거북이 등에 올라탔다. 거대한 코끼리의 몸무게를 견딜 수 없었던 거북이가 뿜어낸 불이 마른 풀로 지어진 마법사의 오두막집으로 번졌다. 검은 구름이 하늘로 치솟으며 사방이 깜깜해졌다. 하늘에서 큰 비가 내리고 이내 그쳤으며, 태양이 뜨겁고 메마른 열기를 내뿜기 시작하였다. 그 사이에 빗물이 넘쳐 젖은 알을 말릴 수 있는 절호의 기회를 포착한 어미 개미는 알들을 햇볕에 펼쳐놓았다. 개미핥기는 이를 보자마자 알들을 허겁지겁 먹어 치웠다.

개미는 정글법칙에 따른 보상을 받기 위해 개미핥기를 법원에 고발하였으며. 동물의 왕 사자가 정글 재판관으로서 모든 관련자가 참석한 가운데 심리를 시작하였다. 사자는 먼저 개미핥기에게 물었다. "당신은 왜 개미의 알을 먹었나요?" 개미핥기가 대답했다. "음~ 저는 개미핥기예요. 그것이 저의 임무이고 운명이죠. 저는 원래 하던 대로 했을 뿐입니다. 개미가 제 앞에 아주 먹음직스러운 알들을 늘어놓았는데, 제가 달리 할 수 있는 일이 뭐가 있었겠습니까?" 사자가 개미에게 "당신은 왜 개미핥기를 유혹할 수 있는 곳에 알들을 늘어놓았나요?"라고 물었다. "저는 개미핥기를 유혹하려고 그런 것이 절대 아닙니다. 당신은 제가 얼마나 좋은 엄마인지를 알 수 있을 것입니다. 아이들이 비에 흠뻑 젖어 있는 상황에서, 뜨거운 햇볕에 말리기 위해 늘어놓는 것 말고 제가 아이들을 위해 달리 할 수 있는 것이 뭐가 있었겠습니까?"라고 개미가 답했다.

사자는 태양을 보며 심리를 계속하였다. "태양, 당신은 왜 그렇게 빛을 발산하였죠?" "그것 말고 제가 할 수 있는 것이 무엇인가요? 그

것이 저의 일입니다. 여러분도 잘 아시다시피, 비가 오고 나면 그다음은 내 차례입니다."라고 태양이 답하자, 사자는 반드시 진실을 밝히겠다는 의지를 보이며 비에게 "비, 당신은 왜 그렇게 쏟아부었나요?"라고 질문하였다. "아니, 그럼 제가 무엇을 할 수 있었을까요? 마법사의 오두막에 불이 나서 마을 전체가 위험에 처했기 때문에 저는 단지 그들을 돕고자 했을 뿐입니다."라고 비가 응수하였다.

"오두막집은 왜 불을 냈나요?" "거북이가 불을 뿜었기 때문에 저도 어쩔 수가 없었어요. 저는 풀로 지어진 지 수년이 지나 바짝 말라 버렸기 때문에 달리 방법이 없었어요." 까맣게 타 버린 오두막이 대답했다.

사자 왕은 거북이에게 왜 불을 뿜었느냐고 물었다. "저도 어쩔 수가 없었어요. 코끼리가 저를 밟고 올라서 있었거든요. 그 무게 때문에 저의 목숨이 경각에 달려 있었습니다. 저도 살려면 어떤 짓이라도 해야만 하는 상황이었어요."

사자가 코끼리를 올려다보며 물었다. "왜 거북이 등에 올라타 짓눌렀나요?" "그럼 그것 말고 달리 제가 할 수 있는 것이 무엇이었을까요? 거북이가 평소답지 않게 격하게 춤을 추고 있었어요. 저는 미쳐 가고 있는 거북이를 진정시키기 위해 뭔가를 해야 한다고 생각했어요. 그 거북이를 다치게 할 생각은 추호도 없었다고요."라고 코끼리가 말했다.

사자가 거북이를 돌아보며 그렇게 격렬하게 춤을 춘 이유가 무엇이었느냐고 물었다. "저도 어쩔 수가 없었다고요. 마법사가 북으로 흥겨운 댄스 음악을 쳐 대는 통에 춤을 출 수밖에 없었다니까요." "마법사, 당신은 왜 그렇게 북을 두드렸나요?" 마법사가 대답했다. "제집에 갑자기 뱀이 들어오는 통에 깜짝 놀라 그럴 수밖에 없었어요. 뱀은 위험한 존재고 악의 대변자이며 불길한 징조이니까 빨리 집 밖으로 내보내려고 한 거죠."

사자 왕은 끈기를 잃지 않고 증인들을 심문하며 이번에는 뱀에게 물었다. "당신은 왜 마법사의 집에 들어갔죠?" "저도 어쩔 수 없었어요. 파리의 칭찬에 당황스러웠거든요. 저는 부끄러워 숨어야만 했고, 근처에 숨기 가장 좋은 곳은 마법사의 풀로 만든 오두막뿐이었습니다."

마침내 사자가 파리를 돌아보며 물었다. "왜 당신은 뱀을 칭찬했나요?" 파리는 사자에게 대답하는 대신에 뱀을 보며 물었다. "뭐라고요? 당신은 칭찬을 받을 때 어떻게 해야 하는지 모른다는 말인가요?"

08

변화를 위한 협력과 동기부여

당신이 배를 만들고 싶다면,
사람들에게 목재를 가져오게 하고 일감을 나누어 주고
할 일을 지시하는 등의 행동을 하지 마라.
대신 그들에게 망망대해에 대한 끊임없는 동경심을 키워 주라.
–Antoine de Saint-Exupery

변화를 위한 동기부여

조정 개시에 앞서 클라이언트와 조정가는 조정 절차에 따라 해결 방안을 모색하거나, 대화를 재개하거나, 소송을 해결하거나, 부정적인 감정에 벗어날 수 있다는 가정과 함께 출발하는 것이 좋다. 이를 위해서는 때로는 개인의 행동 변화가 필요하다. 그러나 조정에 전념한다고 해서 개인의 행동 변화가 반드시 일어나는 것은 아니다. 클라이언트가 기꺼이 조정에 임한다고 해서 반드시 자신의 행동을 변화시킬 의사가 있다고 볼 수는 없다는 것이다. 클라이언트들은 자신이 변하기보다는 조정가가 상대를 갈등에 책임이 있는 사람으로 지목하고 그의 행동이 변해야 한다고 말해 주기를 희망할 것이다.

Bannink(2008f)가 상세히 기술하였듯이, 해결중심갈등관리에서 클라이언트의 변화를 지원하고 어려운 상황에서 벗어날 수 있도록 돕는 것은 조정가의 임무이자 도전적 과제이다.

이 장에서는 클라이언트의 변화를 촉발할 동기를 평가하고 그 촉발된 변화가 지속될 수 있도록 격려해서 조정의 긍정적 결과를 최대화하는 방법에 관해 논의할 것이다. 조정가는 우선 클라이언트와 자신의 관계 유형을 분석하고 적절히 대응함으로써 클라이언트로부터 최대한 협력을 이끌어 내야 한다.

방문형, 불평형 또는 고객형

조정가는 첫 회의에서 자신이 클라이언트와 맺고 있는 관계가 방문형(visitor)인지 불평형(complainant)인지 고객형(customer)인지 파악한다. 이 용어들은 클라이언트의 특성에 관한 것이 아니라 편의상 조정가와 클라이언트 사이의 관계 유형을 지칭할 뿐이다. 조정가에게 가장 어려운 과제는 클라이언트를 고객형이 되게 하거나 고객형으로 남아 있게 하는 것이다. 클라이언트들이 방문형 또는 불평형 관계에서 조정을 시작하는 경우가 종종 발생한다. 따라서 클라이언트의 동기부여 수준을 조기에 알아보는 것은 조정가가 전략 수립과 과제를 제시하고자 할 때 매우 중요하다.

방문형 관계에 있는 클라이언트들은 보통 법원, 보험사, 고용주의 독려로 조정에 참여한다. 이러한 비자발적 클라이언트는 개인적으로는 갈등이 없다. 타인들이 그와 갈등이 있을 뿐이다. 따라서 자신의 행동을 변화시킬 동기가 없다. 비자발적 클라이언트의 목표는 조정에 참여하도록 한 사람과의 관계를 잘 유지하거나 가능한 한 빨리 그 사람으로부터 자유로워지는 것이다.

조정가는 클라이언트들이 자연스럽게 도움을 요청할 수 있는 편안한 환경을 만들어야 한다. 클라이언트가 조정가와 관계를 통해 얻고자 하는 것은 무엇인가? 조정에 참여하도록 한 사람은 조정 결과로서 클라이언트의 어떤 변화된 행동을 보고자 하는가? 클라이언트는 어느 정도 협력할 준비가 되어 있는가? 여기에 몇 가지 팁이 있다.

- 클라이언트가 그렇게 생각하고 행동하는 데는 그만한 이유가 있다고 가정한다.
- 클라이언트를 비판하지 말고, 이해할 수 없는 행동을 하게 하는 그의 지각을 조사한다.
- 조정에 참여하도록 한 사람이 조정을 통해 기대하는 변화가 무엇이라고 생각하는지 내담자에게 묻는다.
- 그 변화에 대한 그 사람의 의견과 조언이 무엇일지 클라이언트에게 묻는다.

불평형 관계에 있는 클라이언트는 갈등이 있고, 그 갈등 때문에 고통을 받고 있다. 그러나 그 갈등의 발생이나 해결에 대해 자신의 책임을 전혀 인식하지 못하고 있다. 따라서 자신의 행동 변화에 대한 필요성을 전혀 느끼지 못하며, 상대가 모든 책임을 져야 하고 변해야 한다고 비난한다.

조정가는 클라이언트의 말을 인정하면서 역량에 대해 질문을 한다(예를 들어, "당신은 갈등을 어떻게 관리하나요?"). 조정가는 클라이언트에게 예외상황이나 갈등 순간들 또는 갈등이 줄어든 순간, 또는 본인이 원하지 않는 것이 아니라 원하는 것의 아주 작은 부분이라도 이루어질 가능성이 느껴진 순간들이 있었는지에 대해 말하도록 한다. 이를 통해 클라이언트는 갈등에 집중하는 것이 아니라 자신이 원하는 미래에 대하여 생각하고 말하게 된다. Walter와 Peller(1992)는 불평형 관계에 있는 클라이언트와의 대화에 적용할 수 있는 네 가지 전략을 제시한다.

- "이 문제에 대하여 제가 당신을 도울 수 있으면 좋겠습니다. 그러나 저는 마술사가 아닙니다. 이 세상에 누군가를 변화시킬 수 있는 사람은 없다고 생각합니다. 그럼에도 불구하고 제가 어떻게 하면 당신을 도울 수 있을까요?" 또는 "이 갈등이 어떤 점에서 당신에게 문제가 되나요?"
- 가상의 해결책을 탐색하면서, "상대가 원하는 대로 변한다고 상상하면, 당신은 상대에게 어떤 다른 점을 확인할 수 있을까요? 그 변화가 상대와의 관계에서 어떤 차이를 만들까요? 어떤 순간에 이러한 차이가 일어날까요?"
- 상대가 변하지 않는 미래를 탐색하면서, "앞으로 상대가 변하지 않는다고 가정할 때, 그래도 당신이 할 수 있는 것은 무엇일까요?"
- 예전 시도에서 얻고자 한 결과를 생각하면서, "마지막으로 당신이 함께 이루고자 하는 희망은 무엇일까요?"

사례

1층에 사는 A는 지하층에 살고 있는 B로 인해 소음공해를 겪고 있다. B는 밤늦게까지 친구들과 술을 마시며 소리를 지른다.

A는 벌써 여러 번 경찰에 신고하였지만 별 효과가 없었다. 알코올 중독자인 B는 이런 상황이 별문제가 없다고 생각한다. 주민협의회의 요청에 따라 이 두 사람이 조정에 참석한다면, A는 불평형(B가 변해야 한다고 요구)으로, B는 방문형('나는 문제 또는 갈등이 없다.')으로 규정할 수 있다.

고객형 관계에 있는 클라이언트는 갈등으로 인해 고통을 받고 있지만 스스로를 갈등 발생 또는 갈등 해소에 대해 일정 부분 책임이 있는 것으로 생각하고 자신의 행동을 변화시킬 의지가 있다. 고객형 클라이언트는 도움을 요청할 때 '나' 또는 '우리'라는 용어를 사용한다. "이 갈등을 해소하기 위해서 내가 할 수 있는 것은 무엇인가요?" 또는 "어떻게 하면 우리의 좋았던 관계를 다시 회복하거나, 최선의 방법으로 헤어질 수 있을까요?" 따라서 '고객형' 클라이언트들과 하는 조정은 합의에 이를 가능성이 매우 높다.

첫 번째 조정에서 클라이언트들은 대개 불평형이고 서로 상대가 변해야 한다고 생각한다. 방문형, 불평형 또는 고객형으로 분류하는 것은 가치중립적인 작업이다. 클라이언트의 유형은 모두 타당하며 그대로 인정되어야 한다. 클라이언트가 불참을 선택할 수 있었음에도 불구하고 어쨌든 조정에 참여하였다는 사실은 그가 이미 방문형임을 말해 준다. Cialdini(1984)는 상호성 원칙(받으면 반드시 갚아야 하는)과 상대에 대한 호감이 영향력 행사를 위한 강력한 무기라고 주장한다. 클라이언트에 대한 칭찬은 원만한 관계 형성에 큰 도움이 된다.

동기부여 인터뷰(motivational interviewing) 원칙 중의 하나는

클라이언트의 유형을 무조건적으로 받아들이는 것이다(Miller & Rollnick, 2002). 전문가는 협력, 개인적 책임 그리고 자율성을 기반으로 관계를 형성한다. Miller와 Rollnick은 주장하기를, 만일 전문가가 문제행동에 대한 클라이언트의 (때로는 잘못된) 생각을 따를 준비가 되어 있지 않거나 따를 수 없으면서 그의 행동에 낙인을 찍는다면 가치중립적으로 클라이언트에게 접근하는 것은 불가능하다고 역설한다.

전문가는 공감으로 반응하고, 토론을 피하며, 클라이언트의 자기효능감을 강화해 주어야 한다. Miller와 Rollnick은 해결중심용어인 변화대화(change talk)를 다음과 같이 설명한다. 변화대화란 행동 변화의 이점을 강조함으로써 클라이언트의 고유한 변화의지를 고양하기 위해 사용하는 대화의 한 방법이다. 변화대화는 클라이언트가 변화를 준비하는 데 도움을 준다. 변화대화를 이끌어 내기 위해 전문가가 사용하는 방법으로는 개방형 질문이 있다. 예를 들어, 다음과 같은 질문이다. "당신은 상황이 어떻게 변화하기를 바라나요? 향후 5년 후 당신의 삶이 어떤 모습이기를 원하나요?" 클라이언트에게 자신이 원하는 미래나 목적, 역량과 성공에 대해 말하게 하고, 예외상황과 성공적인 순간을 보게 함으로써 조정가는 방문형과 불평형 클라이언트가 고객형 클라이언트로 바뀔 수 있게 격려할 수 있다. 역량질문을 받은 클라이언트는 성공에 대해 말하게 되고, 스스로를 칭찬함으로써 자존감이 높아진다. Bannink (2007a, 2007b)은 주장하기를, 원하는 미래에 초점을 맞추면 변화를 바람직한 방향으로 촉진한다고 한다. 따라서 당신이 원하지 않는 것이 아니라 원하는 것에 초점을 맞추어야 한다.

연습 11

연습을 위해 파트너를 정한다. 파트너에게 변화시키고 싶은 사람에 대해 불평하도록 한다. 만날 때마다 파트너에게 동일한 불평을 하도록 하면서, 당신은 이 장에서 기술한 네 가지 스타일(Kilmann & Thomas, 1977, p. 148)을 연습할 수 있다. 전략들의 차이점에 주목하고 역할을 바꾼다. 클라이언트 역할에서 듣게 되는 다른 형태의 질문들을 통해 당신은 많은 것을 배울 수 있다.

해결중심조정가의 태도

해결중심갈등관리에서 조정가의 태도는 전통적인 조정가의 태도와 다르다. 해결중심 태도는 나는 잘 모른다와 한 발 뒤에서 이끌어 주기로 대신할 수 있다.

해결중심조정가들은 클라이언트야말로 자신의 경험들과 그것들이 의미하는 것에 대해 가장 잘 알고 있다고 인정하며 조정에 임한다. 그들은 클라이언트를 이끌기 위한 최상의 방법은 한 발 뒤에서 이끌어 주는 것이라고 생각한다. '나는 잘 모른다'는 자세를 취하면서 클라이언트가 자신과 자신의 상황에 관한 정보를 말하도록 하는 인터뷰 기술을 개발한다. 조정가는 밀고 당기기를 하지 않으며 주도적으로 끌고 가지도 않는다. 클라이언트들을 자기 삶의 진문가로 인정하는 조정가는 그들에게 해결중심질문을 함으로써 클라이언트가 스스로 말하고 해결책을 찾아가도록 한다. 이러한 태도는 클라이언트가 미래에 대한 신뢰와 자신감 그리고 희망을 갖게 한다.

저항은 적절한 개념이 아니다

De Shazer(1984)는 전문가들이 저항의 표시라고 하는 것들이 사실은 클라이언트들이 협력하고자 선택하는 독특한 방법이라고 제안한다. 예를 들면, 과제를 해 오지 않은 클라이언트는 저항하는 것이 아니고 실제로는 협력하고 있는 것이다. 왜냐하면 그 과제는 자신의 방식과 맞지 않다는 것을 암시하고 있기 때문이다. De Shazer에 의하면, 클라이언트는 자신이 원하는 것을 알 수 있는 능력이 있으며 그것을 성취할 수 있는 방법도 알고 있다. 조정가의 임무는 클라이언트가 이러한 역량을 발굴하여 원하는 미래를 창조하는 데 활용할 수 있도록 지원하는 것이다.

> 심리상담사와 클라이언트는 핵심 개념인 저항과 관련해서는 서로 경쟁하는 테니스 선수와 같다. 그들은 서로 마주 보며 싸움에 몰두한다. 심리상담사는 성공적인 치료를 위해 이겨야 할 필요가 있다. 심리상담사와 클라이언트는 핵심 개념인 협력과 관련해서는 복식조 테니스 선수와 같다. 두 사람은 공동의 적을 효율적으로 물리치기 위해 반드시 협력이 필요하다 (p. 13).

이 경우, 상대편은 갈등이다. 이러한 견해는 널리 활용되는 개입 기법인 외재화로 갈등을 적으로 만드는 이야기접근법(Winslade & Monk, 2000)과 관련이 있다. Erickson의 견해에 따르면, 저항은 협조적인 것이다. 다시 말해, 저항은 사람들이 외부 개입에 대해 취할 수 있는 반응들 중 하나이다.

만약 조정가가 클라이언트가 불안하고 초조하며 혼란스럽다고 느낀다면, **역전이**(countertransference)가 일어나고 있는 것이다. 역전이는 클라이언트의 행동에 대한 조정가의 부정적 반응으로 나타난다. 클라이언트가 여전히 방문형 또는 불평형 수준에 머물고 있음에도 불구하고, 조정가가 이를 고객형으로 잘못 인식할 때 이러한 현상이 발생한다.

클라이언트가 특정 주제에 대해 화를 내거나 말하고 싶어 하지 않는 경우, 조정가는 클라이언트가 능력이 있기 때문에 함께 협력 방법을 찾는 것이 유용하다는 것을 염두에 두어야 한다. 따라서 저항은 조정가에게 클라이언트가 저항하거나 동기가 없다고 결론 내릴 것이 아니라 클라이언트에게 중요한 것이 무엇인지 질문하라는 신호이다. 이러한 인식은 자발적 클라이언트 또는 비자발적 클라이언트 모두에게 동등하게 적용된다.

사례

이웃갈등조정에서 조정가는 클라이언트에게 다음과 같은 과제를 제시할 수 있다. "지금부터 여러분이 지속되기를 희망하는 관계에서 발생하는 것들을 잘 관찰하여 다음 조정에서 저에게 말씀해 주시기 바랍니다." 이러한 개입은 조정이 과거가 아닌 현재와 미래를 다루어야 한다는 점을 명확히 하고자 하는 시도이다. 조정가는 가치 있는 일이 발생하기를 기대한다. 그러나 그 기대는 이웃들이 기대하는 것과는 정반대의 것이다. 이러한 관점을 통해 조정가가 제시한 과제를 수행하는 클라이언트는 조정가가 변화를 기대하고 있고 변화가 일어날 것이라고 확신하고 있음을 인지하게 된다. 과제는 다른 것을 요구하는 것이 아니고 단지 관찰하기만 하면 되는 것이기 때문에 이웃들이 협력하기 매우 쉽다. 게다가 이웃들이 어차피 할 것이기 때문에 과제는 단지 관찰에 집중하게 하려는 것이다.

동기, 자신감 그리고 희망에 대한 척도질문

질문: 전구 하나를 교체하기 위해 필요한 조정가는 몇 명일까?

답변: 한 명이다. 그러나 그 전구가 교체를 진정으로 원해야만 한다.

변화에 대한 동기, 자신감 및 희망의 정도를 확인하는 데 사용하는 척도질문은 조정 성공에 대한 클라이언트의 동기부여, 자신감 및 희망의 정도를 알아보는 데 활용할 수 있다. 역량질문(그것을 어떻게 할 수 있었나요? 어떻게 그것을 하기로 결정하였나요?)도 동기부여, 자신감 및 희망을 증대시키는 데 도움이 된다. 아울러 척도질문은 조정가 자신의 동기부여, 자신감 및 희망을 평가하는 데도 역시 적용할 수 있다. 척도질문은 다음과 같다.

- "만약 당신이 원하는 결과를 얻기 위해 무엇이든 할 수 있으면 10점, 아무것도 하지 않으면 0점이라고 할 때, 현재 당신은 몇

점이라고 할 수 있나요?"

- 클라이언트가 7~8점과 같이 높은 점수를 말하면, "그렇게 열심히 하고자 하는 열정은 어디에서 나온 것인가요?"라고 물을 수 있다.
- 클라이언트가 2점 정도의 낮은 점수를 말하면, "0~1점일 수도 있었을 텐데, 어떻게 2점을 유지할 수 있었나요?"라고 물을 수 있다. 추가적으로 "3점이면 어떤 모습일까요?" "1점을 올리기 위해 필요한 것은 무엇일까요?"라고 질문할 수 있다.
- "만약에 당신이 더 높은 점수로 평가한다면, 당신 자신에게서 어떤 변화를 느낄 수 있을까요? 그리고 상대와의 관계에서 발생할 차이점은 무엇일까요?"

조정가는 클라이언트에게 자신이 희망하는 미래를 이룰 수 있다는 자신감과 희망의 정도를 다음과 같은 질문으로 물을 수 있다.

- 만약 당신이 희망하는 결과를 이룰 수 있을 만큼 자신감이 확실하다면 10점, 이룰 수 있는 자신감이 전혀 없다면 0점이라고 할 때, "현재 당신은 몇 점이라고 할 수 있나요?"
- 만일 클라이언트가 높은 점수를 말하면, "당신은 무엇이든 하기로 일단 결정하면, 성공할 것이라는 강한 믿음을 가지고 있는 사람 같습니다." 혹은 "그런 높은 자신감(혹은 희망)은 어디에서 나오나요?"라고 질문할 수 있다.
- 만약 클라이언트가 2~3점 정도의 낮은 점수를 말하면, "그렇게 어려운 상황에서도 어떻게 3점을 유지할 수 있나요? 1점을

더 높인다면 어떤 모습일까요? 1점을 높이기 위해 필요한 것은 무엇일까요? 그리고 당신이 할 수 있는 것과 다른 사람으로부터 받을 수 있는 도움은 무엇일까요?"라고 물을 수 있다.

- "당신이 자신감(또는 희망)에 더 높은 점수를 준다고 가정한다면, 당신이 자신에게 발견할 수 있는 변화는 무엇일까요? 그리고 상대와의 관계에서 발생할 차이점은 무엇일까요?"

Thomas-Kilmann의 갈등스타일척도

Kilmann과 Thomas(1977)는 사람들이 갈등과 협상에 임하는 다섯 가지 방법을 분류하기 위한 갈등스타일척도를 개발하였다. 동시에 사람들의 선호 스타일을 측정하는 도구도 개발하였다. 실제로 갈등 상황에서 한 스타일만을 고집하는 사람은 거의 없을 것이다. 따라서 협상할 때마다 이 다섯 가지 스타일을 인지하고 있는 것이 중요하다. 이 모델을 활용하여 갈등을 다룰 때 개인이 선호하는 방법을 확인할 수 있고, 타인들의 갈등해소방법을 이해할 수 있다. 또한 갈등해소에 적절한 기법을 배울 수도 있다. 이 모델은 개인과 집단 모두에게 유용하다.

이 모델은 자기주장의 정도(적극적, 소극적)와 협력의 정도(협력적, 비협력적)에 따라 스타일을 구분하는 두 차원으로 구성되어 있다. 두 차원에 따라 사람들은 적극적인 자기주장과 상대와 비협력적인 경쟁형(competing), 소극적인 자기주장과 상대와 비협력적인 회피형(avoiding), 적극적인 자기주장과 상대와 협력적인 협력형(collaborating), 소극적인 자기주장과 상대와 협력적인 순응형(accommodating) 그리고 그 중간인 타협형(compromising)으로 분류될 수 있다.

협상가나 조정가는 적극적으로 참여하여야 할 시점에 슬그머니 회피형 또는 순응형으로 변할 수 있는 사람들을 알고 있어야 한다. 반대로 너무 빨리 공격적 경쟁형으로 변하는 사람들에 대해서는 갈등해소를 위해 좀 더 협력형이 될 수 있도록 격려하여야 한다.

일반적으로 선호하는 협력형은 승-승 결과를 거둘 가능성이 가장 크다. 갈등조정 전문가는 이 다섯 가지 스타일을 적절하게 활용할 수 있어야 한다. 다섯 가지 스타일 각각은 맥락에 따라 장점과 단점을 모두 가지고 있다. 다섯 가지 기본 스타일은 조정가와 클라이언트 사이의 관계 유형인 방문형, 불평형 그리고 고객형과 유사하다(이 장 앞부분 참조).

설득 이론

설득 및 영향력에 관한 심리학 저서들이 많다. 자동차 세일즈맨에서부터 의사, 변호사에 이르기까지 다양한 분야의 전문직 종사자들이 주로 사용하는 가장 보편적이고 효율적인 설득 기술과 전략은 과연 무엇일까? Cialdini(1984)는 '예'를 얻어 내기 위해 전문가들이 사용하는 수천 가지 전술이 있지만 대부분은 여섯 가지 기본 범주 안에 포함된다고 한다. 인간행동을 통제하는 기본적 심리원칙들에 규제받는 이 범주들은 전술들이 잘 작동하도록 해 준다. 이

범주들은 일관성(consistency), 상호성(reciprocation), 사회적 증거(social proof), 권위(authority), 선호(liking) 그리고 희귀성(scarcity)이다.

고객에게 차를 사도록 설득할 때 사용하는 일방적이고 단발적인 메시지 전달과 달리, 갈등에는 설득 메시지의 발신자이자 수신자인 사람들 간의 역동적이고 반복적인 상호작용이 복잡하게 얽혀 있다. 조정에서 클라이언트는 상대를 설득하기 위해 양방향적이고 다양한 영향력을 미치려 여러 시도를 한다. 이 시도들은 갈등 상대뿐만 아니라 조정가나 대리인을 대상으로 이루어질 수도 있다. 협상이나 조정에서 영향력을 미치려는 시도의 원천과 목표는 상호의존적이다. 다시 말해, 그 시도들의 결과는 서로 행동에 따라 달라진다는 것이다. 만약 클라이언트가 자율적이면 의사결정은 상호작용 없이 독립적으로 이루어질 수도 있다. 이러한 경우, 협상이나 조정은 필요 없을 것이다.

설득은 일반적으로 상대의 순응적 행동을 이끌어 내고 신념을 변화시키기 위한 영향력을 내포하고 있다. 설득은 갈등 맥락에서 상대의 주요 관심사에 대한 마음을 변화시키는 것이다. 설득이 성공하면 이전의 신념과 태도는 변화되고 새로운 신념과 태도가 내재화되어 행동 변화는 그 신념 및 태도와 일치하게 된다.

클라이언트들이 합의가 자신들의 욕구를 충족시킨다고 진정으로 믿지 않으면, 합의는 지켜지지 않을 것이다. 합의가 지속적으로 이행되기 위해서는 그 합의가 어느 정도 최선이었다는 점에 대해 모든 클라이언트가 납득하여야 한다. 서로 마음에 드는 해결책에 도달한다는 의미에서의 성공적인 갈등해소는 강압적인 방법이 아니라 설득에 의한 사회적 영향력이 포함되어야 한다. 강압은 다른 사람을 특정 방향으로 행동하게 하거나 차선책을 받아들이도록 영향력을 행사하려는 시도로서 바람직하지 않다.

설득은 클라이언트들이 갈등과 해결중심적 관점에서 볼 때 갈등 대신에 자신들이 원하는 것에 대한 지식의 폭과 깊이를 확대할 수 있는 기회이다. 이 기회는 통합적인 결과를 확인하는 데 도움이 될 수 있다. 또한 인지적 변화가 일어나 합의안의 내재화를 강화해서 합의사항들이 시간적 및 공간적으로 안정되게 이행될 수 있다.

영향력 전문가인 Kevin Hogan은 미래에 대한 생각이 어떻게 원하는 방향으로 변화를 촉진하는지에 대해 자신의 웹사이트인 www.kevinhogan.com에서 기술하고 있다.

> 순응(compliance)에 관한 새로운 과학적 발견을 통해 당신은 대화 상대를 미래로 데려가 당신의 상품이나 서비스를 구매하는 것이 좋다는 것을 상상하게 할 수 있다. 이것이 긍정적 또는 부정적 사고과정인지 여부와 상관없이 고객은 당신에게서 구매할 (또는 데이트에 응할) 가능성이 좀 더 높아진다. 왜냐하면 당신의 상대는 이미 미래로 가서 구매 과정 또는 데이트 과정을 상상하고 있기 때문이다.

개별면담

클라이언트 중 일방이 더 이상 조정에 참여하기를 원치 않을 경우, 참여한 클라이언트와 함께 관계에 관한 작업을 지속할 수 있다. 시스템 중 일부만 변해도 전체 시스템은 변하게 마련이다. 관계질문을 활용하면 불참한 사람이 조정현장에 있는 것과 같은 효과를 얻을 수 있다. "상대방이 여기 있다고 가정해 봅시다. 당신이 아는 것만큼 그들도 알고 있다면, 당신은 그들이 달라지기를 원하는 것이 무엇이라고 생각하나요?"

해결중심갈등관리에서 개별면담은 가능한 한 최소한으로 자제되어야 한다. 클라이언트가 조정가와 개별면담을 원하면, 조정가는 클라이언트에게 "이 대화가 어떻게 도움이 될 것이라고 생각하나요?"라고 질문할 것이다. 개별면담 중에 이웃 중 한 사람이 상대에 대한 불만을 털어놓으면, 해결중심질문들을 활용할 수 있다. 예를 들어, 조정의 목표에 관한 질문을 할 수 있다. 상대 이웃도 개별면담에서 자신의 이야기를 충분히 한 다음에, 양측은 함께하는 회의에서 자신들의 희망에 대하여 다시 말할 수 있다.

개별면담에 반대하는 사람들은 클라이언트들이 조정현장에서 서로 만나지 않으면 친밀감을 강화하는 옥시토신 수준이 올라가지 않을 것이라고 주장한다(11장 참조). 조정 개시 또는 종료 시 악수만으로도 옥시토신 수준이 높아진다. 동물세계에서도 손잡기, 쓰다듬기 또는 털 고르기 등은 화해를 동반한다.

작업동맹

임상연구가들은 거의 차이가 없는 심리상담 유형에 초점을 맞춘다. 치료 결과에 미치는 기여도는 치료의 차이보다 상담사가 더 크다. 한마디로 말해, 심리상담사가 누구냐가 대단히 중요하다는 것이다. 심리상담사와 환자 간 **동맹**(alliance)은 가장 많이 연구된 요인으로서 치료 결과를 예측할 수 있는 가장 강력한 변수이다. 심지어 치료 초기에 측정하여도 결과는 동일하였다(Wampold, 2001). 이론적 지향이나 전문적 훈련과 상관없이 전문가와 클라이언트 사이의 관계강도는 효과적 치료 결과와 일관된 관계를 보인다. 이러한 결과는 전문가의 평가보다 특히 클라이언트의 평가에서 더 명확하게 밝혀졌다. 클라이언트들의 동맹 평가는 전문가들의 평가보다 치료 결과와 더 강한 상관관계를 보였다. 더 나아가, 치료 초기 평가가 후기 평가보다 결과 예측력이 더 높은 것으로 나타났다.

그러나 심리학적 효과를 무시하면 연구 결과가 왜곡될 수 있음에도 불구하고 여전히 이에 대한 연구는 미진한 실정이다. 치료방법이 결과 변화를 거의 설명하지 못한다는 것이 밝혀졌음에도 불구하고 증거 중심 치료(evidence-based treatment) 운동은 여전히 치료방법에 더 중점을 두고 있다. 상담사와 클라이언트가 평가하고 결과에 영향을 미치는 것으로 알려진 치료 요소들이 간과되고 있다.

연구에 의하면, 치료 결과에 대한 예측력은 치료 초기에 측정된 동맹이 특히 높다. 초기에 동맹이 약하면 클라이언트는 치료를 포기할 가능성이 매우 높다. 이는 조정 개시와 함께 동맹 형성에 주의를 기울여야 한다는 의미이기도 하다. 그 이유는 심리상담에서 확인된 동맹 관련 연구 결과가 조정에서도 동일할 것이기 때문이다. Keijsers, Schaap 그리고 Hoogduin(2000) 또한 긍정적 치료 결과에 영향을 미치는 심리상담사들의 특징적인 두 가지 행동이 있다는 것을 발견하였다. 하나는 공감, 따뜻한 마음, 긍정적인 평가 그리고 진정성이고, 다른 하나는 치료적 동맹이다.

최고조정가들

조정가라고 해서 모두 성공하는 것은 아니다. Wampold(2001)는 승소 확률이 높은 변호사들, 최고의 예술작품을 창작하는 예술가들, 공부 잘하는 학생들이 있듯이 일부 심리상담사들도 남들보다 더 많은 성과를 낼 수 있다고 한다. 따라서 우리는 친구나 친척에게 조정가, 변호사, 의사 혹은 심리상담사를 소개할 때, 그의 학문적 배경보다는 능력과 전문성을 더 보게 된다.

Miller 등(1997)은 최근 연구들에서 영향력 있는 심리상담사들이 다른 심리상담사들과 다르다는 경험적 증거를 발견하였다. 연구 데이터에 의하면, 최고 심리상담사들은 보통 심리상담사 대비 클라이언트가 50% 이상 증가하였고, 치료 중단은 50% 이하로 하락하였음을 보여 주고 있다. 놀랍게도 훈련, 자격증, 슈퍼비전, 경력 및 증거 중심 업무수행조차도 탁월한 성과를 내는 데 도움이 되지 않는다. 지난 30년간 연구에 의하면, 심리상담의 효과성은 시간과 경험이 쌓이면 향상될 것이라는 믿음에도 불구하고 거의 모든 심리상담사의 효과성은 훈련 초기 단계 수준에 머물러 있다.

조정가 또는 심리상담사가 중요한 역할을 수행하고 있음에도 불구하고, 연구에 따르면 우리의 지식은 커다란 격차를 보여 준다. 우리는 능력 있고 유능한 **최고심리상담사**(supertherapist) 또는 **최고조정**

가(supermediator)의 특성을 대변하는 변수들과 자질들은 물론이거니와, 이들 변수와 심리상담 또는 조정 접근법 간 상호작용에 대해서도 아는 것이 거의 없다.

Wampold(2001)는 심리상담연구에 대해 개략적으로 설명하면서 그의 저서의 한 장을 '충성(allegiance)'에 할애하였다. 충성은 전문가의 자신의 치료모델에 대한 믿음을 의미한다. 치료방법과 그 치료방법이 클라이언트의 변화를 도울 수 있을 것이라는 믿음은 유능한 전문가의 중요한 자질 중 하나이다. 전문가가 자신의 치료에 충분히 집중하지 않는다면 치료 결과가 좋을 수 없다. 치료방법에 대한 충성은, 전문가가 치료방법에 대해 우호적인 생각을 가지고 긍정적인 치료효과를 경험하면 좀 더 많은 인내심, 열정, 희망, 능력을 가지고 치료에 임할 것이라는 생각에 기반을 두고 있다.

심리상담사의 특성 변수들의 효과에 대한 연구에 의하면, 실력 있고 창의적이고 헌신적인 심리상담사들은 연령, 성 또는 피부색 등의 장벽을 뛰어넘을 수 있다고 한다(Beutler et al., 2004). 심리상담의 긍정적 결과와 심리상담사의 긍정적이고 우호적인 태도는 일관된 관계에 있다. 비판적이고 적대적인 태도는 역효과를 가져온다. **최고심리상담사** 또는 **최고조정가**는 클라이언트의 적극적인 참여를 촉진하고 유지하도록 한다. 이 연구의 또 다른 일관된 결과에 따르면, 심리상담사는 적극적이고 지시적으로 클라이언트들이 역기능적인 패턴을 반복하지 않도록 하고 회기를 구조화하여 클라이언트가 자신의 인지와 행동을 충분히 직시하도록 자극하는 것이 중요하다.

Miller 등(1997)에 의하면, 탁월한 전문가는 작업의 질과 충성에 대한 기여와 관련하여 더 많이 질문하고 더 많은 부정적인 피드백을 받을 확률이 높다. 치료 결과, 상위 25%에 속하는 최우수 전문가들은 치료 초기에 실시된 표준동맹검사(standardized alliance measures)에서 줄곧 낮은 점수를 받는다. 그 이유는 아마도 그들이 끈질기고 진실하게 정직한 답을 듣기를 원한다고 한 결과, 클라이언트들로 하여금 작업관계에서 있을 수 있는 잠재적 문제들까지 언급하도록 하였기 때문일 것이다. 이와 대조적으로, 평범한 심리상담사들은 클라이언트들의 마음이 이미 떠나 치료를 중단할 가능성이 높은 시기인 치료 후반부에 공통적으로 부정적인 평가를 받았다. 따라서 최고심리상담사나 최고조정가는 치료 중단과 치료 실패의 위험에 대해 특이할 만큼 민감하게 대응하고 있음을 알 수 있다.

심리상담사의 스타일은 심리상담사가 클라이언트의 선호, 희망 그리고 특성에 얼마나 적응하느냐에 따라 크게 좌우된다. 클라이언트가 잘 따라오지 않을 경우 지시적인 방법은 가급적 자제되어야 하며 자신의 스타일을 조절하여 너무 과하지도 적지도 않은 중간 수준으로 자극하여야 한다. 그 이유는 변화를 촉진하기 위해서는 중간 수준의 자극이 적절하기 때문이다. 따라서 유연성과 라포 형성은 심리상담사의 핵심 자질이다. 긍정적 동맹을 위해 심리상담사가 보여 주어야 할 구체적인 반응들은 클라이언트에 따라 다르다. 유능한 심리상담사들은 클라이언트들의 반응에 매우 민감하고 그 피드백에 기초하여 그들과 상호작용을 조절할 수 있다 (Duncan, Miller, & Sparks, 2004).

Norcross(2002), Wampold와 Bhati(2004)에 따르면, 전문가의 성

격과 클라이언트와의 동맹은 치료방법보다 치료 결과에 미치는 영향이 훨씬 더 강력하다. 대인관계에서 심리상담사가 느끼는 친밀감, 낮은 적대감, 높은 사회적 지지 정도에 따라 치료 초반에 클라이언트의 동맹에 대한 평가를 예측할 수 있다. 또한 심리상담사의 경험은 치료적 관계의 강도 예측과 별 상관이 없다.

요약하면, 심리상담사는 여러 면에서 변화와 얽혀 있다. 대부분의 변화모델에서는 심리상담사가 핵심이다. 따라서 변화기제들이 치료과정에서 얼마나 작동할지는 심리상담사에게 달려 있다. 기대하건대, 심리상담사의 역할에 대한 연구 결과가 의사, 변호사, 조정가 등과 같은 전문가들에게도 적용되기를 바란다(Bannink, 2009a, 2009b).

연습 12

당신의 **역량자격증**(certificate of competence)을 스스로 만들어 보라(John Wheeler의 웹사이트-역량자격증: 전문적 실제를 최적화하기 위한 자기코칭도구, http://www.johnwheeler.co.uk/resources/certificate_of_competence.php 참조). 이 자격증은 전문적 실제를 최적화하기 위한 자기코칭도구이다. 스스로에게 다음의 일곱 가지 질문을 한다.

- 나는 일할 때, 다음과 같은 사람들로부터 영감을 얻는다.
- 그들은 내가 일을 할 때 다음과 같은 내용을 기억하는 게 가장 중요하다고 가르쳐 주었다.

- 그들은 내가 하고 있는 일을 하도록 용기를 준 사람들이다.
- 그들이 내가 이 일을 하도록 격려한 이유는 다음과 같은 나의 모습을 보았기 때문이다.
- 내가 일을 할 때 상대한 그 사람들은 나의 다음과 같은 자질과 능력을 인정할 것이다.
- 이들은 나를 지원하는 사람들로서 내가 이런 자질과 능력을 가지고 있다고 알고 있다.
- 내가 일로 압박을 받고 한 가지 자질 또는 능력만 기억할 수 있다면 틀림없이 이것일 것이다.

조정가의 동기부여

조정가도 클라이언트들이 원하는 미래에 도달할 수 있도록 돕기 위해 동기부여가 필요하다. 좋은 동맹의 책임은 클라이언트뿐만 아니라 조정가에게도 함께 있다. 긍정적 변화가 없으면, 조정가는 스스로 다음과 같은 질문을 할 수 있다.

- 내가 클라이언트에게 비록 적지만 지금까지 나에게서 어떤 도움을 받았는지 물으면, 그들은 무엇이라고 답할 것인가?
- 클라이언트들은 무엇을 보고 성공적 결과라고 할 것인가?
- 이 결과는 얼마나 현실적인가?
- 나는 무엇을 보고 성공이라고 할 것인가?
- 나와 클라이언트들의 생각이 다르면, 내가 그들의 목표 달성

을 위해 필요로 하는 것은 무엇인가?

- 클라이언트들이 현재 좋다고 평가할 가능성은 0~10점 척도에서 몇 점일까?
- 그들이 10점 가까이 가기 위해서는 어떤 일이 일어나야 하는가?
- 이 조정이 성공하려면 조정가로서 나는 동기, 희망 또는 자신감이 어느 정도이어야 하는가? 내가 지금보다 더 많은 동기, 희망 또는 자신감을 가지고 있다면, 나는 어떤 다른 행동을 할까? 그 행동이 나의 클라이언트들에게 어떤 차이를 만들까?

조정가는 자신의 클라이언트들이 원하는 미래에 도달할 수 있도록 도울 수 있다는 동기, 자신감 또는 희망이 더 이상 없으면, 그것들을 되찾기 위해 무엇을 할 수 있는지를 스스로 점검해야 한다. 조정가가 클라이언트가 불평형이어서 짜증 나거나 낙담해서 클라이언트와 더 이상 긍정적인 협조관계를 재구축할 의욕이 없다면, 조정가는 조정을 동료에게 위임하고 사임하는 것이 바람직하다.

연습 13

당신의 어떤 클라이언트가 비자발적인가? 어떤 클라이언트가 조정에서 뭔가를 원한다고 하였는가? 클라이언트는 스스로 무엇을 이루기를 원하는가?(그렇다면 그는 고객형이다.) 다른 사람이 변하기를 원한다면 그는 불평형이다. 이 클라이언트로부터 무엇인가를 원하는 사람들이 있는가? 그런 사람들이 있다면, 그들은 방문형으로 분류할 수 있다.

조정가의 테이블에 앉은 모든 사람은 각자의 목표가 있다는 것을 기억해야 한다. 조정가의 테이블에 억지로 끌려와 앉아 있는 클라이언트의 목표는 무엇인가?

09

이웃갈등조정

평화는 우리가 추구하는 먼 곳에 있는 단순한 목표가 아니라,
그 목표에 도달하기 위한 도구임을 깨달아야 할 것이다.
우리는 평화로운 방법으로 평화로운 목표를 추구해야 한다.
—Martin Luther King

사례

1층에 사는 A는 바로 위층에 살고 있는 B로 인한 소음 때문에 고통스럽다. B는 밤늦게 기타를 치기도 하고, 합판마루를 소리 내며 걸어 다닌다. 이로 인해 A와 그의 아내는 자다가 깨곤 했으며 점차 짜증이 커져 갔다. A는 B를 찾아가 조용히 해 줄 것을 여러 차례 요청하였다. 그러나 B는 자기 집에서 연주할 권리가 있으며 합판마루 소리는 큰 소음이 아니라고 한다. 주택관리소의 의뢰로 두 사람이 조정에 참석한다면, A는 불평형('상대가 변해야 한다.')으로, B는 방문형('나는 강제로 나왔으며, 아무런 갈등도 없다.')으로 특징지을 수 있을 것이다.

첫 예비모임에서 그들의 생활 및 취미 등에 대한 질문으로 어느 정도 라포가 형성되어, 조정가는 두 사람에게 다음과 같이 칭찬했

다. "조정은 대부분의 사람이 싫어하는 일이죠. 특히 주택관리소에서 참석하라고 하는 경우에는 더 그렇지요. 그럼에도 두 분이 이렇게 나와 주셔서 너무 감명받았습니다." 두 사람은 약간 불안해 보였다. 조정가는 그들에게 오늘 어떤 이야기를 나누면 좋을지에 대해 말할 기회를 주었다.

두 사람은 갈등에 관한 자신의 입장을 밝히고, 조정가는 주의 깊게 경청하였다. 조정가는 갈등에 대해 꼬치꼬치 캐묻지는 않았으나, 갈등이 그들의 삶과 환경에 영향을 미치고 있음을 인정하였다. 조정가는 현재 상황에서 두 사람이 한 건물에 사는 것에 어려움이 있을 것 같다고 했다. 이어서 그들이 가장 원하는 것이 무엇인지 물었다. 두 사람의 침묵 끝에 B가 별로 원하는 것이 없다고 했다. 그는 주택관리소에 의해 강제로 나왔기 때문에 이 조정이 그다지 도움이 되지 않을 것으로 생각했다. 따라서 이번이 마지막 조정이 될 것으로 보았다.

조정가는 B가 자발적으로 조정에 나오지 않았으며, 자유의사에 따라 나오지 않을 수도 있다는 점을 인정하였다. 그럼에도 불구하고 지금 이 자리에 있기 때문에, 이번 조정에서 주택관리소는 어떤 결과를 기대하고 있는지를 함께 알아볼 수 있지 않겠느냐고 말했다. B는 이런 제안에 자신이 어느 정도까지 따를 준비가 되어 있는지를 생각해 볼 수 있었다. A는 조정가가 자신이 옳고 B가 틀렸다고 말해 주기를 내심 바라고 있었다.

조정가는 갈등이 일어날 수밖에 없다는 점을 인식시키려 했다. 두 사람이 살고 있는 낡은 아파트에서는 소음이 매우 일반적이며 그로 인해 많은 사람이 갈등하고 있다고 했다. 두 사람도 사실 그런 이야기를 들었노라고 했다. 이때 기적질문을 했다. "오늘 밤에 기적이 일어나, 두 분을 여기에 오게 만든 갈등이 해결되었다고 가정해 봅시다. 하지만 여러분은 아직 자고 있기 때문에 그 사실을 모르고 있습니다. 다음 날 아침 뭔가가 변화되었다는 것을 당신에게 말해 줄 첫 번째 신호는 무엇일까요?" 두 사람은 똑같은 답을 했다. "아침에 깨어 창밖을 보니 커다란 이삿짐 트럭이 있습니다. 그가 이사 가는 것이죠." "그러면 무엇이 달라질까요?"라고 조정가가 물었다. 이번에도 두 사람 모두 "평화와 고요함이 찾아오고, 서로 다시 만날 일이 없을 것입니다."라고 답했다.

만약 그런 일이 일어난다면 이보다 더 좋은 결과는 없을 것이고, 누구도 더 이상 갈등에 에너지를 쏟지 않을 것이라고 조정가가 말했다. "당신은 이런 멋진 시나리오가 얼마나 현실성이 있다고 생각하나요?"라고 조정가가 물었다. 두 사람 모두 이사할 마음이 없기 때문에 멋쩍게 웃었다. 그들은 분명히 동일한 장소에 계속해서 살기를 원하고 있고, 주택관리소는 두 사람이 공동으로 해결책을 찾을 것을 요구하고 있기 때문에 두 사람이 다른 대안을 찾을 용의가 있는지 조정가가 물었다. 두 사람은 망설이다가 동의했다.

이미 올바른 방향으로 작동하고 있는 것은 무엇인가? 지금까지 그들은 어떤 노력을 하였으며, 조금이라도 도움이 되었던 것은 무엇인가? B는 도시 외곽에 자그마한 집이 있으며, 주말에 가끔 기타 연주를 하러 간다고 했다. 그런 주말이면 A에게는 고요가 찾아왔다. A는 침대를 다른 방으로 옮겨 위층 소음으로부터 영향을 최소화하기로 했다. 또한 싫지만 잘 때 귀마개를 착용하기로 했다. 그의 아내도 그가 짜증을 내면 진정시키려 했다.

조정가는 실행할 수 있는 해결책을 찾는 그들을 칭찬했다. 긍정적 변화를 나타내는 다음 단계 또는 신호는 무엇인가? A와 B는 무엇을 할 수 있는가? 그들은 서로 상대에게 무엇이 필요한가? 그들은 주택관리소가 원하는 것이 무엇이라고 생각하는가? 그들은 주택관리소가 서로 불편을 주지 않는 합리적인 세입자로 행동하기를 바란다고 생각했다.

2시간 동안 진행된 첫 조정이 끝난 후, 조정가는 클라이언트들에게 피드백을 해 주었다. "여러분이 지금보다 갈등이 더 악화되지 않도록 해야겠다고 결정한 것은 정말 잘하신 것입니다. 저는 여러분이 지금까지 이룩한 것들로부터 깊은 감명을 받았습니다. 갈등이 더 악화되지 않도록 여러분이 한 예방노력에 대해서도 칭찬해 드리고 싶습니다. 여러분은 조정 초반에 갈등이 고조되는 것을 방지하고자 서로 만남을 자제하였다고 설명했습니다."

그들은 다시 한번 조정에 참석할 의향이 있을까? 아마도 그럴 것이다. 그들에게 다음 단계로 취할 수 있는 작은 조치들을 생각해 보도록 권하면, 그들은 다음 조정에서 그 조치들에 대해 말할 수 있을 것이다. 회기평가척도(Session Rating Scale: SRS)를 사용하면 그들은 첫 조정에 만족했다고 할 것이다(30점 이상, 12장 참조).

2주 후에 두 사람은 다시 조정에 참여했다. "무엇이 나아졌나요?"라는 조정가의 질문에 A는 웃으면서 "모든 것이요."라고 했다. B가 휴가를 가서 A는 집에서 조용히 평화를 즐길 수 있었다고 했다. "정말로 좋았겠네요!"라고 조정가가 말했다.

두 사람은 다음 단계에 대해 생각했다. A는 주택관리소에 천장 방음공사를 요청하고 그 비용 분담에 관해 고려해 보겠다고 했다. B는 거실에 카펫을 깔아 발소리를 줄이겠다고 했다. 또한 그는 다른 사람들을 짜증 나게 하지 않고 마음껏 기타를 치기 위해 주말에는 도시를 떠나는 것을 고려 중이다. 조정가는 두 사람이 아주 올바른 방향으로 나아가고 있음을 칭찬했다. 두 사람이 다시 평화를 찾기 위해 많이 애쓰고 있다는 것이 확실했다. 이제 그들이 기대하는 바는 무엇인가? 그들은 서로 평화롭게 사는 것을 원한다고 했다. A가 "계단에서 만나면 서로 반갑게 인사하면 좋겠어요."라고 했다. 그렇게 되도록 자신이 주도적인 역할을 하겠다고 했다. A는 다음에 계단에서 B를 만나면 먼저 인사할 것이며, B도 반갑게 인사해 주기를 기대했다. 이에 B도 생각해 보겠노라고 했다. 조정가는 이러한 긍정적인 행동들에 대해 칭찬했다. 또 한 번의 조정이 필요한가에 대한 질문에 그들은 그렇지 않다고 답했다. 서면합의서도 그들에게는 필요하지 않았다. 조정가는 조정을 종료했다. 3개월 후, 조정가는 그들을 만나 "무엇이 개선되었나요?"라고 물었다. 그들은 관계가 좀 더 개선되었고, 주택관리소도 결과에 만족한다고 했다.

정상화

De Jong과 Berg(1997)는 역설한다.

> 클라이언트들은 감정적으로 격해지면 대개 균형 감각을 잃는다. 만족스러운 해결책을 찾을 수 없고 고통과 긴장에 시달리면, 클라이언트들은 자신들의 문제를 통제 불가능하고 비정상적인 것처럼 생각하고 또 그렇게 말한다(p. 42).

전문가들은 이러한 심각한 문제 관련 대화에 쉽게 말려들 수 있으며, 해결책을 찾기 위한 질문을 할 수 있는 능력을 발휘하지도 못한다.

정상화(normalizing)란 클라이언트들과 그들의 문제가 일상적인 삶의 범위 내에 있는 것인지 여부를 함께 알아보면서 문제 관련 대화에 대응하는 것을 의미한다. 정상화는 자연스럽고 자신 있게 진행되어야 한다. 그렇지 않으면 클라이언트들이 조정가가 자신들의 노력을 과소평가한다고 느낄 수 있다. 이러한 과정은 클라이언트들에게 갈등을 정상화할 수 있는 기회를 제공하기 때문에 해결책을 찾는 데 있어 매우 유용하다. 또한 클라이언트들이 어떤 변화를 원하는지 스스로 인식하도록 하는 데도 도움을 준다.

많은 클라이언트가 문제와 해결을 '모 아니면 도'라는 방식으로 인식하기 때문에 좌절의 정상화 또한 중요하다. 처음으로 좌절을 겪으면 클라이언트들은 변화는 중요하지 않다거나 변한다는 것은 비현실적이라고 쉽게 생각한다. 변화와 관련하여 클라이언트들이 먼저 생각하는 것은 주로 실패이다. 좀 더 긍정적인 생각을 하면 변화에는 좌절이 수반된다는 점을 받아들인다. 삼 보 전진을 위해서는 일 보 또는 이 보의 후퇴도 필요하다. 정상화를 거친 클라이언트들은 좌절을 겪어도 어떻게 하면 정상궤도로 돌아갈 수 있는지 알게 된다.

이야기 8: 국경선 긋기

옛날에 수년간 분쟁이 잦았던 두 나라가 국경선을 설치하였다. 강한 나라 영토에는 돌이 많았고 상대적으로 약한 나라 영토에는 돌이 없었기 때문에 돌이 시작되는 지역과 끝나는 지역을 구분하는 경계선으로 국경선을 정했다. 처음에는 문제가 없었지만, 돌이 많은 나라 사람들은, 만약 돌이 없었다면 돌을 치우는 별도의 수고 없이 땅을 경작하여 식량을 자급할 수 있다는 생각에, 돌이 없는 나라 사람들을 시기하기 시작했다. 반대로 돌이 없는 나라 사람들은 집과 울타리를 짓는 데 유용한 돌이 없어서 돌이 많은 이웃 나라 사람들을 시기하였다. 그들은 서로 상대가 가진 것만 원했을 뿐, 자신들이 소유한 것에는 감사하지 않았다. 돌이 많은 나라 사람들은 여왕에게 돌에 대한 불만을 토로하였다. 이에 여왕은 국민의 요구를 받아들여 "좋습니다. 여러분이 돌을 원치 않으면 당장 국경 너머로 돌을 던지십시오."라고 지시하였다. 그러자 돌이 없는 나라 사람들은 왕에게 "여왕 나라 사람들이 우리에게 돌을 던집니다."라고 불만을 호소하였다. 이에 왕은 "감히 우리 영토를 침범하다니, 이것은 전쟁 행위이다."라고 선포하였다.

국경을 두고 서로 돌을 던지며 싸우는 전쟁이 한동안 지속되었다. 그러던 중 왕이 군 총사령관에게 말했다. "우리는 돌을 원하고 있지 않습니까? 여왕 나라 사람들과 전쟁을 계속합시다. 그들은 가난하고 돌 이외에는 다른 무기가 없으니 이 전쟁을 계속하면 우리는 건물을 짓는 데 필요한 모든 자재를 가지게 될 것입니다." 그래서 전쟁은 돌이 없는 나라에는 돌이 가득 차고, 돌이 많은 나라에는 돌이 없어질 때까지 계속되었다.

마침내 전쟁이 끝나자, 왕과 여왕 나라 사람들 모두 만족하였다. 여왕 나라 사람들은 땅을 경작하여 작물을 생산하였고, 왕의 나라 사람들은 집을 짓고 울타리를 세웠다. 그런데 다시 불만이 불거졌다. 이번에는 반대로 여왕 나라 사람들은 집을 지을 자재가 없었고, 왕의 나라 사람들도 경작할 땅이 없어서 작물을 재배할 수 없었다.

두 나라는 다시 전쟁을 선포하고 국경을 가로질러 서로 돌을 던지기 시작하였다. 그러한 갈등의 악순환은, 두 나라가 작물을 재배하거나 건물을 짓느라 바쁜 짧은 기간을 제외하고 계속되었다. 그러나 어느 쪽도 행복하지 않았다. 어느 순간부터 두 나라는 갈등 대신 조화롭게 산다면 훨씬 더 좋지 않을까 하는 생각을 하게 되었다. 싸움 대신 대화가 어떤 모습일지를 곰곰이 생각한 끝에, 그들은 갈등과 무관한 중립국가에서 만나기로 하였다. 그동안 겪었던 고통 때문에 처음 대화는 쉽지 않았다. 왕이 말하기를 "모두 당신의 잘못입니다. 당신이 우리에게 돌을 던진 것이 잘못입니다."라고 하자, 여왕은 "우리 두 나라 사이에 악감정이 많이 쌓였기 때문에 나도 당신을 비난할 수 있습니다. 그러나 우리가 서로를 비난하는 함정에 빠지면 해결책을 찾는 데 전혀 도움이 되지 않을 것입니다."라고 답하였다.

왕도 해결책에 도달하기 위해서는 과거에 쌓였던 분노, 적대감, 괴로움의 감정을 내려놓아야 한다는 것을 인정했다. 왕이 "과거는 우리가 변화시킬 수 있는 것이 아닙니다. 함께 미래를 바라봄으로써 우리 모두를 위한 조화로운 미래를 함께 만들어 갈 수 있을 것입니다."라고 말했다. 여왕은 왕에게 물었다. "어떻게 하면 우리가 함께 조화로운 미래를 만들 수 있겠습니까?" 왕이 잠시 생각한 후 다음과 같이 말했다. "돌은 당신들의 것입니다. 목초지는 우리의 것입니다. 하지만 우리는 서로 상대가 가진 것을 원합니다. 아마도 우리는 서로 가진 것을 공유하고 교환할 수도 있을 것입니다. 우리의 생산물을 당신 나라 돌과 교환할 수 있을 것입니다. 우리나라 사람들의 농경지식과 당신 나라 사람들의 건축지식을 공유할 수 있을 것입니다. 이런 식으로 우리는 함께 협력할 수 있지 않을까요?"

여왕은 이에 동의하며 다음과 같이 제안하였다. "국경에 대한 규제를 완화하여 양쪽 국민들이 자유롭게 국경을 넘나들게 함으로써 서로 가진 물품과 지식을 자유롭게 교역하고 공유할 수 있게 합시다."

두 나라의 평화롭고 조화로운 생활은 다른 나라들의 선망의 대상이 되었다. 더 많은 돌을 원하거나 더 많은 생산물을 원하는 경우가 가끔 있었지만, 두 나라는 이런 차이점을 이해, 협상, 교환을 통해 해결하는 수단을 가지고 있었다.

머지않아 지리 전문가조차도 원래 국경선이 어디에 있었는지 확정할 수 없게 되었다. 돌이 없는 나라와 돌이 있는 나라 사이에 뚜렷한 차이점이 보이지 않았다. 두 나라는 각자 자신의 고유한 특성을 유지하면서 가진 것을 서로 나누고 교환하는 것을 배우게 되었다.

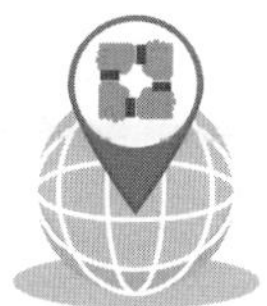

10
해결중심기법

용서가 없다면 개인 간 또는 국내 및 국가 간 관계란 불가능하다.
—Desmond Tutu

요약

요약하기를 통해 조정가는 클라이언트가 말한 그의 생각, 행동 그리고 감정을 주기적으로 다시 언급한다. 클라이언트가 자신의 상황을 상세히 기술하면 조정가가 그것을 경청하고 요약해 주는 것이 큰 도움이 된다. 요약을 통해 클라이언트는 조정가가 자신의 이야기를 주의 깊게 듣고 있다는 것을 재확인한다. 클라이언트가 사용한 단어와 구절은 그의 경험을 기술하는 방법을 존중하는 데 사용할 수 있다. 또한 요약은 클라이언트가 자신에게 중요한 사안들을 충분히 표현하도록 하는 데 효과적이다. 요약을 통해 조정가는 클라이언트가 털어놓은 내용을 바탕으로 다음 질문을 할 수 있다. 성공적인 요약이 되기 위해서는 주의 깊은 경청이 필수적이다. 조정가가 경청하면 논의나 대화에 참여한 사람들은 서로의 차이를 좀 더 합리적으로 이해하고 해결 가능한 것으로 인식하고 고조된 감정도 가라앉히는 경향이 있다. 조정가는 스스로 요약할 수도 있고, 클라이언트로 하여금 자신들에게 중요한 내용을 요약하도록 요청할 수도 있다.

긍정적 감정에 초점 맞추기

클라이언트와 긍정적인 협력관계를 구축하기 위해 특별히 감정만을 다루는 대화를 할 필요는 없지만, 클라이언트가 갈등으로 인한 어려움과 고통을 기술하는 경우에는 자연스럽게 공감적 이해를 표현하는 것이 필요하다. 클라이언트의 관점에 대해서는 "저는 여러분 사이에서 상황이 악화되고 있는 것을 충분히 이해한다."라고 공감하면서 확인하는 것이 도움이 된다. 그런 다음 조정가는 클라이언트들이 관계 측면에서 달라지기를 원하는 것이나 힘든 상황을 견디기 위한 행동들을 주제로 대화를 이끌어 갈 수 있다.

해결중심갈등관리는 부정적 감정을 억제하고 가능한 한 긍정적 감정을 자극하는 데 초점을 맞춘다. 이를 위한 Macdonald(2007)의 방법에 따르면, 조정 초반에 클라이언트들은 한 번만 '분명하게 말할 필요가 있는 것'에 대해 말할 것이다. 자신이 좋아하는 특정 주제에 대해 말할 수 있지만, 일단 말한 내용은 다시 말할 수 없다. 대화 시작과 함께 클라이언트들은 상대에 대한 비난이 자신에 대한 비난으로 돌아올 수 있음을 상기하게 된다. 이 방법은 노인들이 모여서 마을의 문제와 갈등에 대해 논의했던 'Maori 족'의 전통에서 유래하였다.

Fisher와 Ury(1981)는 부정적 감정을 효과적으로 억제하는 강력하고 색다른 기법을 제안한다. 그 기법에 따르면, 한 번에 한 사람만 화를 낼 수 있다는 규칙을 정한다. 따라서 상대는 화를 낼 수 없다. 화를 낼 수 있는 사람에게는 "좋아요. 지금은 당신 차례이니 화를 내도 괜찮습니다."라고 말한다. 이 기법의 장점은 클라이언트들이 규칙을 위반하면 체면을 잃을 수 있으므로 자신의 감정을 억제한다는 것이다.

벽에 누구나 볼 수 있도록 '존중'이라고 쓰인 안내문을 붙인다. 조정가는 필요한 경우 안내문을 가리킨다. 이러한 비언어적 행동은 직접적인 비판보다 그 효과가 더 크다. 조정 참가자들도 말로 반응하는 대신 안내문을 가리킴으로써 좀 더 우호적인 대화 분위기를 유지할 수 있다.

서아프리카 말리 공화국의 Dogon 족 마을 중앙에는 Toguna라는 작은 건물이 있다. 이 건물은 그늘진 지붕 아래에서 마을 남자들이 중요한 문제에 대해 토의하고 이야기도 나누는 중앙 회의 장소이다. Toguna는 천장이 매우 낮기 때문에 모인 사람들은 앉는 자세로 의견 차이나 갈등을 해결해야만 한다. 일어서서 주장할 수 있는 공간이 없다.

감정을 다룰 때에는 분노, 좌절감 또는 슬픔과 같은 부정적 감정들을 인정하는 한편, 다음과 같은 표현을 통해 장래의 가능성을 모색하는 것이 매우 중요하다. "나는 이 주제에 대한 당신의 감정이 매우 강하다는 것을 압니다. 갈등이 해결된다면 현재 감정 대신에 어떤 감정을 느끼고 싶은가요?"

해결중심접근에서는 조정가가 쓰는 방법이 투명해야 감정적 비난을 줄일 수 있다. 조정가는 클라이언트와 함께 갈등을 대체할 수 있는 모든 긍정적 요소, 즉 바람직하지 않은 것보다 바람직한 것에 집중할 것임을 공지한다. 이러한 제안에 대해 대부분의 클라이언트는 동의한다.

Walter와 Peller(2000)는 역설한다.

> 클라이언트들은 종종 자신이 원하지 않는 것 또는 자신의 삶에서 제거하고 싶은 것에 대해서만 이야기한다. 상호작용 상황에서 클라이언트들은 주로 상대가 하지 않기를 바라는 것에 대해 말한다. 그들의 행동목표는 문제행동이라고 여기는 상대의 행동을 중단시키는 것이다. 이에 대해 상대는 자신의 행동을 정당화하거나 상대가 문제시하는 행동을 중단하는 것 중 하나를 선택해야 하는 난처한 상황에 처하게 된다. 조정가는 클라이언트가 원하는 것이 무엇인지 알 수 없다. 따라서 때로는 클라이언트가 원하는 것에 관해 이야기함으로써 대화를 좀 더 긍정적인 방향으로 이끌어 갈 수 있다(p. 124).

선택적 주의 이론(selective attention theory)에 의하면, 대상은 집중할수록 더 확장된다. 이 이론은 감정에도 적용할 수 있다. 부정적 감정에만 집중하면 분노와 같은 감정은 더 커진다. 클라이언트가 갈등으로 인한 문제에만 집착하면 어려움은 더 커진다. 감정이 빠르게 고조될 수 있는 이웃분쟁이나 이혼갈등에서 클라이언트들은 "우리는 이미 그것을 시도해 봤지만 상황은 전혀 개선되지 않았어요."라고 하면서 조정을 중단하고자 한다. 정신분석적 정화방법(psychoanalytical catharsis method)에서는 전환적 갈등조정(transformative mediation)에서도 사용되고 있는 정화과정(purifying process)을 활성화하기 위해서는 감정이 표현되어야 한다고 주장한다.

해결중심갈등관리에서는 부정적인 감정 대신 긍정적인 감정에 집중한다. "당신이 희망한 대로 결과가 나온다면 어떤 느낌일 것 같습니까?" "당신이 취한 조치들이 올바른 선택이었음을 알게 되었을 때 당신에게는 어떤 점이 달라질까요?" 2장에서 설명한 확장구축이론(Fredrickson, 2003)에 의하면, 부정적 감정은 우리의 생각-행동 레퍼토리를 축소하는 반면, 긍정적 감정은 인식을 확장시키고 창의적이고 다양하며 탐험적인 생각과 행동을 촉진한다. 해결중심갈등관리에서 "이 만남이 유용했다는 것을 당신은 어떻게 알 수 있을까요?" "갈등이 해결되었다는 것을 당신은 어떻게 알 수 있나요?" "무엇이 효과가 있었나요?" "무엇이 더 나을까요?" 등과 같은 개방형 질문은 사고와 행동을 확장하는 데 유용하다. 기적질문과 같이 상상력을 이용하면 긍정적 감정이 생기고 아이디어와 행동영역을 넓히는 능력이 강화된다. 우뇌 처리과정과 관련된 상상력을 자극하는 기적질문을 하면 우리의 생각을 상당 부분 확장시킬 수 있다. 우뇌는 전체 숲을 보는 반면, 좌뇌는 개별 나무를 본다.

"당신은 어떻게 그것을 했습니까?" "당신은 어떻게 그것을 하기로 결정했습니까?" 등과 같은 칭찬 및 역량질문을 사용하면 긍정적인 감정을 자극할 수 있다. 조정가는 클라이언트들의 기량과 자원을 찾아 칭찬하거나 알려 주는 데 주력해야 한다.

Isen(2005)에 의하면, 행복감과 같은 긍정적 감정은 중요한 사회적 행동과 사고과정을 폭넓게 촉진한다. 예를 들어, 지난 10년간의 연구 결과에 의하면, 긍정적 감정은 창의성을 향상시키고 협상역량 및 결과를 개선하며, 철저하면서 개방적이고 유연한 사고와 문제해결역량을 촉진한다고 한다. 초기 연구에서도 긍정적 감정은 개인 간 상호작용에서 관용과 사회적 책임감을 촉진하는 것으로 나타났다.

협상 관련 연구에 따르면, 메모지나 만화 같은 작은 선물 등으로 촉발된 긍정적 감정은 당사자들로 하여금 합의는 물론 모두에게 최적의 결과를 도출하는 데 기여한다고 한다. Isen(2005)은 "통제집단과 비교하여, 긍정적 감정 상태에 있는 사람들이 더 나은 협상 결과를 이끌어 내고 부여된 과제를 더 즐기며 타인의 관점을 더 잘 수용할 수 있다."라고 주장한다.

어떤 상황에서든 행복한 감정을 느끼는 사람들이 원하는 것을 성취할 가능성이 더 높다는 것은 문학에서도 쉽게 찾아볼 수 있다. 그들은 사회적으로 의미 있고 도움이 되며 반드시 필요한 것들을 하고자 하며, 자신들이 현재 하고 있는 일을 즐긴다. 그들은 자신의 목표를 매우 의욕적으로 달성하고자 하며, 정보에 대해 더 개방적인 태도를 취한다. 그들은 더 명쾌한 사고를 한다. 긍정적 감정에 의한 가장 명확하고 독특한 인지적 효과 중 하나는 높아진 유연성과 창의성이다. 이러한 효과는 신경전달물질인 도파민 분비 때문이다. 도파민 가설(dopamine hypothesis)은 행동 및 인지 측면에서 긍정적 감정이 인지적 유연성과 관점전환능력을 강화하고 뇌의 전방 무늬띠 부위의 도파민이 유연한 조망수용 또는 전환을 가능하게 한다는 연구 결과에 근거하여 도출되었다.

사과, 용서 그리고 화해

> 사과는 후회의 마음을 표현하고 잘못을 인정하는 것 그 이상이다. 사과는 잘못을 저지른 사람이 자신의 행동을 변화시키겠다는 굳은 약속이다. 사과는 누가 더 강하고 옳은가에 대해 논쟁하는 것이 아니라 갈등을 해결하는 한 방법이다. 사과는 종교와 사법제도의 변형된 형태로 배태되어 있는 강력하고 건설적인 갈등해결 유형의 하나이다. 사과는 급격한 변화를 경험하고 있는 인류가 함께 살아가는 방식으로서 그 중요성이 점차 증가하고 있는 사회적 치유의 한 방법이기도 하다. 역사적으로 개인, 단체 또는 국가를 막론하고, 사과는 약자의 사회적 행동으로 인식되었으나 점차 강한 자의 행동으로 평가받는다. 사과는 양 당사자의 정직, 관용, 겸손, 헌신 그리고 용기 있는 태도가 없으면 불가능한 행동이기 때문이다(Lazare, 2004, p. 107).

사과는 단 한 단어에 불과하지만, 그것을 듣고자 하는 사람에게는 상대가 정말 달라졌음을 의미하는 단어이다.

Keeva(2004)는 간단한 사과 한마디가 많은 비용과 좌절을 수반하는 소송을 대체할 수 있다고 주장한다. 그는 사과가 영향력이 크기 때문에 재판으로 가지 않고도 문제를 해결할 수 있는 중요한 수단임에도 불구하고 종종 그러한 기능이 간과되고 있다고 믿는다. 사과의 기능을 경험한 사람은 소송과정에서 자주 간과되는 인간적인 측면을 인식하게 된다. 그의 조사에 의하면, 미국에서는 매사추세츠와 조지아 등의 주에 이른바 '자비의 제스처(benevolent gestures)'라는 법이 있다. 의료사고 소송의 30%는 의사가 고소인에게 미리 사과를 했더라면 법정으로 가지 않았을 것이라는 조사 자료도 있다.

사과의 목적은 주로 상처받은 클라이언트의 치유를 돕는 것이다. 소송에서 피해 또는 손해에 대한 보상은 금전적으로 이루어질 뿐, 법원이 사과를 명령하는 경우는 거의 없다. 새로운 법률은 의사가 의료사고 소송과는 별개로 환자와 그 가족에게 사과하도록 해야 한다. 한 개인에게 발생한 피해에 대한 책임 인정과 진심 어린 사과만이 가해행위를 만회하는 적절한 반응이다. 사과는 소송에 의한 정의 실현을 대신할 수 있지만 인정과 정의 실현을 추구하는 사람들의 적대적인 절차를 대체하는 대안이 될 수도 있을 것이다.

사과함으로써 우리는 비로소 상대의 고통을 인식하게 되고, 관계가 개선될 수 있다. 특히 지속적인 관계 유지가 불가피한 상황에서, 사과는 중요한 수단이 될 수 있다. 때때로 사과하는 것이 약한 모습으로 비춰질 수 있다. 사람들은 일어난 일에 대해 자책하기도 하지만, 그것을 선뜻 인정하기는 쉽지 않다. 왜냐하면 그것이 자신들에게 불리하게 작용할 수도 있다고 생각하기 때문이다. 게다가 사람들은 통상적으로 체면이 손상되는 것을 두려워한다. 조정가는 사과하는 것이 상대를 공격하기 위한 무기나 증거로 사용될 수 없다는 것을 클라이언트에게 말해 줄 수 있다.

회복적 정의(restorative justice)에서 가해자의 사과는 대단히 중요한 핵심적 요소이다. 가해자가 책임을 인정하고 후회를 표현하며 사과를 할 때에만, 이러한 **피해자-가해자 조정**(victim-offender mediation)이 제대로 작동할 수 있다. 덧붙이자면, '피해자'라는 단어가 주는 수동적 의미를 고려해 볼 때, 해결중심조정가는 '희생자'보다 오히려 '**생존자**(survivor)'에 관한 이야기를 더 많이 해야 할 것이다. 살아남기 위해서는 행동이 필요하다(Bannink, 2006a). 사과에도 낮은 단계부터 높은 단계까지 여러 단계가 있다.

- 가해자가 자신이 한 일을 인정하는 고백. 죄책감에 대한 아무런 표현도 없이 가해자는 그저 "제가 그랬습니다."라고만 말한다.
- 죄책감의 표현이 포함된 자백. 가해자는 진심 어린 후회를 말과 행동으로 보여 준다. 가해자는 "제가 그랬습니다. 미안합니다."라고 말한다.
- 죄책감과 후회의 표현. 가해자는 자신의 범죄행위가 피해자에게 어떻게 영향을 미쳤고 변화를 야기했는지를 말한다. 그렇게 함으로써 피해자는 더 나은 삶을 살 수 있게 된다. 가해자는 "제가 그랬습니다. 죄송합니다. 앞으로 다시는 그런 일이 일어나지 않을 것입니다."라고 말한다. 가해자는 스스로 삶을 변화시켰다는 것을 명확하게 보여 주어야 한다.
- 죄책감, 후회 및 정의가 추가된 표현. 가해자는 "다시 만회하기 위해 제가 할 수 있는 것이 무엇일까요?"라고 묻는다. 정의에 대한 인식은 다양할 수 있다.

가해자가 수치심과 후회하는 마음 또는 피해자의 고통에 대한 공감을 표현하는 것이 용서에 필수적인 것으로 밝혀졌다.

조정 준비단계에서 클라이언트가 상대의 사과를 먼저 요구하는 경우도 종종 있다. 클라이언트가 요구하는 용서의 수준은 매우 다양할 것이다. 사과를 요구하는 클라이언트가 곧 고소인(complainant)임을 명심해야 한다. 그는 상대가 먼저 어떤 조치를 취해 주기를 원한다.

상대가 사과할 준비가 되어 있는 경우에는 문제가 되지 않지만, 그렇지 않을 경우에는 조정이 교착상태에 빠질 수 있다. 이때 다음과 같은 해결중심질문들을 유용하게 사용할 수 있다.

- 상대가 사과한다면, 두 사람 사이에 어떤 변화가 일어날까요?
- 그 변화로 인해 무엇이 달라질까요?
- 당신은 달리 무엇을 할 수 있을까요?
- 상대는 어떻게 반응할까요?
- 상대가 사과하지 않는 상태에서, 당신이 원하는 미래를 위해 그래도 당신이 할 수 있는 것은 무엇일까요?
- 미래에 당신이 더 잘 협력할 수 있도록 하는 데 사과가 어떤 도움을 줄 수 있을까요?
- 사과를 요청함에 있어 당신이 바라는 것은 무엇인가요?

사례

동업하는 의사 네 명이 갈등하고 있다. 그들의 주요 갈등이슈는 진료스케줄, 금융자산 및 환자치료에 관한 것들이다. 갈등은 지난

몇 달 동안 지속되었고, 현재 급속도로 고조되고 있다. 심지어 의사 중 한 명이 환자들에게 동료 의사의 실력 부족을 폭로하는 편지를 보내기까지 하였다. 하지만 그들은 전문분야가 서로 달라 협업의 필요성이 크기 때문에, 계속해서 함께 일하기를 원하고 있다.

조정은 1회 3시간 동안 진행되었다. 좋은 협력관계(조정의 공동 목표)를 회복하기 위해서는, 그동안 일어난 모든 상황에 대해 서로 사과하는 것이 중요하다는 것에 모두 동의한다. 그들의 협력관계를 개선하는 데 사과가 어떤 도움이 될 것인지 조정가가 물었다. 그들은 감정적으로 손상된 부분이 사과를 통해 회복될 수 있다고 대답했다. 처음에 거절한 두 명도 나중에는 기꺼이 사과를 했다. 사과의 어려움을 극복하도록 조정가는 “만약 당신이 사과한다면, 어떤 변화가 일어날까요?”라는 질문을 했다. 그들은 자신들의 협력관계가 훨씬 더 나아질 것이라고 답하고 결국 서로의 눈을 바라보며 악수했다.

이제 어색한 분위기가 사라졌으므로, 그들은 새로운 협력이 어떤 모습이어야 하는지, 그 목표를 성취하기 위해 무엇이 필요한지를 함께 찾았다. 금융문제와 진료 스케줄에 관해 새로운 합의를 하였다. 또한 그들은 환자치료에 있어서 개선되어야 할 사항과 개선할 수 있는 사항에 대해 논의했다. 그리고 그동안 일어난 일에 대한 상세한 안내문을 작성하여 모든 환자에게 발송했다.

4개월 뒤에 짧은 후속 모임이 열렸다. 의사 한 명이 병원을 떠났고, 남아 있는 세 명의 의사가 새로운 동료를 찾고 있다. 다행스럽게도 병원을 떠난 환자가 거의 없었으며, 동업관계는 다시 잘 이루어지고 있다.

용서(forgiveness)는 범죄에 대해 사람들이 전형적으로 보여 주는 부정적 반응인 회피와 복수를 바로잡을 수 있는 중요한 수단이다. 지난 천 년 동안 세계의 위대한 종교들은 용서를 다음과 같이 권유한다.

- 가해자와 피해자를 위한 구원의 결과를 가져올 수 있는 반응이다.
- 수양할 만한 가치가 있는 인간미덕이다.
- 결혼, 가족 그리고 지역사회와 같은 사회단위들이 더욱 조화롭게 활동하도록 돕는 사회적 자본의 한 형태이다.

자신이 저지른 범죄에 대해 가해자가 하는 사과와 용서를 구하는 정도가 피해자의 용서 가능성에 영향을 미친다. 대체로 사과의 효과는 간접적으로 나타난다. 사과는 피해자가 가해자에게 미치는 부정적 영향은 감소시키면서 공감은 증가시키는 요인으로 작용한다. 또한 피해자들은 사과하는 가해자에 대해 더욱 관대한 느낌을 가지게 된다. 가해자의 사과와 후회의 표현은 피해자로 하여금 가해자의 부정적인 행동과 인간성을 따로 구분하도록 한다. 이로써 피해자는 좀 더 호의적인 인상을 회복하고 서로에 대한 부정적인 동기도 감소된다 (McCullough & vanOyen Witvliet, 2005, p. 450).

Cloke(2006)에 따르면, 모든 갈등은 두 번의 갈림길에 직면한다. 초기에는 싸움과 문제해결 사이에 선택이 있다. 이후에는 단순한 갈등 종결과 그로 인한 갈등의 교훈 찾기, 행동교정, 용서와 화해 사이에 더 미묘하고 힘들며 여파도 큰 선택이 있다. Cloke은 우리는 상대를 용서함으로써 결국에는 우리 자신도 용서할 수 있다고 주장한다. 용서는 우리가 잘못된 기대로부터 자유로워지는 것으로서, 더 나은 과거에 대한 희망을 포기하도록 한다. 용서는 갈등의 전면적인 전환으로서, 조정가들조차도 용서의 기법을 숙련하기 쉽지 않다. 특히 우리 자신에 대한 용서는 더더욱 어렵다. 우리는 반대자와 화해할 수 있으며, 그와의 관계를 새롭게 할 수도 있다. 화해를 통해 우리는 제자리로 돌아오며 갈등도 사라지게 된다. 가장 높은 수준의 화해 단계에서는 갈등이 학습과 새로운 통합 그리고 한 차원 높은 체계적 관계를 이루는 데 강력한 원천이 된다.

용서는 가해자가 아니라 용서하는 사람을 위한 것이다. 용서를 통해 복수와 처벌에 대한 욕구뿐만 아니라 분노와 부정적 평가까지도 포기하게 되며, 과거가 변할 수 있다는 기대나 소망도 포기한다. 용서에는 가해자를 향한 부정적 감정, 생각 그리고 행동을 줄인다는 결심이 포함되어 있다. 용서는 내면의 과정이므로 다른 사람이 필요 없다. 용서를 통해 상대에 대해 긍정적인 생각과 감정을 가질 수 있으며 긍정적인 행동을 할 수도 있다. 이러한 새로운 시도를 통해서 화해(reconciliation)의 가능성이 싹트게 된다(17장 참조).

또한 국가적 차원에서도 화해는 중요한 역할을 할 수 있다.

남아프리카공화국에서는 인종차별정책(apartheid)이 종식된 후, 법원과 유사한 기구인 TRC(Truth and Reconciliation Commission, 진실화해위원회)가 구성되었다. 폭력의 피해자라고 느끼는 사람은 누구나 TRC에 호소할 수 있었다. 폭력의 가해자들 역시 증언을 하면 사면을 요청할 수 있었다. 많은 사람이 TRC를 남아프리카가 온전한 자유민주주의로 전환하는 데 꼭 필요한 기구로 인식하였으며, 약간의 결함도 있었지만 대체적으로 성공적이었다는 평가를 하고 있다(Bannink, 2008b).

모든 문화권에서 용서를 너그럽게 받아들이는 것은 아니다. 서구문화권에서는 죄를 고백하는 것만으로도 즉시 사면을 받기도 한다. 지도자들조차도 자신의 잘못을 사과한다. 그러나 중국에서는 좀처럼 사과를 하지도 않지만, 한다고 하더라도 쉽게 받아들여지지도 않는다. 사과나 용서는 엄청난 체면 손상이 수반된다고 믿기 때문이다. 이에 착안하여 한 중국인 변호사는 대신 사과해 줄 사람을 제공하는 사과 대행업체를 설립하였다. 사과를 대신하는 사람은 선물을 배달하거나 자세한 설명을 하고, 필요한 경우 편지를 쓰기도 한다.

법률체계도 사과하는 데 걸림돌이 될 수 있다. 변호사나 클라이언트는 과실을 인정하면 법정에서 자신에게 불리하게 작용할 수 있다는 것을 두려워할 수 있다. 일부 주나 국가만이 공감과 사과가 민사소송에서 증거로 사용되는 것을 금지하고 있기 때문에, 이러한 두려움은 충분히 이해할 수 있다.

'나는 모른다'

"저는 모릅니다."라고 하는 클라이언트에게는 몇 가지 반응이 가능하다. 조정가는 "만일 당신이 알고 있다고 가정한다면, 당신은 뭐라고 말할 수 있나요?" 또는 "당신이 알고 있다고 가정한다면, 무엇이 달라질까요?"라고 물을 수 있다. 종종 클라이언트들은 "저는 모릅니다."라는 표현을 대답을 생각할 시간을 벌기 위한 수단으로 사용하기도 한다. 조정가가 6초 동안 생각할 시간을 주면, 그들은 아마도 유용한 답을 찾아낼 수 있을 것이다. 클라이언트들 중 75%가 6초 안에 답을 찾을 것이다. 이 외에도 조정가는 "만일 내가 당신의 파트너(아이들, 동료, 친한 친구 등)에게 묻는다면, 그들은 뭐라고 말할까요? 그들은 놀랄까요? 당신이 알고 있는 사람들 중 누가 가장 덜 놀랄까요?"라고 물을 수 있다.

클라이언트가 당신의 질문에 대답하기 곤란하다고 하면, 그에게 공감하면서 "네. 제가 조금 곤란한 질문을 했죠? 천천히 생각해 보세요."라고 말할 수도 있다.

조정가는 "안다는 것이 클라이언트에게 중요한가?"라고 자문할 수 있다. 또한 클라이언트에게 "만약 당신이 알았다면 당신의 삶이 어떻게 달라졌을까요?" "당신이 알았다면 당신의 삶이 어떻게 더 나아졌을까요?"라고 물을 수도 있다. 더 나아가, "추측해 봅시다." 또는 "물론 당신은 아직 모르지만, 어떻게 생각하나요?"라는 질문까지도 할 수 있다. 이러한 개입방법을 사용할 경우, 조정가의 얼굴 표정은 희망적인 호기심을 띄고 있어야 한다.

말싸움

클라이언트들이 조정 중에 끝없이 말싸움(arguments)을 벌이는 경우가 있다. 이때 대부분의 클라이언트와 조정가는 '어떻게 이 싸움이 시작되었지?'를 생각하는 데 주력할 뿐, '어떻게 이 싸움을 끝낼 수 있을까?'는 생각하지 못한다. 클라이언트는 조정가의 능력에 대한 질문을 통해 말싸움을 멈출 수 있음을 알게 되면, 평상시의 말싸움 패턴에서 벗어나 갈등에서는 볼 수 없는 예외적인 통찰력으로 돌파구를 찾는다.

클라이언트들이 계속해서 말싸움을 하는 경우, 조정가는 다음과 같은 해결중심 힌트를 활용할 수 있다.

- 조정은 부부치료와 다르다는 것을 설명한다. 물론 부부치료라고 해서 반드시 말싸움에 중점을 두는 것은 아니다. 조정에서 사용되는 해결중심 개입방법은 부부치료에서도 유용하게 활용할 수 있다.
- "여러분이 어떻게 말싸움을 시작하는지 저에게 보여 주었으니, 이번에는 어떻게 멈출 것인지에 대해 자세히 말해 줄 수 있나요?"라고 묻는다.
- 조정은 꽤 많은 비용이 드는 시간이므로 조정이 끝난 후 밖에서 싸우는 것이 어떻겠느냐고 설명한다.
- 조정가는 의자를 뒤로 빼고 더 이상 대화에 관여하지 않을 것임을 암시한다(15장 참조).
- 조정가는 조정장 밖으로 나가 커피 한잔을 마시고, 클라이언트들이 준비가 되었을 때 돌아온다.
- "여러분이 어떻게 말싸움하는지 보여 주어서 고맙습니다. 충분히 보았으니 이제 그만 멈추는 건 어떤가요?"라고 말한다.
- "필요한 만큼 시간을 충분히 써도 됩니다. 말싸움이 여러분에

게 중요하다는 것을 알고 있습니다."라고 말하면 대부분 클라이언트들은 말싸움을 다소 빠르게 멈춘다.

- "이 자리에서 어떤 방식으로 말싸움하면, 여러분의 목표를 이루는 데 도움이 될까요?"라고 묻는다.
- "평소에 어떻게 말싸움을 멈추나요? 지금도 그렇게 할 수 있나요?"라고 묻는다.

조정가는 화를 낼 수도 있고 화난 척할 수도 있다. 미국 정부와 인디언 부족들 간에 있었던 어업수역 분배(어업권 분쟁)에 관한 조정에서 지루한 공방이 계속되자, 조정가는 클라이언트들에게 자신이 몹시 화가 난 것처럼 가장하기로 하였다. 조정가는 지금 당장 언쟁을 그만두지 않으면 거의 도달한 합의가 수포로 돌아갈 것임을 클라이언트들에게 알리고 '화를 내며' 조정장 밖으로 나갔다. 클라이언트들은 합의안 수용 여부를 즉시 결정해야만 했다. 이 개입의 효과로 얼마 지나지 않아 최종 합의가 이루어졌다(Susskind & Cruikshank, 1987).

갈등의 외재화

갈등의 외재화(externalization of the conflict)는 클라이언트들이 갈등을 이해하는 데 새로운 전기를 마련해 준다. 즉, 갈등이란 자신에게 영향을 미치기는 하나, 자신과는 다른 것으로서 클라이언트는 자신의 삶의 모든 국면을 항상 통제하지 않는다는 것을 갈등의 외재화를 통해 알 수 있다. 이 개입기법은 White와 Epston(1990)의 이야기치료에서 유래하였다. 그들은 갈등의 외재화를 통해 클라이언트들이 자신의 문제적 자아상에서 스스로 탈피할 수 있도록 하였다. 그들은 문제가 클라이언트의 삶과 관계에 어떻게 영향을 미쳤는지 질문함으로써 클라이언트들이 자신을 통제할 수 있는 기회를 제공하였다. 갈등은 클라이언트의 외부에 놓인 문제로서 클라이언트에게 부정적 영향을 주는 것으로 인식될 수 있다. 이로써 갈등은 클라이언트와 조정가 모두에게 공동으로 싸워야 할 '적'으로 인식된다.

조정가와 클라이언트는 문제 또는 갈등을 상대로 한 편이 되어 싸우는 테니스 복식조와 같다고 할 수 있다(De Shazer, 1984).

갈등의 외재화는 갈등을 그림이나 상징으로 그리는 것으로 시작할 수 있다. 클라이언트는 먼저 갈등, 논쟁, 언쟁 또는 긴장 등에 이름을 붙인다. 이름은 명사형[예를 들어, 갈등을 럭비공(X)으로 표현]이 가장 좋다. 클라이언트에게 "당신을 괴롭히는 갈등에 대해 뭐라고 이름을 붙이시겠어요?"라고 묻는다. 이어서 갈등(X)이 없거나 약한 경우, 즉 예외적인 상황이 언제인지 질문하고, 그 상황을 만들어 내기 위해 클라이언트는 무엇을 하는지 질문한다. 또한 클라이언트는 갈등(X)이 발생하는 시간과 대처방법에 대해 질문할 수 있다. 갈등(X)이 클라이언트의 생활을 어떻게 통제하는지를 밝히는 데 소요되는 시간은 클라이언트의 욕구에 따라 다르다. 클라이언트의 능력에 집중하면, 클라이언트는 자신감이 생겨 갈등을 더 통제할 수 있다. 갈등을 통제하는 과정에서 클라이언트들은 협력의 장점을 인식함으로써 갈등으로 인한 상대 비난을 최소화할 수 있다.

매 회기마다 클라이언트들은 갈등(X)이 그들을 통제하고 있는 정도를 0에서 10까지의 척도로 나타낼 수 있다. 10은 갈등(X)이 그들을 완전히 통제하고 있는 상태를 의미하고, 0은 그들이 갈등(X)을 완전히 통제하고 있는 상태를 의미한다. 클라이언트의 통제력이 증가하면 갈등은 거의 해소된다는 사실이 대부분의 사례에서 확인되었다. 갈등의 외재화에 활용되는 해결중심 척도질문은 다음과 같다.

- "0~10 중에 오늘은 몇 점을 주었나요?"
- "지난주/지난 회기 때 몇 점이었나요?"
- 지난주/지난 회기보다 점수가 더 높다면, "어떻게 그 점수를 올릴 수 있었나요?"
- 지난주/지난 회기와 점수가 같다면, "같은 점수를 유지하기 위해 어떻게 관리했나요?"
- 지난주/지난 회기보다 점수가 낮다면, "다시 개선되도록 하기 위해 무엇을 했나요?" 또는 "과거에 성공했던 비슷한 상황에서는 무엇을 했나요?"
- "지난주 당신의 삶에서 중요한 사람들이 당신에게서 발견한 것은 무엇인가요? 그것이 당신에 대한 그들의 행동에 어떤 영향을 미쳤나요?"
- "갈등(X)이 당신을 통제할 때 당신은 어떤 행동을 하나요?"
- "갈등이 어떻게 그런 행동을 하도록 하나요?"
- "당신이 갈등(X)을 통제할 때, 당신은 어떤 다른 행동을 하나요?"
- "갈등(X)을 공격하기 위해 당신은 무엇을 하나요?"

- "당신은 어떻게 갈등(X)을 속일 수 있나요?"

문제/갈등의 외재화에 대해서는 부록 4를 참조하라.

연습 14

현재 당신이 직면하고 있는 개인적 문제나 갈등에 대하여 자신에게 앞에서 언급한 질문을 한다. 그 문제 또는 갈등에 어떤 이름을 붙였는가? 그 갈등에 대한 당신의 통제력을 점수로 평가한다. 이미 올바른 방향으로 작용하고 있는 것은 무엇이며, 더 높은 점수를 부여하기 위해 당신이 할 수 있는 것은 무엇인가?

조정회기 간격

전통적인 조정모델에서는 조정회기를 규칙적으로 매주 또는 격주 1회 이상으로 잡는다. 해결중심갈등관리에서는 매 회기 일정을 다음 항목에 따라 정한다.

- 개별과제 수행에 필요한 시간
- 해결책에 대한 자신감
- 조정으로부터 독립성
- 클라이언트의 조정에 대한 책임감

일부 개별과제는 클라이언트가 수행하거나 자신에게 의미 있는 차이점을 인식하는 데 좀 더 많은 시간이 걸린다. 회기 간격을 길게 정하면, 클라이언트들은 장기적 관점을 가지고 해결방법을 강구할 수 있다. 조정회기 간격을 2주 내지 3~6주까지 좀 더 길게 정하면 클라이언트들은 갈등해결에 더 자신감을 가질 수 있다. 일부 클라이언트는 자신의 변화가 조정에 달려 있고 그 변화에 대한 책임은 조정가에게 있다고 생각하기 때문이다. 조정회기 간격은 조정가가 다음과 같이 질문함으로써 주로 클라이언트에 의해 결정된다. "당신은 조정이 더 필요하다고 생각하나요?" 만일 그렇다면, "언제가 좋으신가요?" 조정에 대한 책임은 전적으로 클라이언트에게 있다. 클라이언트가 스스로 해결책을 찾을 수 있다는 확신에 근거하여, 해결중심조정가는 클라이언트와 함께 개별과제에 필요한 시간 또는 다음 회기까지의 기간을 정한다.

은유

그리스어로 은유(metaphor)는 '무엇을 건네주다' 또는 '옮기다'를 의미한다. 은유는 '같이' 또는 '처럼'이라는 단어를 쓰지 않고 닮음 또는 유사함에 근거하여 두 사물을 비교하는 비유적 표현이다. 은유는 최소의 단어로 최대의 의미를 부여하기 때문에 일상 언어를 생동감 있게 만들고 이해도를 높이며 일상 언어보다 더 효율적이다. 은유는 관계에 대해 직접 언급하기보다는 암시함으로써 클라이언트로 하여금 자신이 들은 내용에 대해 숙고할 수 있도록 한다.

어떤 단어나 구절이라도 은유로 사용될 수 있다.

클라이언트는 종종 자신의 갈등에 대해 은유적으로 말하고자 한다. 클라이언트는 "우리는 꼼짝할 수 없게 되어 버렸어요." 또는 "이 팀의 분위기는 냉랭해요."라고 말할 수도 있다. 이러한 경우 해결중심조정가는 "부정적 은유 대신에 어떤 은유를 생각할 수 있을까요?"라는 질문으로 클라이언트가 좀 더 긍정적인 은유를 생각하도록 유도할 수도 있다.

클라이언트가 스스로 은유를 찾지 못하면 조정가가 은유를 제시하여 클라이언트로 하여금 그 은유대로 갈등을 고려하도록 유도할 수도 있다. 클라이언트는 갈등을 어떻게 묘사할 것인가? 팀 구성원들은 한때 팀을 춥고 삭막한 사막으로 묘사하였다. 팀은 갈등으로 인해 활력을 잃었고, 팀 구성원들은 더 이상 서로를 배려하지 않았다. 조정가가 그들에게 미래에 대해 어떤 은유를 할 것인지 묻자, 그들은 여름철 아름다운 호수 위에 떠 있는 보트라는 은유를 생각해 냈다. 이 긍정적 비유가 조정에서 계속 활용되었다. 팀은 이전에 여름철 호수에 떠 있는 보트처럼 기능했던 적이 있었는가? 이러한 이미지에 다가가기 위해 팀 구성원들은 어떤 조치를 취할 수 있는가? 팀 구성원들은 이상적인 보트 그림을 함께 그려서 자신들이 꿈꾸는 미래를 매일 상기할 수 있도록 회의실에 걸어 놓기로 하였다.

은유는 클라이언트의 삶의 방식을 정확히 묘사한다. 깨끗한 언어(clean language: 조정가의 판단, 비난, 평가로 오염시키지 않은 사실에 초점을 맞춘 언어—역자 주; Tompkins & Lawley, 2003) 기법을 활용하면, 클라이언트가 은유를 어떻게 활용하는지 그리고 그가 변화하여 세상을 다르게 인식하기 위해서는 무엇이 필요한지를 파악할 수 있다.

합의형성

합의형성(consensus-building)은 다수의 당사자가 투표 없이 의견 일치에 이를 수 있도록 촉진하거나 조정하는 절차이다. 이해관계가 있는 사람들은 누구나 이슈를 해결하거나 제기하는 행동과 그 결과에 대해 합의하고자 한다.

조정 참가자들은 차이를 해소하는 능력을 극대화하는 과정을 함께 설계할 수 있다. 이들이 일부 사항에 동의하지 않더라도 전체적으로 합의를 수용할 의사가 있다면 합의에 도달할 수 있다. 이로써 상대에게 자신의 관점이나 권위를 강요하지 않고 대등한 입장에서 함께 작업할 수 있는 기회가 가능해진다.

합의형성은 각기 다른 이해관계를 가진 다수의 사람이 만나 특정 주제에 대한 최종 의사결정에 앞서 함께 계획을 수립하는 것을 의미한다. 이것은 클라이언트들이 차후에 합의에 도달하는 일반적 조정과는 다르다.

합의형성은 주로 정부가 관련된 분쟁에서 사용된다. 결정사항이 정해지면 발표하고 방어하는 하향식 의사결정에서는 주민의 저항이 자주 발생한다.

합의형성은 1980년대에 환경이슈와 함께 시작되었다. 이해관계자들이 함께 제안하는 과정의 장점은 참가자들이 더 많이 헌신하고 최종 결과에 대해 책임감을 느낀다는 점이다. 동맹이 폭넓게 이루어지면 제안들을 실현하기 위한 기반이 단단해진다.

Susskind과 Cruikshank(1987)에 따르면, “분쟁해결을 위한 합의

적 접근법의 가장 흥미로운 점은, 일단 사람들이 이 접근법을 사용하면 매우 효과적이라는 사실을 알게 되고 매우 열렬한 옹호자가 된다는 것이다”(p. 247). 그들은 협상 초기에는 개별면담(caucus)이 결정적이라고 보고 문제해결방식을 합의형성의 한 변형으로 기술하고 있다.

합의형성에는 대개 많은 클라이언트가 개별적으로 또는 집단으로 참여한다. 정부와의 분쟁에서는 100개 이상의 집단 또는 개인이 관여될 수 있다.

> 우리의 경험에 의하면, 적은 인원보다는 많은 사람이나 집단을 포함시키는 것이 좋다. 특히 초반에는 더욱 그렇다. 물론 합의형성을 위한 토의에 직접적으로 관련된 클라이언트의 수를 제한하는 것이 진행을 위해 유리한 점도 있다. 하지만 이러한 이점보다는 자신이 부당하게 제외되었다고 항의하는 사람들로 인해 발생하는 문제가 더 크다(Susskind & Cruikshank, 1987, p. 101).

미국 내 하수문제와 관련하여 하먼 시 하수처리 프로젝트는 12년 동안 가장 뜨거운 논쟁의 중심에 있었다. 하먼 시는 이 프로젝트에 대한 과잉 투자를 거부하였다. 법원은 관련된 대부분의 사람에게 최종 합의안에 충분히 만족하는지를 물었지만, 오히려 이 질문으로 인해 협상은 결렬되었다. 이 질문에 대한 반응은 매우 부정적이었다. 이 경우에 판사가 이 합의안을 이성적으로 수용할 수 있는 사람이 있는지 물었다면 더 좋았을 것이다.

합의형성은 여러 측면에서 조정과 유사하다. 중립적인 제3자, 자발적인 참여, 동등한 발언기회 그리고 공정한 절차와 같은 규칙들이 협의형성에도 적용된다. 정부와 관련된 이슈의 공공성 때문에 프라이버시 또는 비밀유지는 대개 불가능하다.

해결중심합의형성

해결중심합의형성에서 조정가는 질문을 통해 모든 참가자에게 자신들이 원하는 미래를 예측해 보도록 한다. 먼저, 공동목표를 세운 다음, 그들은 미래에서 현재로 역순으로 작업하게 될 것이다. 합의형성을 위한 해결중심질문은 다음과 같다.

- 모든 것이 순조롭게 진행된다면(또는 나아진다면), 당신은 앞으로 1년(또는 적절한 다른 기간) 동안 어떤 상황이 일어나기를 원하나요?
- 이것을 성취하기 위해 무엇을 했나요?
- 이것을 이루는 데 누가 도움이 되었나요?
- 그들은 정확히 무엇을 했나요?
- 여기까지 오기 위해 당신은 무엇을 했나요?
- 당신은 그런 멋진 생각을 어디서 착안하게 되었나요?
- 이것을 성취하기 위해 당신은 그 밖에 또 무엇을 했나요?
- 지금 돌이켜 본다면, 1년 전에 당신은 무엇을 걱정했나요?
- 그 걱정을 줄이거나 최소화하는 데 무엇이 도움이 되었나요?

조정가는 앞의 질문에 대한 클라이언트의 답변을 요약한 다음, 제시된 의견에 근거하여 그들이 원하는 미래를 설계한다. 이어서 미래계획에 대해 클라이언트들과 좀 더 심도 있는 토론을 한다. Susskind와 Cruikshank에 따르면, 합의형성에 앞서 먼저 다음 다섯 가지 질문에 대한 긍정적인 답이 반드시 확인되어야 한다.

- 핵심 당사자들을 확인할 수 있는가? 확인하였다면, 조정가는 상호 대화가 그들의 이익에 부합된다고 확신할 수 있는가?
- 힘의 균형이 충분히 이루어지고 있는가?
- 조정가는 각 집단의 적법한 대표를 파악할 수 있는가?
- 기한이 정해져 있는가? 그 기한은 현실적인가?
- 조정가는 근본적인 가치가 훼손되지 않을 수준에서 분쟁을 달리 표현할 수 있는가?

많은 사람이 관련되어 있거나 매우 복잡한 문제인 경우, 조정가는 변형된 합의형성을 활용하여 **최소 계획**(minimal plan)을 수립할 수 있다. 최소 계획을 위한 해결중심질문은 다음과 같다.

- 만일 당신이 아무것도 하지 않는다면 무슨 일이 일어날까요?
- 도움이 되기 위해 당신이 무언가를 한다면, 그것은 어떤 것일까요?
- 당신이 최소한으로 할 수 있는 것은 무엇인가요?
- 당신이 그것을 할 때 어떤 일이 일어날까요?
- 그다음 단계는 무엇인가요?
- 누가 누구와 함께 다음 단계를 취할까요? 그 시기는 언제일까요?

11
팀갈등조정

갈등은 의도적인 노력을 필요로 하는 상황이다.
—Edward de Bono

사례

이 팀은 정신질환자를 위한 연구소 소속으로, 간호사 여섯 명으로 구성되어 있다. 2년 전부터 팀 분위기가 좋지 않았다. 이러한 상황에서 한 레지던트가 연루된 심각한 사고가 발생하였다. 그룹 내에서 업무태만에 대한 비난으로 촉발된 그 사건으로 인해 상호 신뢰가 심각하게 훼손되었다. 원만한 협력관계를 회복하기 위한 여러 번의 시도가 있었지만 효과가 없었다. 소장이 모든 직원과 면담을 한 후, 내부 직원 중 한 명을 코치로 임명하였다. 하지만 별다른 개선이 없자, 원장은 팀원 전체를 대상으로 외부에 조정을 의뢰하였다. 조속한 시일 내에 별다른 긍정적 변화가 없으면 해고가 뒤따를 수도 있다는 우려 때문에, 간호사들은 마지못해 조정에 동의하였다.

첫 번째 조정에서는 간단한 자기소개, 호칭에 대한 동의, 클라이언트의 직장 및 가정 생활에 대한 관심 표명과 조정에 참여하는 클라이언트들의 용기에 대한 칭찬 등을 통하여 긍정적이고 편안한 분위기를 조성하는 데 주력하였다. 그런 다음 해결중심조정의 절차에 대한 설명이 이어졌다. 조정에서 대화는 갈등 자체보다는 그들이 변하기를 바라는 것, 팀으로서 그들이 원하는 미래 그리고 어떻게 그것이 성취될 수 있는지에 초점을 맞추어 진행되었다. 또한 갈등의 간단한 역사에 대해 공감함으로써, 클라이언트들의 감정을 알아주고 좌절감을 회복시키는 노력을 하였다. 그들에게 자신들이 정말로 말하고 싶은 것을 말하는 자리가 제공되었다. 이번 조정을 통해 긍정적인 결과를 얻고자 하는 희망을 말하는 사람도 있었고 과거에 일어난 일에 대해 간략하게 설명하는 사람도 있었다. 이어서 조정가는 목표를 정하기 위해 "당신들이 가장 바라는 것이 무엇인가요?" "그것이 어떤 차이를 만들까요?"와 같은 질문을 하였다.

모든 팀원이 상호 신뢰 회복을 통하여 다시 즐거운 마음으로 협력하고 싶다는 뜻을 내비쳤다. 그렇게만 된다면, 팀의 일원이 된다는 것이 큰 기쁨이 될 것이라고 하였다. 조정가는 "당신들 사이의 신뢰도가 증가하고 있다는 것을 어떻게 알 수 있나요? 당신은 무엇을 다르게 행동하고 있나요?" 등의 질문을 통해 변화에 대한 구체적인 행동과 그것이 어떻게 표출되는지에 대해 질문하였다. 처음에는 대부분의 팀원이 변화해야 하는 것은 자신이 아니라 다른 사람들이라고 했기 때문에(동기 평가: 불평형 관계), 조정가는 "만약 다른 사람들이 좀 더 바람직한 방향으로 행동한다면, 당신은 어떤 다른 행동을 하게 될까요?" "당신이 바라는 미래를 위해 이미 작동하고 있는 것은 무엇인가요? 그 외에 또 무엇이 있을까요?"라고 질문하였다. 이어서 "지금 당신은 10과 0 사이(10=완전한 협력, 0=완전한 갈등)의 어디쯤에 있다고 생각하세요?"라고 질문하여, 그 정도를 도표에 표시하였다. 간호사들은 협력의 정도가 2~5라고 대답하였고, 그 점수를 10과 0의 수직선으로 그려진 도표에 표시하였다. 조정가는 모든 팀원에게 어떻게 그 점수에 도달할 수 있었는지에 대해 묻고 칭찬하였다. 또한 조정가는 각자 어느 정도 점수를 바라는지를 물었다. 즉, "몇 점 정도면 만족할 수 있을까요?"라고 물었다. 모두 최소 7점이나 8점 정도가 되기를 원한다고 하였다. 다음 질문으로 "만약 지금보다 1점이 더 올라간다면, 어떤 모습일까요? 당신은 어떤 다른 행동을 할까요?" "당신은 어떻게 1점을 더 올릴 수 있을까요?" "다음 단계는 무엇일까요?" 그리고 "당신이 1점을 더 올렸다는 것을 동료들은 어떻게 알 수 있을까요?"라고 질문하였다. 또한 한 팀으로서 그들이 7점이나 8점을 얻었다는 것을, 그들의 환자나 원장이 어떻게 알아차릴 수 있을지에 대해 팀원들에게 질문하였다(관계질문). 조정가는 팀원들에게 팀 분위기를 개선하고자 하는 그들의 굳은 의지와 1점을 높이기 위해 그들이 언급한 구체적인 행동들에 대해 칭찬하는 피드백을 해 주었다. 조정을 마칠 때쯤 모든 팀원에게, 다음 조정에 올 때까지 팀이 1점 높은 점수에 도달하는 순간들을 주의 깊게 살필 것을 요청하였다. 다음 회기에서는 이에 대해 논의하게 될 것이라고 하였다. 마지막으로 "당신은 오늘 조정이 다시 참여하고 싶을 정도로 도움이 되었다고 생각하시나요?"라고 질문하였다. 팀원들은 다음 조정일자를 정하였다.

10일 뒤에 열린 두 번째 조정에서 첫 질문은 "무엇이 좀 더 나아졌나요?"였다. 팀원들은 조금씩 상황이 나아지고 있다고 말하였다. 전보다 대화를 더 많이 나누게 되었고, 분위기도 좋아져서 이제는 복도에서 만나면 인사를 나눌 정도라고 하였다. 조정가는 어떻게 그것들이 가능할 수 있었는지에 대해 자세히 묻고, 결과에 대해 칭찬하였다. 다시 한 번 척도질문을 활용하여, 평가 점수가 4에서 6.5로 조금 높아졌음을 확인하였다. 그 결과를 도표에 기록하였다. 팀원들은 그들이 이런 점수에 도달할 수 있었던 이유를 이제 상대방의 말을 서로 방해하지 않고 잘 경청하기 때문에 팀 회의가 전보다 훨씬 건설적이 되었다고 설명하였다. 다음 질문은 "지금보다 1점 더 올라간다면 어떤 모습일까요?" "다음 단계는 무엇이 될까요?" "당신은 무엇을 다르게 행동하고 있을까요?" "당신 자신이 스스로 할 수 있는 것과 다른 팀원들로부터 당신이 필요로 하는 것은 무엇일까요?"였다. 조정가는 칭찬과 함께 다음과 같은 피드백으로 조정을 마무리하였다. "향후 몇 주간 함께 일할 때, 당신은 1점이 이미 올라간 것처럼 행동하고 그로 인해 무엇이 달라지는지 관찰해요. 조정을 계속할 필요성을 느끼시나요? 그렇다면 다음 조정일은 언제가 좋을까요?"

4주 후에 열린 세 번째이자 마지막 조정에서도 시작 질문은 "좀 더 나아진 것이 있었나요?"였다. 모두들 잘 진행되고 있다고 하였으며, 5.5점에서 8점 사이로 평가하였다. 평가 점수는 도표에 표시되었다. 팀원 간 신뢰가 어느 정도 회복되었고, 서로에 대한 관심도가 높아짐에 따라 함께하는 생활을 점차 즐겁게 느끼기 시작하였다. 마지막으로 조정가는 드림팀으로서 잘 협력하고자 하는 의지를 담은 합의안을 작성하였다. 최선의 노력을 기울였음에도 불구하고 새로운 분쟁이 발생한다면 그들은 조정을 통하여 다시 해결책을 찾고자 할 것이다. 합의안에 서명한 후 팀원들은 자축 파티를 하기로 하였다. 4개월 후, 팀원들과 소장 모두가 조정 결과에 매우 만족한 것으로 확인되었다.

연습 15

당신 팀의 일반적인 회의 모습을 재현한다. 팀원 중 일부를 관찰자로 지명하고, 문제중심적 발언 횟수를 세게 한다. 몇 분 동안 회의를 진행한 후, 다음에는 해결중심적으로 회의를 진행하도록 한다. 이때에도 관찰자는 동일한 방식으로 횟수를 세도록 한다. 그 결과 횟수의 비교를 통해 두 가지 유형의 대화에 확연한 차이가 있음을 알 수 있을 것이다. 또한 팀원들이 통상적으로 해결중심 대화를 선호한다고 하지만, 얼마나 쉽게 문제중심 대화로 빠져들 수 있는지도 확인하게 된다.

게임이론 재고찰: 신뢰

나는 클라이언트들이 **신뢰**(trust)를 통해 자신의 목표를 성취할 수 있다고 확신한다는 사실에 대해서는 여기에서 언급하지 않을 것이다. 이러한 종류의 자신감과 그 자신감을 어떻게 증대시키는가에 대해서는 6장에서 이미 언급한 바가 있다. 조정가와 조정과정에 관련하여 클라이언트들이 가지고 있는 신뢰에 대해서도 언급하지 않는다. 그러한 신뢰는 오직 조정가와 함께한 클라이언트만이 말할 수 있다고 보기 때문이다.

Lewicki와 Wiethoff(2000)는 신뢰 개념, 신뢰 조성 및 신뢰 회복에 대해 설명하면서, 상호 신뢰란 사람들을 서로 이어 주는 접착제라고 하였다. 그들은 신뢰를 "다른 사람의 말과 행동 그리고 의사

결정에 대한 한 개인의 믿음이며, 나아가 그것들을 믿고 기꺼이 행동하고자 하는 의지"라고 정의하였다(p. 87). 그리고 공동의 목표를 공유하는 것이 상호 신뢰를 구축하는 방법의 하나가 될 것이라고 보았다.

Susskind와 Cruikshank(1987)는 클라이언트들에게 서로 신뢰하도록 요구하는 것이 비현실적이라고 주장한다. 왜냐하면 신뢰란 경험을 통해 얻어지는 것이기 때문이다. 클라이언트들이 상대를 신뢰할지 여부를 결정함에 있어 최우선 고려 사항은 호혜성이다. 만약 상대가 나와의 약속을 지키지 않는다면, '왜 나만 그 약속을 지켜야 하는가?'라는 생각을 하게 된다. 그러므로 조정가는 상호 신뢰 없이 시작되는 조정에서 상호 신뢰는 클라이언트들이 서로 적절하게 행동할 경우에만 구축된다는 것을 전제로 조정에 임해야 한다.

2장에서 이미 언급한 바와 같이, **죄수의 딜레마**(prisoner's dilemma)에는 인류 역사에서 비제로섬게임(nonzero-sum game)을 가능하게 하는 몇 가지 중요한 특징이 포함되어 있다. 그중 대표적인 것은 의사소통과 신뢰이다. 당신과 파트너가 서로에게 확신을 줄 때 당신은 묵비권을 행사할 것이며, 그래야 당신들은 서로를 믿고 있다고 할 수 있다. 파트너가 서로 침묵하기로 한 약속을 어길지도 모른다는 의심을 한다면, 당신은 죄를 자백함으로써 배신을 배신으로 되갚는 것이 더 유리할 것이다. 그러면 당신은 10년형 대신 3년형을 받게 된다. 파트너가 배신의 유혹을 받고 있기 때문에 당신이 의심하는 것은 전혀 비합리적이라고 할 수 없다. 당신이 약속을 지키며 묵비권을 행사하는 동안, 파트너가 자백한다면 그는 자유의 몸이 되기 때문이다!

죄수의 딜레마 게임 대회에 다양한 전략이 탑재된 많은 컴퓨터 프로그램이 출시되었다. 이 프로그램들은 상호작용하며 배반 아니면 협력을 결정할 수 있다. 이 결정들은 과거 시합에서 다른 프로그램들이 했던 행동들에 기초하여 이루어진다. 이 대회에서 Tit for Tat이라는 프로그램이 우승하였는데, 그 전략은 아주 간단했다. 첫 경합에서는 상대 프로그램과 무조건 협력했고, 그 이후에는 무조건 상대 프로그램이 이전에 했던 대로 하였다. 간단히 말해서, 이 프로그램은 상대 프로그램의 과거 협력을 현재 협력으로 보상하고 과거의 배반을 현재의 배반으로 응징하였다. 이 같은 방식으로 상호작용은 안정적이고 협력적인 관계로 발전하였다. 이 사례는 공식적인 의사소통 없이도 협력이 가능할 수 있다는 것을 보여 준다. 호혜적 이타주의는 침팬지나 흡혈박쥐와 같이 서로 많은 대화를 나누지 않는 동물들 사이에서도 발견되고 있다.

Pruitt와 Kim(2004)은 Tit for Tat 프로그램을 사용할 때 두 가지 문제가 발생한다고 하였다. 첫 번째 문제는, 상대의 순간적인 실수에도 즉각적인 보복이 이루어진다는 것이다. 상대가 동일한 Tit for Tat 프로그램을 사용하면, 즉각적인 보복으로 좋은 관계가 유지될 수 있는 상황에서도 불필요한 갈등의 소용돌이를 촉발할 수 있다. 게다가 상대는 상호작용 초반에 협력에 실패하면, 좋은 행동에 대해 보상받을 수 있다는 것을 결코 배우지 못한다. 대신에 상대를 결코 협력하지 않는, 따라서 피해야 하거나 응징해야 하는 위험한 존재로 인식하게 된다. 이러한 문제는 상대에게 일정한 유예기간을 주고, 그 기간 동안에는 상대의 부정적인 행동에 대해 긍정적으로 행동하게 함으로써 해결될 수 있다. 유예기간 중에 상대에게 사전

경고를 하면 그 효과는 훨씬 더 클 것이다. 또 다른 해결책은, 어느 일방이 Tit for Tat 프로그램을 말로 설명하는 것이다. 다시 말해, 당신이 나와 맞서지 않고 함께한다면 나는 당신과 협력할 것이라는 뜻을 전달한다.

Tit for Tat이 안고 있는 두 번째 문제는 프로그램의 효과가 작동기간 중으로 한정된다는 것이다. 일방이 전략 사용을 중단한다면, 상대의 협력적인 행동도 점차 줄어들 가능성이 높아진다. Tit for Tat의 효과는, 상대가 협력할 때마다 간헐적으로 평상시보다 더 많은 보상을 받으면, 전략이 중단된 이후에도 더 길게 지속되는 것으로 밝혀졌다.

요약하자면, Scheinecker(2006)가 강조하듯이, "인식의 변화, 평가, 감정, 욕구 또는 목표를 통해 단계적으로 그 강도가 축소될 수 있는 상황에서는 해결중심접근법이 훨씬 더 효과적이다"(p. 323).

Kelman(2006)은 상호 신뢰 구축의 딜레마란 이스라엘과 팔레스타인 같은 적대국들이 서로 마주하고 있는 상황과 같은 것이라고 하였다. 상호 신뢰가 없으면 어떻게 평화 구축 노력을 할 수 있으며, 평화 구축 노력을 시작조차 하지 않으면, 어떻게 상호 신뢰를 만들어 낼 수 있겠는가? 그 해답은 공동의 목표를 이루기 위한 작은 행동들을 합의하고 실행하는 것에 있다(몰입과 확신에 이르는 접근법, p. 644).

도움이 되는 해결중심질문은 다음과 같다.

- 당신은 상대가 어떤 말이나 행동을 하면 갈등해결을 원한다고 할 것인가요?

- 당신은 상대가 당신을 (비록 매우 적더라도) 이해하고 있다는 것을 무엇을 보면 알 수 있나요?
- 여러분 사이에 상호 신뢰가 커지면, 여러분 관계에서 무엇이 달라지고 어떤 차이가 있나요?
- 상호 신뢰가 더 쌓이면 당신이 원하는 미래를 달성하는 데 어떤 도움이 되나요?
- 최고의 상호 신뢰를 10, 전혀 신뢰할 수 없음을 0이라 한다면, 지금 몇 점을 줄 수 있나요?
- 당신은 어떻게 이 점수를 얻을 수 있었나요? 더 낮은 점수를 얻지 않은 이유는 무엇인가요?
- 지금보다 1점이 더 올라간다면 어떤 모습일까요? 여러분의 관계에서 무엇이 달라질까요?
- 더 높은 점수로 올라가기 위해서 당신이 할 수 있는 작은 단계들은 무엇인가요?
- 더 높은 점수에 도달하기 위해 당신이 할 수 있는 것은 무엇인가요?
- 당신은 어떤 다른 행동을 하고 있나요?
- 더 높은 점수에 도달하기 위해 당신이 다른 사람들로부터 필요로 하는 것은 무엇인가요?

'신뢰 호르몬'

옥시토신(oxytocin)은 아홉 개의 아미노산으로 이루어진 펩타이드

(peptide)로서 시상하부 신경세포에서 합성되고 뇌하수체의 신경돌기로 전송되어 혈액으로 분비된다. 옥시토신 수용체는 편도체, 시상하부, 심장과 뇌 줄기를 포함한 뇌와 척수에 있는 신경에 의해 분비된다. 옥시토신은 스트레스를 받거나 신체 접촉 그리고 모유수유 시 분비된다. 이것은 많은 종의 사회적 행동에 영향을 미치며 인간행동에도 비슷한 영향을 미친다. 옥시토신은 모유의 분비를 원활하게 하고 출산 시 자궁의 수축을 촉진한다. 또한 신뢰도를 높이고 공포를 줄이며, 흔히 '돌봄과 친구 되기(tend and befriend)' 호르몬으로 불린다(Cloke, 2009). 동물들은 과거 높은 옥시토신 수치를 경험했던 동물들과 어울리는 것을 더 좋아한다. 이러한 사실은 우정도 모성본능을 조절하는 시스템에 의해 조정될 수 있다는 것을 시사한다.

한 연구에서, 자원자들이 신뢰게임(trust game)과 위험게임(risk game)에 참여하였다. 신뢰게임에 참여한 자원자는 투자 수익금의 반환 여부를 수탁자가 결정한다는 것을 사전에 인지한 상태에서 자금을 투자해야만 했다. 위험게임에 참여한 자원자는 투자금의 반환 여부를 컴퓨터가 무작위로 결정한다고 들었다. 동시에 자원자들에게 옥시토신 또는 플라시보(가짜 약)가 비강 스프레이로 투여되었다. 옥시토신이 선택된 이유는 사람들로 하여금 다른 사람들을 믿게 하는 의지를 특히 증가시킨다는 연구 결과 때문이었다. 게임이 진행되는 동안 자원자들의 뇌를 기능적 자기공명영상(functional magnetic resonance imaging)으로 스캔하였다.

연구자들은 신뢰게임에서만 옥시토신이 뇌의 두 부위에서 활동을 감소시킨다는 사실을 밝혀냈다. 하나는 공포, 위험, 사회적 배신의 위험요인을 처리하는 편도체이고, 다른 하나는 보상피드백을 기반으로 미래 행동을 이끌고 조정하는 신경회로의 한 부분인 선조체이다. Baumgartner 등(2008)은 옥시토신이 자원자들의 신뢰와 관련된 반응에 특히 영향을 주었다고 결론 내렸다. 위험게임에서 자원자들이 비사회적인 위험과 직면한다면, 옥시토신은 피드백에 대한 행동반응에 영향을 미치지 않는다. 옥시토신 그룹과 플라시보 그룹 모두 보상피드백 이후에도 위험을 감수하려는 의지를 바꾸지 않았다. 그에 반해, 자원자들이 신뢰게임에서처럼 사회적 위험에 직면한다면 플라시보를 투여받은 자원자들은 피드백을 받은 후 신뢰행동을 줄이는 반면, 옥시토신을 투여받은 자원자들은 파트너가 자신과의 신뢰를 저버릴 확률이 50% 정도가 된다는 정보를 받은 상황에서도 자신들의 신뢰행동에 변화를 주지 않는다.

코로 투여된 옥시토신은 두려움을 관장하는 편도체를 억제함으로써 두려움을 감소시키는 것으로 알려져 있다. 그렇지만 그것의 효과는 몇 분 동안만 지속된다. 옥시토신은 또한 조망수용(perspective-taking: 타인의 입장, 인지, 관점 등을 추론하여 이해하는 행동–역자 주) 중에 공감능력을 향상시킴으로써 관대함에 영향을 미친다. 비강 내 옥시토신은 관대함을 증가시켰으나, 이타주의에는 영향을 미치지 않았다. 신뢰 호르몬(liquid trust)라고도 불리는 옥시토신은 비강 스프레이 형태로 판매될 수 있다. 그렇게 된다면, 조정가들은 조정을 시작할 때 클라이언트들이 평소보다 서로를 좀 더 신뢰하도록 돕기 위해 이 스프레이를 사용할 수 있지 않을까? 조정에서 악수를 매우 중요하게 생각하는 이유는 신체 접촉으로 옥시토신이 분비되기 때문일 것이다.

치러야 할 대가

Cloke(2001)에 의하면, 갈등이 우리에게 특별하면서도 소중한 교훈을 줄 뿐만 아니라 우리의 삶을 변화시킬 비밀을 간직하고 있다는 사실을 깨닫는 순간, 갈등은 엄청난 자원이 되어 우리를 갈등의 올가미로부터 벗어날 수 있게 하고 영혼을 자유롭게 해 주며 마음의 문도 열어 줄 것이라고 한다. 그는 갈등이란 사람들이 곤경에 빠져서 꼼짝달싹할 수 없게 만드는 장소와 같은 것이라고 보았다. 따라서 그곳으로부터 벗어나는 방법을 알기만 하면 현재 직면한 갈등뿐만 아니라 다른 갈등들도 극복하는 방법을 찾을 수 있다고 하였다.

그는 클라이언트들이 '조정에서 마음의 공간을 확장'하는 데 유용한 많은 질문을 제시하였다. 그중 클라이언트가 갈등을 극복하기 위해 치러야 할 대가에 관한 질문은 다음과 같다.

- 당신이 가지고 있는 문제 중에 다른 사람들이 아직 알지 못하고 있는 것은 어떤 것인가요?
- 당신이 가지고 있는 문제 중에 이제 공개해야 할 때라고 생각되는 것은 어떤 것인가요?
- 당신이 지금 직면한 갈등 때문에 치러야 할 대가는 무엇인가요?
- 당신은 얼마나 더 오래 그 대가를 치러야 하나요?
- 어떻게 하면 당신이 갈등을 포기하고, 지난 일들을 놓음으로써 당신의 삶에 충실할 수 있을까요?

- 당신의 삶에서 정말로 이것을 바라나요? 어떻게 하면 그냥 내버려 둘 수 있나요?

이야기 9: 평화를 찾아서

어느 날 저녁, 남녀 한 쌍이 해변을 거닐다 담요를 깔고 앉아 평화롭게 저녁노을을 바라보았다. 그들은 준비해 온 치킨과 과일, 포도주를 펼쳐 놓았다. 남자는 잔에 와인을 채워 행복을 기원하는 건배를 하고, 여자는 그런 분위기를 즐기고 있었다. 무척이나 평화롭고 로맨틱한 광경이었지만 그들만 해변에 있는 건 아니었다.

먹이를 찾고 있는 갈매기 떼를 발견한 그녀는 마지막 남은 고기 조각을 던져 주었다. 이를 가장 먼저 발견한 갈매기는 자신의 행운을 몹시 기뻐하며 부리를 벌리고 고기 조각을 향해 급히 날아올랐다. 필사적으로 파닥거리며 날갯짓하는 소리가 공기 중에 가득 찼다. 순식간에 수십 마리가 몰려들었지만 고기를 차지한 것은 첫 번째 갈매기였다. 고기 조각을 쟁취한 새는 드넓은 바다와 창공을 향해 재빨리 날아올랐으나 다른 갈매기들도 포기하지 않았다. 이십 여 마리 갈매기들이 맹렬히 추격하면서 탐욕스럽게 공격을 시작했다. 먹이를 쟁취하려는 투쟁의 몸짓에 자비는 더 이상 존재하지 않았다. 그 고기 조각을 확 낚아채려는 새도 있었고, 자신들이 무엇을 위해 싸우고 있는지를 잊은 듯이 몸통을 공격하는 새도 있었다. 무리가 비명을 지르며 쪼아 대기도 했지만, 먹이를 물고 있는 갈매기는 다른 곳으로 도망가 버렸다. 그 갈매기는 정당하게 먹이를 차지했고 행운을 얻은 것이다. 자신이 얻은 것을 결코 포기하려 하지 않았다.

싸움은 아직 끝나지 않았다. 갈매기들은 눈앞에 있는 먹잇감을 포기하려 하지 않았고 간절히 원했다. 첫 번째 갈매기는 그 한 조각을 지키기가 점점 더 힘들어졌다. 결국 우세한 적에 맞서 싸울 힘도 점점 떨어져 탈진 상태가 되었다. 과연 이 고기 조각이 이토록 힘겹게 붙잡고 있을 만한 가치가 있는지 의문이 들었다. 이것을 지키기 위해 도대체 얼마만큼의 대가를 치러야 하는 것인가? 과연 내가 이토록 노력을 해야 할 만큼 가치가 있는 것인가?

갈매기는 언젠가는 이 먹잇감을 놓아야만 할 때가 올 것이라는 것을 깨달았다. 투쟁으로 치러야 할 대가가 보상으로 얻어지는 이익보다 더 커지는 시점이 올 것이다. 갈매기는 부리를 벌려 고기 조각을 놓으며 고기 조각을 향해 돌진하고 있는 새들을 바라보았다. 그 공격자들은 새로운 목표물을 발견했고, 이제 전투는 다른 곳으로 옮겨졌다. 비로소 갈매기는 홀가분함을 느꼈다.

갈매기는 바닷새들이 즐겨 말한 "바다에는 훨씬 많은 물고기가 있다."라는 속담을 기억하였다. 자신만의 사냥기술을 익히고 때를 기다리며 기회를 잡으면 이제는 더 이상 굶주리거나 빼앗기지 않을 거라는 것을 깨달았다. 전투를 뒤로한 채 다른 먹잇감을 느긋하게 바라볼 수 있는 여유로움에 갈매기는 완전히 자유로워졌다. 이제 언제 어디서 먹이를 찾아야 하는지 선택할 수 있어 행복했고, 가슴속 깊이 만족감을 느꼈다. 생존을 위해 더 이상 전투를 할 필요가 없었다. 창공을 향해 다시 한 번 날아올랐다. 이번 비행은 다른 새의 공격을 피하기 위한 몸짓이 아니라, 오직 자신만의 시간을 즐기기 위해서였다. 상쾌한 바닷바람 위로 높이 날아올라 자신만의 자유와 평화를 마음껏 즐겼으며, 그 모습은 짙푸른 하늘색과 대조된 하얀 점과 같았다.

연인은 해변에 앉아 저녁노을 사이로 다툼을 벌이는 무리들과 멀리 떨어져 있는 갈매기 한 마리를 바라보았다. 황금빛 줄기 석양 너머로 즐기듯 떠다니는 갈매기의 실루엣을 바라보았다. 하루의 끝을 함께 보내는 평온함과 친밀감에 젖어 따뜻한 포옹을 하였다. 갈매기도 평온한 세계와 하나가 되는 듯했다. 혼자 생각을 했다. '먹잇감을 놓치기는 했지만 하늘의 평화를 얻었다.'

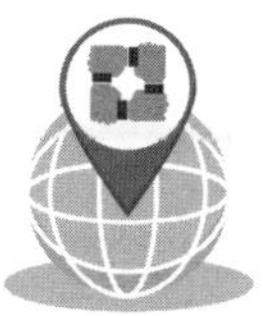

12
클라이언트중심의 결과기반 갈등관리

사자들이 자신들을 대변해 줄 역사학자를 가지기 전까지는
사냥에 관한 모든 이야기는 사냥꾼을 찬양할 것이다.
—아프리카 속담

당신이 배가 고파 식당에 갔다고 가정해 보자. 대기석에서 잠시 기다린 후 안내받은 자리에 앉자, 지배인이 자기소개를 하며 당신에게 배고픔에 대해 질문을 한다. "얼마나 배가 고프십니까? 이런 느낌으로 얼마나 지냈습니까? 이전에도 배고픈 적이 있었습니까? 배고픔이 과거 생활에서 어떤 역할을 했습니까? 배고픔으로 당신은 어떤 손해와 이익을 보았습니까?" 이런 대화로 배가 더 고파진 당신은 지배인에게 이제 먹을 수 있는지 묻는다. 그러자 당신이 주문하지 않은 음식이 나왔고 지배인은 그 음식이 당신에게 좋을 뿐 아니라 다른 배고픈 사람들에게도 도움이 되었다고 주장한다. 이 식당을 떠나면서 당신은 얼마나 만족할 수 있는가?

클라이언트중심 갈등관리

Miller 등(1996)은 40년간 심리상담 결과에 관한 연구를 통해 변화과정에서 클라이언트 역할의 중요성을 입증한 경험적 자료들을 수집하였다. Duncan 등(2004)은 심리상담의 주체는 상담사가 아니라 클라이언트 자신이라고 하였다. 따라서 치료는 클라이언트의 자원, 지각, 경험 그리고 아이디어가 잘 조직화되어야 한다. 클라이언트의 문제 또는 해결책에 대한 연역적 가설이나 반드시 물어야 할 특별한 질문 또는 성공하기 위해 준수해야 하는 불변의 방법도 필요 없다. 오히려 상담사는 단지 클라이언트로부터 지시를 받는 것만 필요하다. 즉, 클라이언트가 이끄는 대로 따르고 그의 언어, 세계관, 목표 그리고 갈등에 관한 아이디어를 받아들이며 변화과정에서 그의 경험과 성향을 인정하는 것이다. 하지만 의학모델에서는 가장 강력한 치료 성공 요인인 클라이언트 그리고 그의 변화 추구 성향이 고려되지 않는다. 변화 노력의 지휘자는 클라이언트이지 조정가가 아니다.

전통적으로, 치료의 효과성 평가는 상담사의 몫이었다. 하지만 그 효과성은 전체 조정과정의 동반자인 클라이언트의 지각과 경험으로 검증될 수 있다.

클라이언트의 변화이론은 조정에 대한 다양한 관점을 통합할 수 있는 방법을 제공한다. 클라이언트의 변화이론을 신뢰하기 위해서는 클라이언트의 독특한 아이디어와 상황 맥락에 집중하여 조정을 실행하는 노력이 필요하다. 연구 결과에 의하면, 모델과 기술적 요인들이 상담결과에 미치는 영향은 기껏해야 15% 정도밖에 안 된다. 모델과 기술적 요인들은 클라이언트의 상황에 유용할 수도 있고 그렇지 않을 수도 있다. 따라서 이론보다는 클라이언트의 이론에 초점을 맞추어야 한다. 클라이언트의 아이디어를 탐색하면 다음과 같은 이점이 있다.

- 클라이언트가 대화 중심에 서도록 한다.
- 클라이언트의 참여도를 높인다.
- 클라이언트가 전문가에 대해 긍정적 경험을 한다.
- 대화를 구조화하고 변화과정을 안내한다.

연구에 따르면, 관건은 클라이언트, 즉 그의 자원, 참여, 협력에 대한 평가, 갈등과 해결에 대한 지각 등이다. 조정가의 기법은 클라이언트가 그것을 적절하고 신뢰할 수 있다고 인식할 때만 도움이 된다.

예를 들어, 클라이언트 변화이론에 의거하여 누가 유죄이고 누가 책임을 져야 하는가에 대해 상세히 밝히는 것이 필요할 경우, 조정가는 다음과 같은 질문을 할 수 있다.

- 당신은 이것이 어떻게 도움이 될 것이라고 생각하십니까?
- 이것이 당신이 원하는 미래에 미칠 긍정적 효과에 대해 당신은 어떻게 생각하십니까?
- 이것으로부터 다른 사람과의 관계는 어떻게 좋아질까요?
- 이것이 당신에게 도움이 된다는 것을 어떻게 알 수 있나요? 이

것이 도움이 되었고, 이후에도 지속될 필요가 있다고 느끼려면 다음에 우리가 만날 때 무엇이 더 개선되어야 할까요?

결과기반 갈등관리

일반적 통념에 따르면, 효과성은 역량에 달려 있다고 한다. 그 결과, 긍정적인 조정 결과를 담보할 수 있는 조정가의 자기개발을 위한 교육에 대한 요구가 계속되고 있다. 하지만 대부분의 훈련은 접근법의 효과성을 평가하는 방법은 포함되지 않고 특정 조정 스타일의 기법이나 기술의 학습만 강조한다.

그러나 역량과 결과만 강조하면 효과성과 효율성이 떨어진다. Clement(1994)의 연구에 따르면, 전문가의 경력과 효과성 사이에는 상관관계가 없거나 매우 적다. 이 연구 자료에 의하면, 전문가들의 훈련과 경험이 늘어날수록 오히려 효과성이 떨어질 수도 있다. 연구자들은 결과에 따라 가장 효과적인 상담사와 가장 효과적이지 못한 상담사를 구분할 수 있었다(Hiatt & Hargrave, 1995). 효과성이 낮은 상담사 집단이 효과성이 높은 상담사 집단보다 실무경력이 더 많았다. 무능한 상담사들은 자신이 무능하다는 사실도 인지하지 못하고 있었다. 더 심각한 것은, 그들이 실제 유능한 상담사만큼 자신들도 유능하다고 생각한다는 점이다.

Miller 등(1997)은 전문가에 대한 클라이언트의 피드백을 활용하면 조정 전 과정에서 클라이언트들이 완전하고 평등한 동반자가 될 것이라고 역설한다. 클라이언트들이 버스의 뒷좌석이 아니라

운전석에서 생각하면 긍정적 결과를 얻을 수 있다는 자신감을 가지게 될 수도 있다.

> 클라이언트의 긍정적 변화에 대한 체계적 평가는 중요하다. 따라서 임상의사는 실증적으로 그 클라이언트의 욕구와 특성에 알맞은 치료를 할 수 있다. 이러한 결과에 기반을 둔 과정은 대부분의 상담사들이 클라이언트의 피드백에 민감하고 결과에 관심을 가지며 자신에 대해 생각하는 것과 일맥상통한다. 예상되는 결과를 중시하면 클라이언트의 목소리가 커질 뿐만 아니라, 효과성을 높이는 가장 실행 가능하고 검증된 방법을 찾을 수 있다(Duncan et al., 2004, p. 16).

Miller 등이 제안한 공식은 '클라이언트의 자원과 회복력 + 클라이언트의 변화이론 + 서비스 적절성과 유용성에 대한 클라이언트의 피드백 = 클라이언트의 원하는 결과 지각'과 같다.

회기평가척도

조정 중에 긍정적 변화에 대한 척도질문과는 별도로, 매 회기가 끝날 때마다 클라이언트에게 SRS(Session Rating Scale, 회기평가척도)를 작성하도록 한다(부록 5 참조).

SRS는 변화를 만들어 내는 관계의 질에 관한 네 개 문항으로 구성되어 있다. 낮은 점수는 왼쪽에, 높은 점수는 오른쪽에 표시하도록 되어 있는 각 문항에 클라이언트는 평가 점수를 표시한다. 각 문항은 10점이 만점이며, 합산 점수는 최대 40점이 된다. 평가 점수에 좋은 변화 또는 나쁜 변화의 가능성을 나타내는 구체적인 기준점이 있는 것은 아니다. 다만, 30점 이상의 높은 평가 점수는 좀 더 좋은 변화의 가능성이 있다는 것을 반영하는 것이고, 낮은 점수는 관계에 좀 더 신경을 써야 한다는 것을 의미할 뿐이다. 조정가는 '클라이언트인 당신이 더 높은 평가 점수를 줄 수 있게 하기 위해, 다음 조정에서 내가 조정가로서 다르게 해야 할 것은 무엇인가?'라는 질문을 스스로 해야 한다.

SRS는 참여를 위한 도구일 뿐, 그 자체에 마법이 있는 것은 아니다. 클라이언트와 대화를 이끌어 갈 목적으로 만들어진 것으로 조정가가 조정의 효과를 높이기 위해 사용하는 것이다. SRS를 활용하지 않으면 클라이언트의 치료 중단 비율은 더 높아질 것이다. SRS의 결과를 시계열 그래픽으로 만들어 놓으면 시각적으로 볼 수 있는 좋은 피드백이 되므로 조정가에게 큰 도움이 된다(www.scottdmiller.com 참조). 1점 정도의 점수 하락은 조정가가 클라이언트와 그동안의 관계를 논의해야만 한다는 신호이다.

> 진행과정을 모니터링하는 것은 필수적이며 성공 가능성을 크게 증가시킨다. 따라서 당신의 계획이 잘 진행되고 있는지 여부를 아는 것은 매우 중요하다. 그러나 완벽한 접근법의 사용 여부는 그만큼 중요하지 않다. 만약 계획대로 진행되고 있지 않다면, 개선 가능성을 최대화하기 위해 현재의 전략을 신속하게 조절해야 한다(Duncan, 2005, p. 183).

초기에 개선이 되지 않으면 클라이언트가 성취하고자 하는 것을 현재의 방법으로 달성할 가능성은 상당히 줄어들 수 있다. 연구에 의하면, 세 번째 회기까지 진행되었는데도 개선이 되지 않으면 치료 전 과정을 마친다 해도 치료효과를 볼 가능성이 없다. 더욱이 여섯 번째 회기까지도 치료가 도움이 되지 않았다고 대답한 사람은 치료기간과 상관없이 효과를 볼 가능성이 거의 없다. 클라이언트에 대한 진단과 치료법은 치료의 성공을 예측하는 데 있어 치료가 제대로 이루어지고 있는지 여부를 아는 것만큼 중요하지 않다. 개선효과가 없다는 피드백을 받은 상담사로부터 치료를 받은 클라이언트의 치료 종결 시 만족도는 그렇지 않았던 클라이언트의 만족도보다 65% 이상 높았다는 연구 결과들이 있다. 클라이언트가 자신의 치료에서 효과를 보지 못한다는 것을 아는 것만으로도 치료자는 자신의 치료 접근법을 변경하여 변화를 촉진할 수 있다. SRS와 같은 치료효과 정보를 받아 보는 치료자의 클라이언트는 치료효과가 나빠질 가능성이 현저하게 낮으며, 치료적으로 중요한 변화를 얻을 수 있는 가능성이 두 배나 더 높다. 심리상담에서 이 정도의 효과성을 증대시키는 요인은 찾아볼 수 없다.

예상되는 결과를 확인하는 것은 갈등관리에서도 매우 간단하고 쉬울 뿐만 아니라, 지금까지 현장에서 사용되었던 성과중심 노력들과는 달리 효과성 측면에서도 좋은 결과를 얻을 수 있다. 전문가들은 모델이나 기법에 집중하는 전통적인 방법에서 탈피하면, 자신들이 늘 주장하는 '변화에 대한 지원'이라는 목적을 훨씬 더 잘 이루어 낼 수 있을 것이다. SRS와 그 사용법에 관한 웹사이트 주소에 대해서는 부록 5를 참조하면 된다.

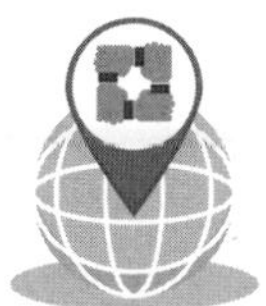

13
가족갈등조정

평화의 열매는 만족이라는 씨앗에서 생산된다.
–미국 속담

사례

아버지(55세, 기술자)와 외동아들(25세, 판매지배인) 간의 갈등을 다룬 조정이다. 아버지는 오래전에 재혼하였고, 아들은 독립하여 생활하고 있으며 동거인은 없다. 부자는 4년 전에 크게 싸우고 난 후 교류 없이 살아왔다. 최근에 아버지가 전화로 조정을 신청하였다. 아버지는 조정을 통해 도움을 받고 싶었지만 아들은 마지못해 조정 참여에 동의했다. 아버지는 조정가가 아들과의 대화가 다시 극심한 다툼으로 번지는 것을 방지해 줄 것이라고 기대하였다. 또한 조정을 통해 아들과 지속적으로 연락하는 관계가 회복되기를 희망하였다. 사실, 이 다툼이 있기 전에도, 아버지가 이혼한 후부터는 두 사람 사이에 대화가 거의 없었다. 이혼 당시 아들은 11세였다. 조정은 양 당사자가 출석하여 3회기(총 4시간) 동안 진행되었다.

첫 회기는 준비단계로 조정에 대한 소개에 이어 긍정적이고 편안한 분위기 조성을 위한 호칭 결정, 클라이언트의 일과 일상생활에 대한 관심 표명 그리고 조정 참여를 결정한 그들의 용기와 해결책을 함께 찾고자 하는 의지에 대한 칭찬 등으로 진행되었다. 이어서 조정가는 해결중심조정의 과정과 구조에 대해 설명하였다. 즉, 조정은 부자의 공동목표와 그 달성 방법을 찾는 데 집중할 것이다. 종료 시 조정가의 피드백이 있을 것이고, 부자가 원한다면 다음 조정 전까지 해야 할 과제가 주어질 것이다. 아울러 그동안 힘들게 겪어 온 갈등에 대해 조정가가 공감함으로써 그들이 경험한 좌절을 인정하고 치유할 수 있는 여지를 만들었다. 조정 합의문에 갈등유형은 '관계갈등'이라고 다소 포괄적으로 표기하였다. 조정비용은 아버지와 아들의 소득에 비례하여 75% 대 25%로 분담하는 것으로 결정하였다.

이어서 조정가는 목표 설정을 위한 질문으로 "당신은 본 조정에서 어떤 것을 얻으면, 성공적인 조정이었다고 말할 수 있을까요?"라고 물었다. 클라이언트들이 "서로 믿어 주고 관심을 가지게 되고, 함께 뭔가를 하기도 하고, 함께 있는 것이 편안해지는 좋은 관계를 회복하는 것"이라고 대답하였다. 그들은 또한 원활한 의사소통이 이루어지기를 희망했다. 구체적 행동에 관한 질문으로 "어떻게 하면 신뢰와 관심을 증가시킬 수 있을까요?" "상대가 어떻게 변하면 당신이 그를 좀 더 신뢰할 수 있을까요?"라고 물었다. 사용된 척도질문은 다음과 같다. "당신의 의사소통 수준에 점수를 준다면, 당신은 몇 점을 주시겠습니까? 최고 10점, 최저 0점으로 평가해 주세요." 아버지는 2점, 아들은 1점을 주었다. 하지만 이런 평가는 전혀 놀라운 일이 아니다. 조정가가 "점수가 이보다 더 낮지 않은 이유는 무엇인가요?" "좀 더 높은 점수를 받았다면 어떤 모습일까요?" "당신들의 의사소통 방식에는 어떤 차이가 있을까요?"라고 물었다.

또한 상대의 행동이 좀 더 바람직한 방향으로 변한다면, 자신은 다른 행동을 할 것인지를 조정가가 물었다. 더불어 관계와 의사소통이 개선되면, 어떤 일을 함께 하고 싶은지 질문하였다. 동기 평가 결과, 아버지는 고객형이고 아들은 불평형이다. 이때까지도 아들은 자신을 해결의 대상으로 생각하지 않았고, 비난받아 마땅하고 변해야 하는 것은 아버지라고 믿고 있었다.

조정가가 예외상황을 탐색하는 질문을 하였다. "갈등이 줄어들었던 때가 있었나요? 언제 그랬나요? 그런 예외상황을 만들기 위해 누가 무엇을 하였나요?" "두 사람이 원하는 목표가 어느 정도 비슷하게 달성되었던 순간이 있었나요? 그것은 언제였나요?" 아버지가 자신을 잊고 있지 않다고 느꼈던 과거의 한 순간을 아들이 회상해 냈다. 그것은 아버지와 함께 무엇인가를 적극적으로 했던 때의 느낌이었다. 첫 회기 중에 미래에 대하여 이야기하면서 그들은 달성하고자 하는 목표를 향해 조금씩 나아가는 것을 경험하게 되었다.

조정가가 사용한 척도질문은 다음과 같았다. "가장 좋은 관계를 10, 최악의 관계를 0이라고 할 때, 두 분의 관계에 몇 점을 주시겠습니까?" 아버지는 4점을, 아들은 2.5점을 주었다. "당신의 어떤 행동을 근거로 그와 같은 점수를 주셨나요?" 아버지는 "비록 지난 4년 동안 아들이 연락하지 않은 것에 화가 나기는 했지만 나는 아들을 사랑한다는 것을 한시도 잊은 적이 없으며, 이 아이와 관계가 개선되기를 고대하고 있었습니다."라고 답했다. 아들이 조정에 참가하겠다고 동의했다는 사실에 아버지는 고무되었다고 하였다. 아들이 2.5점을 준 이유는 그 또한 아버지를 사랑했지만 아버지가 이혼한 후 떠났으며 거의 연락도 하지 않아서 버림받았다고 느꼈기 때문이었다. 다음으로 "만약 1점이 올라간다면 어떤 모습일까요? 그리고 당신은 어떤 다른 행동을 하게 될까요?" "어떻게 하면 그 점수에 도달할 수 있을까요?"라는 질문들이 이어졌다. 만약 5점에 도달하면, 아버지는 아들과 함께 축구경기 관람과 같은 함께 즐길 수 있는 것을 할 것이라고 했다. 아들은 만약 아버지가 자신과 자신의 일에 조금 더 관심을 가져 준다면 3점 내지 3.5점을 줄 수 있을 것이라고 하였다.

피드백: 조정가는 관계를 개선하고자 하는 두 사람의 의지와 1점을 높이기 위해 그들이 할 수 있다고 말한 구체적인 조치들에 대해 칭찬하였다. 조정가는 다음 조정의 토론 과제로서 두 사람 관계 평점이 1점 올라간 순간을 집중하여 관찰할 것을 제안하였다. 마지막으로 "다음 조정이 필요하다고 생각하나요?"라고 물었고, 클라이언트들이 그렇다고 답하면서 다음 일정을 정하였다.

7일 후 두 번째 조정 개시 질문은 "개선된 것이 있나요?"였다. 두 사람 모두 상황이 좋아지고 있다고 답했다. 지난번 조정을 마치고 아버지의 제안으로 함께 술을 한잔하였으며, 아들의 삶과 일에 대해 아버지가 큰 관심을 보였다고 하였다. 아들이 과거에 아버지에게 썼던 원망의 편지들이 들어 있는 파일을 내밀면서 이번 조정에서 그것에 대해 논의하고 싶다고 하였다. 조정가는 "이 편지를 가지고 논의하는 것이 여러분이 목표에 다가가는 데 어떤 도움이 될까요?"라고 물었다. 그러자 아들은 자신이 정말로 원하는 것은 그동안 받지 못했던 관심과 배려에 대한 아버지의 진정한 사과라는 것을 깨닫고 직접 물어보는 것으로 마음을 바꾸었다. 아버지도 그것을 긍정적으로 받아들여 과거 자신의 생각을 이야기하고 아들에게 진정으로 사과하였다. 아직도 편지에 대해 이야기하기를 원하는지에 대한 조정가의 물음에 아들은 이제는 그럴 필요가 없다고 답하였다. 조정계약서에 기술되어 있는 좋은 관계개선이라는 목표를 달성함에 있어 갈등에 대한 자세한 서술은 더 이상 필요하지 않다는 것에 두 사람 모두 동의하였다. 아들과의 이러한 개입을 통해 그는 고객형으로 바뀌었다. 이제 그는 자신을 갈등해결의 한 주체로 인식하고 목표 달성을 위해 헌신하고자 하는 자세를 가지게 되었다.

두 사람의 관계를 다시 묻는 척도질문에, 이번에는 아버지가 6점을, 아들은 6.5점을 주었다. 그들은 이러한 점수를 준 배경을 설명하였다. 아들은 아버지의 인정과 사과가 상황을 개선시키는 데 분명하게 기여하였다고 말하였다. 다음으로 "여기에서 1점이 더 올라간다면 어떤 모습일까요? 당신은 무엇을 다르게 행동하게 될까요? 당신은 어떻게 이 1점을 올릴 수 있을까요?"라고 물었다. 아버지는 만약 아들이 그의 현재 아내와 기꺼이 자주 만나 준다면 1점을 더 줄 것이라고 하였다. 아들은 이것을 거절하였다. 하지만 아내가 집에 없을 때 아들이 아버지의 집을 방문하는 것과 같은 다른 방법을 찾을 수도 있을 것이다.

피드백은 조정가의 칭찬과 다음 과제 제시로 이루어졌다. "앞으로 몇 주 동안 서로 만날 때마다 이미 1점이 올라갔다고 생각하면서 행동해 보세요. 그리고 현재 상황과의 차이점을 관찰해 보세요." 끝으로 조정 계속 여부를 묻고 조정일자를 정하면서 마무리하였다.

3주 후 마지막 조정의 시작 질문은 지난번과 마찬가지로 "개선된 것이 있나요?"였다. 두 사람 모두 매우 잘 진행되고 있다고 답하였다. 아버지의 평가 점수는 7점, 아들은 7.5점이었다. 아들은 아버지도 새 아내와의 삶이 있다는 것과 자신이 그 부분에 개입하고 싶어 하지 않는다는 것을 이제 깨달았다. 아버지도 세 사람이 함께 하면 좋겠다는 생각이 현실성이 없다는 것을 깨닫고 더 이상 그것을 강요하지 않기로 하였다. 함께할 수 있는 것들은 찾아보면 얼마든지 많았다. 상호 신뢰가 어느 정도 회복되었기 때문에 이제는 시간이 해결해 줄 것이라고 두 사람은 말하였다. 이제 그들은 서로에게 많은 관심을 가지게 되었고, 함께하는 시간을 점차 즐기게 되었다. 좋은 관계유지는 물론 추후 다툼이 있을 때에도 서로 연락을 끊지 않는다는 내용이 조정합의서에 포함되었다. 또한 서로에 대한 비판은 비난의 편지가 아니라 말로 표현할 것을 동의하였다. 최선의 노력을 했음에도 불구하고 만약 논쟁이 발생한다면, 다시 조정을 통하여 해결책을 찾기로 하였다. 부가적으로 아버지는 아들에 대한 선의의 징표로서 아들이 운전교습비와 중고차 구입을 위해 빌려 갔던 금액을 탕감해 주기로 하였다. 이제 두 사람 사이에 더 이상 추가적으로 합의할 사항이 없었다. 조정가는 그들이 만들어 낸 조정성과를 칭찬하면서 조정을 마무리하였다. 아버지와 아들은 관계개선을 축하하기 위해 돌아오는 휴일에 스키를 타러 가기로 하였다. 서면으로 작성된 조정합의서에 두 사람이 서명함으로써 조정이 종료되었다. 조정합의 3개월 후에 조정결과에 대한 추수평가가 전화상으로 이루어졌다. 아버지와 아들은 모든 것이 잘 되고 있으며 함께 멋진 주말을 보내고 있다고 답하였다.

의사소통

조정가와 같은 제삼자의 도움 없이 현재 갈등은 물론 미래에 발생할 갈등까지도 해결하고자 하는 클라이언트들은 자신의 의사소통 역량을 개선하고 싶어 한다. 의사소통 향상에 도움이 되는 해결중심질문들은 다음과 같다.

- 완벽한 의사소통은 10점, 최악의 의사소통은 0점이라면, 현재 당신의 의사소통 역량에 몇 점을 줄 수 있나요?
- 당신은 이 점수를 어떻게 받을 수 있었나요? 점수가 더 낮지 않은 이유는 무엇인가요?
- 이 점수가 조금 더 올라간다면, 두 사람 사이에 어떤 점이 달라질 것 같은가요?
- 당신은 어떻게 다르게 행동할 것 같은가요?
- 당신이 원하는 미래를 이루는 데 의사소통 역량 개선이 어떻게 도움이 될 수 있을까요?
- 이 점수가 높아졌을 때 당신이 달라졌다는 것을 상대방은 어떻게 알아차릴 수 있을까요?
- 이 점수를 높이는 데 상대로부터 당신이 받을 수 있는 도움은 무엇인가요?
- 상대가 점수를 높일 수 있도록 당신이 도울 수 있는 것은 무엇인가요?
- 당신이 원하는 점수는 몇 점인가요?

관용

전문가들은 몇 년씩 관계에 어려움을 겪는다는 것을 불충분한 의사소통에서 기인한 것으로 보고 부부의 의사소통, 특히 문제와 감정의 표현에 대한 의사소통을 개선하는 데 그들의 노력을 집중하여 왔다. 과거 연구논문에서는 효과적인 의사소통이 결혼만족도와 직결된다고 보았지만, 최근의 연구(Gordon, Baucom, Epstein, Burnett, & Rankin, 1999)에서는 좀 더 효과적인 대안으로서 **관용 가르치기**(teaching tolerance)를 제시하고 있다.

특히 부부는 자신들의 의사소통 방식에 맞게 서로 기대하면 더 관대하고 더 용서할 수 있도록 도움받을 수 있다. 예를 들어, 감정적 · 심리적 공간을 더 선호하고 공동의사결정을 선호하지 않는 부부라도, 관용을 학습하면 문제토론이나 감정공유가 없더라도 결혼만족도와 행복에 영향을 받지 않는다.

14
조정모델 비교

한 생각만으로 세상을 보는 것만큼 더 위험한 것은 없다.
—Emile Chartier

연습 16

여러분이 조정에서 가장 중요하다고 생각하는 질문 세 가지는 무엇인가? 여러분이 가장 많이 사용하는 질문 세 가지는 어떤 것인가? 질문 세 가지를 적어서 여러분이 가지고 있는 가정들이 어떤 것인지를 알아보라. 그런 다음 그 질문들이 내포하고 있는 가정들을 점검해 보라. 왜냐하면 그 가정들은 조정가로서 사람과 일에 대한 여러분의 개인적 신념을 포함하고 있을 것이기 때문이다.

질문 중 하나가 "당신은 어떻게 느끼세요?"라면, 이 질문은 클라이언트가 느끼고 있는 감정이 상황의 원인이고, 그 감정과 상황 사이에는 선형적 인과관계가 있다는 것을 전제로 한다. 클라이언트는 그 감정을 표현할 수 있고, 감정표현은 어쨌든 유용하다고 보는 것이다.

여러분의 가정을 명확히 한 후, 세 가지 질문이 실제로 당신이 믿고 있는 것과 연관이 있는지 여부를 자문한다. 만약 연관이 없다면, 사람과 변화에 대한 당신의 생각은 무엇인가? 그리고 질문을 어떻게 바꾸면 당신의 생각을 더 잘 반영할 수 있겠는가?

해결책 모색과 문제해결의 차이

해결책 모색과 문제해결은 다르다. 의료 분야에서 사용하는 인과관계 모델에 따르면, 본격적인 치료에 앞서 갈등을 진단하기 위한 탐색과 분석과정이 선행되어야 한다. 이 모델은 복잡하지 않고 명료한 원인으로 발생하는 의학적 또는 기계적 문제들을 다루는 데 매우 유용하다. 예를 들어, 고장 난 진공청소기는 그 원인을 찾아 고치기가 매우 간단하다. 하지만 이 모델의 단점은 너무 문제에만 집중한다는 것이다. 갈등과 그 원인들을 검토하게 되면, 그에 따라 증가하는 문제들로 인한 악순환 구조가 형성될 수 있다. 주위가 문제들로 가득 차면, 해결책 모색을 망각할 위험도 커진다.

> 분석은 관심대상을 좀 더 자세히 관찰하고 더 잘게 나누는 방법으로 전체에 초점을 맞춘다. 강조하건대, 분석이 곧 사고가 아니며, 분석이 곧 문제해결이 아니다. 과거에 논리적 분석은 사고에 필요한 유일한 도구로 간주되어 지대한 관심을 끌

었다(De Bono, 1985, p. 171).

문제해결모델과 전환적 모델(transformative model)은 모두 인과관계모델의 변형이다. 이야기모델은 이 두 모델과 해결중심모델의 중간쯤에 위치해 있다. 이 네 모델은 조정가의 목표와 역량에 대한 관점이 서로 다르다. 이러한 차이 뒤에는 인간, 사회적 상호작용 및 갈등에 관한 근본적인 생각들이 숨겨져 있다. 한마디로 이데올로기의 차이가 존재한다.

필자도 동의하는 Baruch, Bush 그리고 Folger(2005)의 주장에 따르면, 조정가들이 자신이 사용하는 모델을 투명하게 밝히고 클라이언트들이 선택할 수 있으면 서로 다른 모델들이 공존할 수 있고 클라이언트들에게도 도움이 될 수 있다.

필자가 생각하건대, 모든 모델이 서로 도움을 줄 수 있고 모델의 일부분을 다른 모델에 활용할 수 있는 것이 중요하다. 예를 들어, 해결중심모델의 기적질문은 전환적 모델뿐 아니라 심지어 문제해결모델에서도 사용할 수 있다. 문제해결모델의 아이디어 개발을 위한 브레인스토밍기법은 해결중심모델에서도 사용될 수 있다.

40년 이상 지속된 심리상담연구에 따르면, 이 모델들은 차이점보다 유사점이 더 많다. 치료효과는 고유의 설명체계, 전문용어 또는 특정 기법 때문이 아니다. 그 반대로, 치료 성공은 대부분 치료기법들의 공통점에 그 원인이 있다(Bergin & Garfield, 1994). 각 기법의 내용은 상담사의 이론적 지향에 따라 다르지만, 대부분의 절차들은 클라이언트로 하여금 스스로 할 수 있도록 준비시킨다는 점에서 공통점이 있다. 어떤 모델을 취하든 상담사는 클라이언트가 다르게 행동하기를 기대한다. 전문적 담론에서는 모든 관심이 기법과 모델에 집중되어 있음에도 불구하고, 연구에 따르면 기법과 모델이 치료 결과에 미치는 영향은 15%에 불과하다(Miller et al., 1997). 모델은 상담사의 행동에 상당한 영향을 미친다. 하지만 정작 치료 결과에 영향을 미치는 것은 치료조건들과 상관없이 동일했던 클라이언트의 특성이다. 치료효과는 상담사가 아니라 클라이언트에 달려 있다. 조정가와 그의 기법과 모델도 이와 마찬가지일 것이다.

문제중심조정과 해결중심조정의 비교

인과관계의료모델(D'Zurilla & Goldfried, 1971)에서 유래된 문제해결모델은 준비 및 개시 단계, 탐색단계(자료수집, 갈등 당사자의 진술, 조정가의 갈등분석), 아이디어 개발 및 분류 단계(공동의 이해관계 찾기), 협상단계(방안개발 및 이행) 그리고 종결단계(평가와 마무리)로 구성되어 있다.

이 모델은 하버드협상프로젝트에서 활용되고 있다(Fisher & Ury, 1981). 이 모델에 따르면, 조정은 구분이 가능한 단계들로 이루어진 일련의 과정이며 조정가의 역할은 당사자들의 협상을 관리하는 것이다. 목표는 모든 클라이언트들의 욕구를 만족시킬 수 있는 합의에 이르는 것이다. 따라서 조정은 문제해결과 같다. Deutsch와 Coleman(2000)은 조정가는 결과보다 과정에 더 집중해야 한다고 주장한다. 그들은 문제해결모델을 고수한다. 해결중심모델에서도 조정가는 프로세스를 관리하는 경향이 있다. 그 일례로 질문을 통해 클라이언트들이 원하는 미래와 그 달성 방법을 미리 생각해 볼 수 있도록 격려한다. 하지만 해결중심모델은 조정가가 적절하다고 판단하는 결과가 아니라 클라이언트가 원하는 결과를 더 중요시한다.

유사점: 문제해결모델은 이해관계와 방안들에 관해 이야기하는 경우 더 미래지향적으로 된다. 아이디어 개발 및 분류 단계에서 공동의 이해관계를 찾는 것은 공동의 목표를 정하는 데 도움이 될 수 있다. 그러나 긍정적 결과를 얻기 위한 목표가 설정된 것은 아직 아니다. 협상단계에서 방안들을 제시함으로써 공동의 목표를 실현하기 위한 수단들을 정할 수 있지만 그렇다고 원하는 결과 자체가 정해진 것은 아니다. 문제해결모델에서도 "행동의 변화가 긍정적인 결과를 가져왔나요?"라는 질문으로 평가가 이루어진다. 하지만 그러한 평가는 조정이 끝나는 시점에서야 이루어진다. 이에 반해, 해결중심모델에서는 조정 중에 개선된 점은 무엇인가, 공동목표에 얼마나 근접했는가 그리고 조정이 얼마나 도움이 되었는가 등의 질문을 통해 회기가 끝날 때마다 평가가 이루어진다.

차이점: 해결중심조정에서 대화는 가능한 한 빠르게 클라이언트들이 원하는 미래에 초점을 맞추어 진행된다. 클라이언트의 입장과 갈등의 역사에 관한 대화는 불필요할 뿐만 아니라 바람직하지도 않다. 그 이유는 대화 분위기에 부정적인 영향을 미치고 조정을 쓸데없이 지연시키기 때문이다. 클라이언트의 입장과 클라이언트가 원하지 않는 것보다는 소기의 성과와 클라이언트가 원하는 것, 즉 달라질 미래에 집중한다. 해결중심조정가는 다음과 같이 긍정적이고 실질적이며 구체적인 단어들로 구성된 "갈등 대신에 당신이 원

하는 것은 무엇인가요?"라고 질문한다.

> 과거에 대해 말하는 것은 과거로부터 옳고 그름을 따지려는 재판이거나 클라이언트로 하여금 자신의 과거를 이해하도록 돕는 심리상담에 해당한다. 조정이 아니다. 조정에서 과거에 대한 걱정은 과거에 대한 이해가 아니라 변화된 미래를 만듦으로써 바뀐다(Haynes, Haynes, & Fong, 2004, p. 7).

De Bono(1985, p. 115)는 "관리와 문제해결은 유지기능을 할 뿐이다. 변화하고 경쟁하는 세계에서는 충분하지 않다. 개념적 사고가 더 필요하다."라고 강조한다. 해결중심조정가들은 클라이언트의 동기 평가 훈련뿐만 아니라 그 동기와 결부시킨 변화 촉진 훈련도 병행한다. 문제중심조정에서 중요하게 생각하는, 입장에서 이해관계를 거쳐 방안에 이르는 단계들이, 해결중심조정에서는 클라이언트들이 자신이 바라는 미래에 대한 비전과 목표 달성을 위한 해결책을 강구하는 단계들로 대체된다.

전환적 조정과 해결중심조정의 비교

전환적 조정모델에서는 갈등은 상호작용의 위기로, 조정은 갈등을 전환시키는 과정으로 간주한다. 아울러 조정가의 역할은 클라이언트의 임파워먼트(empowerment) 및 인정(recognition)의 변화과정을 지원하는 것으로 간주한다. 임파워먼트의 변화는 클라이언트가 자신의 약점을 극복하고 강점을 살려 가는 개인적 성장을, 인정의 변화는 개인적 이해관계에서 벗어나 상대에 대해 연민과 개방적 태도를 취하는 것을 뜻한다. 이러한 과정을 거쳐 클라이언트 간 파괴적 상호작용은 건설적 상호작용으로 변화할 수 있다(Baruch et al., 2005).

유사점: 전환적 조정모델과 해결중심조정모델 모두 조정과정에서 클라이언트들이 대부분 통제권을 가지며, 조정가는 그들을 지지하고 돕는 역할을 한다고 본다. 또한 클라이언트를 부족한 사람이 아니라 역량 있는 사람으로 보기 때문에 임파워먼트 또는 자율성을 매우 중요하게 여긴다. 조정과정을 관리하면서 클라이언트들의 역량에 집중하고 그들의 주도적 역할을 강조하기 위해 언어의 중요성도 강조한다. 전환적 모델에서는 한때 좋았던 관계 이미지를 환기시키기 위해 과거가 다루어질 수도 있다. 두 모델 모두 다음과 같은 예외질문을 사용한다. "과거에 당신들이 함께 잘 지냈던 적은 언제였나요? 그것은 어떻게 가능했나요?"

차이점: 해결중심조정에서는 인정이 중요한 요소가 아니며, 클라이언트의 입장 설명도 필요하지 않다. 전환적 모델에서도 인정이 강조되지만 원하는 미래의 일부분일 뿐, 원하는 결과 그 자체는 아니다. 전환적 모델에서 조정 성공은 임파워먼트와 인정의 변화 여부에 따라 결정된다. 이에 더하여 갈등까지 해결된다면, 그것은 반가운 보너스이지만 필요사항은 아니다. 해결중심조정은 어떤 것이든 클라이언트가 원하는 미래에 집중하며 임파워먼트와 인정은 그 목표를 이루기 위한 수단이자 반가운 보너스로 여긴다. 전환적 모델에서는 갈등을 이야기하고 감정을 표현하는 것을 매우 중요하게

여긴다. 해결중심모델에서도 갈등의 정서적 영향을 확인하고 검토하지만 갈등에 대해 토론하고 감정을 표출하는 것은 가능한 한 억제한다(10장 참조). 해결중심조정에서는 느낌과 감정이 아니라 인지와 행동을 다룬다. 본질적으로 클라이언트들이 원하는 결과를 얻었을 때 다르게 생각하고 행동하게 될 것들에 집중한다.

이야기조정과 해결중심조정의 비교

이야기조정모델은 이야기치료모델에 기반을 두고 있다(White & Epston, 1990). Winslade와 Monk(2000)에 따르면, 이야기조정모델에서 조정가의 목표는 갈등해결이 아니라 협력, 이해 그리고 상호존중의 **대안적 이야기**(alternative story) 개발이다. 클라이언트들과 함께 갈등 이면에 숨겨져 있는 이야기를 검토함으로써 그 이야기가 클라이언트들과 그들의 관계에 미친 부정적 영향들이 드러나게 한다. 조정가는 먼저 갈등 이야기(특별한 결과)와 관련 없는 과거 이야기들을 찾는다. 그런 다음 그 이야기들을 기반으로 대안적 이야기를 구성한다. 갈등에 대한 해결책은 장기간 협력 이야기 속에 있는 단지 하나의 선택사항일 뿐이다. 조정 참가자들이 자신들의 관계를 지속할 수 있는 방법을 찾게 되면, 조정은 성공한 것이다. 조정가의 임무는 이야기에 미묘한 변화를 주어 대안적 이야기가 빛을 발하게 하는 것이다.

유사점: 이야기모델과 해결중심모델은 가능성에 초점을 맞추며 실재를 설명하거나 기술하지 않는다. 두 모델의 근간은 **사회구성주**

의(social constructionism; Cantwell & Holmes, 1994)가 이루고 있다. 인어는 사회적 행동의 한 유형이고, 조정은 클라이언트들과 조정가가 그들이 만들고 있는 세계에 관해 이야기하는 장소이다. 과거의 협력 정도를 파악하여 긍정적인 이야기를 밝히기 위해 과거에 대한 질문을 한다. 두 모델의 초점은 인생 이야기를 다시 써서 문제 혹은 갈등에 대한 신념들을 해결중심적 아이디어로 변화시키는 것이다. 작동하지 않는 것이 아니라 작동하고 있는 것에 집중하며, 느낌보다는 행동에 더 주목한다. 두 모델 모두 갈등을 외재화하는 개입 방법을 사용할 수 있다. 먼저, 갈등을 클라이언트로부터 분리시킨다. 갈등을 클라이언트와 다른 곳에 있으면서 클라이언트에게 부정적인 영향을 끼치는 어떤 사물로 만든다. 이로써 갈등은 조정가와 클라이언트가 힘을 합쳐 함께 싸울 수 있는 적이 된다(10장 참조). 두 모델 모두 폐쇄형 질문 대신에 '무엇을' '언제' '어떻게'로 묻는 개방형 질문을 사용한다. 문제중심질문을 해결중심질문으로 바꾼다. 이를 위해서는 가능한 한 서로 존중하고 위협적이지 않은 언어가 중요하다.

차이점: 이야기조정에서는 갈등의 역사가 큰 비중을 차지한다. 클라이언트의 갈등 이야기를 해체하는 데 시간을 더 많이 할애한다. 클라이언트들에게는 갈등이 언제 특별히 표출되는지 그리고 어떻게 반응하는지에 대해 말할 기회를 준다. 목표 수립은 그다지 중요하지 않으며, 갈등해결은 여러 선택사항 중 하나일 뿐이다. 이야기조정에서는 클라이언트들이 장기적 협력관계를 회복하는 데 역점을 둔다. 클라이언트의 동기 평가 및 고취에는 큰 관심을 두지 않는다. 긍정모델에서 예외상황에 초점을 맞추듯이, 이야기모델에

서도 특별한 결과에 초점을 맞춘다. 두 모델의 차이점은, 예외상황들은 아주 특별한 것이 아니고 반복될 수도 있는 반면에 특별한 결과들은 반복될 수 없다는 것이다. 해결중심접근법을 너무 긍정적으로 보고 갈등과 관련한 예외상황을 발견하지 못하며 긍정적인 미래를 상상할 수 없는 클라이언트들에게는 이야기모델이 좋은 대안이 될 수도 있다.

결론

4장에서 살펴보았듯이, 전통적 조정과 해결중심조정 사이에는 다음과 같은 세 가지 중요한 차이점이 있다.

- **조정의 초점**: 해결중심조정은 갈등이 아니라 클라이언트들이 원하는 미래에 초점을 맞춘다.
- 해결방안 개발이 반드시 갈등과 관련될 필요는 없다. 따라서 **갈등분석** 자체는 해결방안을 찾는 데 유용하지 않다.
- **조정가의 태도**: 해결중심조정에서 조정가는 '모른다는 자세'로 한 걸음 뒤에서 이끈다.

13장에서 소개한 아버지와 아들의 가족사례에 문제해결모델, 전환적 모델 또는 이야기모델을 적용하였다면 조정은 사뭇 달랐을 것이다. 조정가는 갈등의 과거와 현재를 상세히 다루었을 것이다. 갈등탐색 및 분석에 관심을 가지고 공동문제를 설정하고 설명적 가설들을 세웠을 것이다. 대화의 초점이 갈등과 과거의 실패에 맞추어졌다면, 클라이언트들을 칭찬하거나 그들의 역량을 강조하기는 어려웠을 것이다. 문제해결조정에서는 예상보다 이른 성공을 추구하지 않는다. 오로지 해결중심조정에서만 대화 시작단계에서부터 벌써 클라이언트가 원하는 결과를 찾기 시작한다. 조정가는 조정 시작과 함께 다음과 같은 질문을 하기 시작한다. 아버지와 아들이 희망하는 것은 무엇이며, 그것이 그들에게 어떤 차이를 만들어 낼 것인가? 올바른 방향으로 이미 작동하고 있는 것은 무엇인가? 목표 달성을 위해 그들이 추가적으로 할 수 있는 조치들은 무엇인가? 해결중심조정에서는 갈등의 과거와 현재를 탐색하고 분석하는 것이 중요하지 않다.

상술한 세 모델에서는 목표가 명확하게 기술되지 않을 뿐 아니라 클라이언트들도 그것을 밝히지 않는다. 이 모델들은 갈등종결이나 갈등해결에 집중한다. 이에 반해, 해결중심조정은 **갈등전환**(conflict transformation), 즉 클라이언트들이 갈등 대신에 원하는 것은 무엇인지가 관건이다. '도전적 목표(stretch goals)' 설정의 중요성은 이미 2장 희망이론에서 기술하였다. 도전하기 힘들지만 성취하기는 쉬운 목표를 의미하는 '도전적 목표'는 클라이언트들로 하여금 갈등해결뿐 아니라 좀 더 긍정적이고 강점을 활용하는 자세를 취하도록 격려한다.

Cloke(2006)에 의하면, 클라이언트들은 단지 갈등만을 종결할 것인지 아니면 갈등으로부터 배우고 행동을 변화시켜 용서와 화해로 나아갈 것인지, 이 둘 중에 하나를 선택할 수 있다. 예외상황에 관한 질문은 이야기모델에서도 활용된다. 다른 세 모델에서는 척도질문을 사용하지 않는다. 전환적 모델에서 조정가는 감정표현에 큰 비중을 둘 것이다. 경험에 의하면, 클라이언트들은 이따금 조정을 갈등의 반복이라고 인식하여 조정가의 면전에서 조정을 중단하기도 한다. 그들은 달라질 미래에 대한 희망을 잃은 것이다. 게다가 조정 초반부터 조정가와 클라이언트들이 서로 불편한 관계가 되기도 한다. 상술한 세 모델에서는 동기부여에 관심이 거의 없거나 아예 없다. 그 결과, 불편한 관계가 지속됨은 물론이고 클라이언트들은 자신을 갈등 또는 해결책의 일부분으로 여기지도 않는다. 조정에 대한 평가는 조정이 끝날 무렵에 할 수 있으나, 12장에서 소개한 해결중심조정에서의 개선질문("무엇이 더 나아졌나요?"), 척도질문 그리고 회기평가척도(Session Rating Scale: SRS)는 사용하지 않는다.

피드백 연구

1950년대와 1960년대에 걸쳐 인간행동에 대한 피드백의 속성과 효과에 관한 일련의 흥미로운 실험들이 실시되었다. 한 연구에서 두 참가자에게 건강하거나 병든 세포 사진들을 보여 주었다(Watzlawick, 1976). 참가자들에게 상대를 볼 수 없는 상태에서 시행착오를 통해 두 종류의 세포를 구분하도록 하였다. 그들의 선택에 대한 피드백은 '맞음' 또는 '틀림'이라고 표시된 작은 등으로 이루어졌다.

실험에는 두 참가자가 모르는 숨겨진 비밀이 하나 있었다. 두 사람 중 한 사람만이 자신의 추측에 대해 정확한 피드백을 받을 수 있었다. 그가 옳은 선택을 했다는 등이 켜지면, 그는 정확히 추측한 것이었다. 반면, 두 번째 참가자에 대한 피드백은 그의 추측이 아니라 첫 번째 참가자의 추측에 근거하여 이루어졌다. 다시 말하면, 그가 어떤 답을 선택하든 상대가 옳은 답을 선택하면 '맞음'을, 틀린 답을 선택하면 '틀림'이라는 피드백을 받았다. 이렇게 수집된 데이터에 의하면, 첫 번째 참가자는 80%의 적중률로 옳은 답과 틀린 답을 구분해 내는 방법을 배웠다. 하지만 두 번째 참가자는 우연 정도의 적중률을 보였다.

두 유형의 피드백은 또한 건강한 세포와 병든 세포를 구분하는 연구가 진행되는 동안 참가자들이 개발한 이론에도 명확하고 흥미로운 영향을 미쳤다. 정확한(신뢰할 만한) 피드백을 받은 참가자는 간결하고 구체적이며 다소 빈약한 설명을 하였다. 하지만 두 번째 참가자는 복잡하고 미묘하며 치밀한 이론을 개발하였다. 여기서 주목하여야 할 점은, 그는 자신의 답과 상관없는 피드백을 받았다는 사실이다. 그의 답은 이따금 정답과 일치하기도 다르기도 하였다. 이처럼 일관성 없는 피드백을 받은 참가자는 자신의 행동과 선택으로부터 아무것도 학습할 수 없었다.

이러한 결과들도 그다지 놀랄 일은 아닐 수 있다. 더 걱정스러운 상황은 두 사람이 서로 설명을 공유했을 때 발생하였다. 첫 번째 참가자는 상대의 복잡하고 신비하며 신뢰할 수 없는 설명을 듣고 정말 감명을 받았지만, 두 번째 참가자는 첫 번째 참가자의 통계적으로 정확한 이론을 '순진하고 단순한' 것으로 폄하하였다. 이어진 테스트에서 두 사람은 자신의 선택에 대해 정확한 피드백을 받았다.

두 번째 참가자는 이전에 비해 정확도가 조금 더 높아졌다. 그러나 두 번째 참가자의 '탁월한 통찰력'을 실제로 적용해 본 첫 번째 참가자의 성적은 더 나빠졌다.

이 연구 결과와 조정 사이에 유사성이 있다. 그동안 조정 실제의 결과에 대해 체계적이고 신뢰할 수 있으며 타당한 피드백을 받지 못한 상태에서, 조정은 서로 경쟁하고 복잡하며 때로는 모순되는 이론들로 뒤범벅이 되었다.

15
교통사고조정

대의 없이 전쟁에 나가는 사람이 있겠는가?
대의는 평화를 가져다주지는 못하지만 전쟁의 주요한 원인이다.
–Erasmus

사례

어느 날 아침 출근길에 신호 대기 중이던 Ben(44세)의 차를 뒤따라오던 차가 들이받았다. 뒤 범퍼가 조금 망가지는 경미한 사고였기에 Ben은 사고운전자의 사과를 받아들여 교통사고 처리를 종결하였다. 그러나 며칠이 지나면서 Ben은 목에 통증을 느끼기 시작하였다. 통증은 점점 더 심해졌고, 그는 공사현장 일을 계속할 수 없어 결국 집에서 쉬게 되었다. 주치의가 내린 진단은 목뼈손상이었다.

두 달이 지나도록 상태는 호전되지 않았고, 그는 여전히 일을 할 수 없었다. Ben은 손해배상을 청구하고자 사고운전자의 보험사에 수차례 전화를 하였으나 언쟁만 커졌다. 더 이상 논의에 진전이 없자, 그는 변호사를 고용하였다. 목뼈손상은 경미한 충돌만으로 발생할 수 없으며, 통증은 아마 심리적일 수도 있다는 것이 보험회사의 주장이었다. 보험회사는 충돌 시점을 전후로 Ben의 현장업무의 문제가 연관되어 있을 수도 있다며, 최종적으로 10,000달러의 합의금을 제안하였다.

더 이상 일을 할 수 없게 되어 실직의 위험에 처한 Ben과 그의 변호사로서는 받아들일 수 없는 터무니없이 낮은 금액이었다. 그는 보험사를 상대로 소송을 제기하였다. 보험회사는 정형외과 전문의와 정신과 의사로부터 입수한 독자적인 보고서로 대응하였다. Ben은 자신이 심리적 문제가 있다는 주장에 강한 거부감을 나타냈다. 법정에서 감정 대립이 계속되자 판사가 조정을 제안하였고 양측이 이를 수용하였다.

사고 후 7개월이 경과한 시점에 첫 번째 조정이 진행되었다. Ben과 그의 변호사, 보험회사 대리인인 Fred 그리고 보험사 측 변호사가 출석하였다. 조정가는 클라이언트들과 인사한 후 해결중심 조정 절차에 대해 설명하였다. 대화의 초점은 갈등이 아니라 관련자들이 원하는 것과 그것을 어떻게 이루어 나갈 것인가에 맞추어질 것이며, 갈등 자체나 그 이전에 일어났던 것들에 대해서는 크게 관심을 두지 않을 것이라고 말하였다.

조정가는 조정을 통해 이 문제를 해결하고자 하는 참석자들의 의지가 크다는 점을 칭찬하였다. 이어서 Ben과 Fred에게 자신의 입장을 간단히 표명할 기회를 주었다. Ben은 보험회사의 느린 업무처리와 요구에 대한 불만을 토로하였다. 조정가는 Ben의 분노와 우려가 충분히 이해할 만하다는 점을 인정하였다. Fred는 이 사건을 공정하게 해결하고 싶다고 하였다. 이에 더하여 Ben이 자신의 미래에 대해 걱정하는 마음을 이해할 수 있다고 했다. 이 발언으로 인해 조정장의 긴장이 크게 감소되었다.

그러자 조정가는 Ben과 Fred에게 직접적인 상호대화가 어려운 나란히 앉은 자리에서 90도 각도로 앉을 수 있는 자리로 이동하도록 요청하였다. 변호사들은 뒤에 앉아서 그들의 클라이언트들이 하는 이야기를 그저 듣기만 하도록 하였다. 그들에게는 회기가 끝나갈 무렵 자신들의 생각을 이야기할 기회가 주어질 것이라고 하였다. 조정가는 클라이언트들이 원하는 것이 무엇인지와 그것이 어떤 차이를 만들어 낼 것인지를 물었다(목표 설정 질문). Ben은 조속한 결론을 원하며, 보험사가 자신에게 요구하는 가당치도 않은 정신건강진단에 응하고 싶은 마음이 추호도 없다고 하였다. 그에게 있어서 차이는 더 이상 이 지루한 소송의 결과에 대해 불안해하지 않고, 모든 것을 과거의 일로 묻는다는 것이다. 그는 분노로 인해 잠을 잘 자지 못하고 있었다. 또한 건강과 직장을 잃지 않을까 노심초사하고 있었다. 조정가는 만일 소망이 이루어진다면 두려움과 분노 대신 어떤 것을 느끼고 싶은지를 그에게 물었다. Ben은 다시 충분히 잠을 잘 자고 상쾌한 기분을 느끼며 삶에 대한 자신감을 얻고 싶다고 하였다.

Fred도 이 사건으로 더 이상 시간을 끌고 싶지 않으며, 신속한 합의를 원한다고 했다. 그에게 있어서 차이는 이 감정적인 사람으로부터 자신이 자유로워지고 이번 소송을 품위 있고 적절한 방법으로 잘 해결했다고 느끼는 것이라고 하였다.

조정가는 자신들의 목표 달성을 위해 이미 올바른 방향으로 진행되고 있는 것이 무엇인지 두 사람에게 질문하였다. Ben은 조정에 적극적으로 임하는 보험회사의 의지에 놀랐으며, 자신은 그것을 전혀 기대하지 않았다고 하였다. 또한 전화통화보다 조정 테이블에서의 직접 대면이 조용한 대화에 훨씬 도움이 되었다고 말했다. Fred의 공감적인 발언이 건설적인 대화 분위기 조성에 도움이 되었으며, 상해전문변호사들의 참석과 지원도 도움이 되는 것 같다고 하였다. 조정가는 바람직한 방향으로 진행되고 있는 그러한 조치들에 대해 칭찬했다.

조정가는 척도질문을 사용하여 "만일 10점은 완전한 협력(pure cooperation) 상태, 0점은 완전한 갈등(pure conflict) 상태라면, 여러분은 현재 몇 점을 줄 수 있을까요?"라고 물었다. Ben과 Fred는 각각 3점과 4점이라고 대답했다. 첫 번째 회기가 끝날 무렵, 조정가는 두 사람에게 다음 회기의 진행 여부에 대한 의사를 물었고, 모두의 동의하에 다음 회기 일정을 정했다. 조정가는 회기를 마치면서 두 사람에게 그들이 취할 수 있는 다음 단계에 대해 생각해 올 것을 요청하였다. 다음 단계로 자신이 스스로 할 수 있는 조치들은 어떤 것이며 상대가 취해 주기 바라는 조치들은 어떤 것인지를 생각하고, 변호사와 상의하여 정해 오면, 다음 회기에서는 그것들을 중점적으로 다루기로 하였다.

Ben과 Fred의 요청에 따라 두 번째 회기는 3주 후로 정해졌다. 양측 변호사들이 참석한 가운데 다시 열린 조정에서 조정가는 그동안 나아진 것이 무엇이냐는 질문으로 대화를 시작하였다. Ben은 기분이 다소 나아졌고 분노도 어느 정도 가라앉은 것 같은데, 목 통증은 여전하다고 했다. Fred는 첫 번째 회기 중에 Ben과 대화를 할 수 있었고 그 결과 분위기가 많이 나아져서 기뻤다고 하였다. 이런 변화는 두 사람이 악수하는 것만 보더라도 확실하게 알 수 있었다. 조정가는 이런 변화에 대해 두 사람을 칭찬하였다.

다음 단계를 위한 조치로서 보험사 변호사는 25,000달러를 제안

하였다. Ben과 그의 변호사는 수용할 수 있는 보상금으로 50,000달러를 생각하고 있었다. 협상을 통해 변호사들은 물질적 피해와 일할 능력 상실에 대한 보상금으로 40,000달러를 1개월 이내에 지급하는 것으로 합의하였다. 이러한 내용이 포함된 최종 합의서가 작성되고 양측이 서명함으로써 조정은 종료되었다. Ben은 소송이 끝난 것에 대해 크게 안도하며 이제야 자신의 삶을 살 수 있을 것 같다고 말했다. Fred는 소송이 공정하게 끝난 것에 만족했다. 조정에 처음 참가한 변호사들 역시 이렇게 빨리 만족스러운 결론을 얻을 것이라고 전혀 예상하지 못했다면서 매우 놀라워했다. 조정가는 상황을 함께 해결하고자 한 그들의 모든 노력과 의지를 칭찬하면서 조정을 마무리하였다.

이번 조정을 경험하면서 보험회사는 그동안 고객과의 분쟁을 전화상으로 해결하는 방식에서 직접 대면하여 해결하는 방식으로 정책을 전환하였다.

좌석 배치

지형학적 개입이란 조정가가 조정장에서 클라이언트들이 앉을 곳을 지정해 주는 개입을 말한다. 이 개입기법에 의하면, 조정가는 좌석 배치를 소홀히 하거나 방치해서는 안 됨은 물론, 각 사람이 선택한 좌석이 조정과정에 미치는 영향을 호기심을 가지고 지켜보아야 한다. 3장에서 언급하였듯이 Erickson은 지형학적 개입방법을 종종 사용하였다. 예를 들면, 그는 아이에게 잠시 동안 밖으로 나가게 하고 대신 엄마를 들어가도록 하였다. 엄마는 아들의 방에 앉아서 아들과 아들의 생각에 대해 보다 명확하게 생각해 볼 수 있었다.

또한 조정가는 자리에 너무 얽매여서도 안 된다. 조정가가 클라이언트를 지지하고자 할 때는 자신의 의자를 클라이언트 쪽으로 좀 더 가까이 움직일 수도 있다. 의자를 조금 뒤로 빼냄으로써 대화에 참여하고 싶지 않다는 것을 표현할 수도 있다(10장 '말싸움하는 클라이언트에 대한 개입' 참조). 좌석 배치는 그 자체로서 영향을 미친다. 클라이언트들과 조정가의 관계를 고려하여 어떻게 앉는가도 중요한 구조적 개입이다. 좌석 배치는 클라이언트들이 기대하는 것이 무엇이며 상대와 조정가 앞에서 어떻게 행동하고자 하는지를 비언어적으로 명확하게 보여 준다. 그리고 조정가의 지위와 권위 그리고 향후 전개될 의사소통방식을 상징할 수도 있다.

가능한 좌석 배치는 다음과 같다.

- 의자 없이 서로 비교적 가깝게 앉음: 격식 없이 편안함
- 원형 테이블 또는 사다리꼴 테이블: 평등
- 클라이언트들이 90도 각도로 비교적 가깝게 앉음: 협력
- 클라이언트들이 서로 마주 보고 앉음: 갈등고조의 위험이 있으나 서로 마주 보고 있으므로 상호대화를 촉진함
- 클라이언트들이 조정가를 마주 보고 옆으로 나란히 앉음: 조정가는 전문가이지만 클라이언트들은 서로 대화하기가 쉽지 않음
- 대형 원형 테이블: 클라이언트들이 상석에 앉음으로써 감정적 갈등으로 인한 위험을 예방

조정 개시 또는 진행 중에 조정가는 좌석 배치를 바꿀 수 있으며, 클라이언트 모두 다른 장소로 이동하도록 요청할 수도 있다. 유명한 심리상담사 Selekman은 문제중심방과 해결중심방이라고 불리는 방 두 개를 사용하였다. 그는 클라이언트들에게 말했다. "평가 시간이 되면 우리는 때때로 완전히 다른 방으로 들어갈 것입니다." "이제 우리는 해결과 변화에 대해 이야기할 수 있습니다. 여러분은 성공적인 결과를 내려면 어느 방을 원합니까?"(1997, p. 57). 모든 조정가에게 운 좋게 문제중심방과 해결중심방이 있는 것은 아니다. 물론 그럴 필요도 없다.

사례

Jones 부부가 이혼하기 위해 조정가의 테이블에 앉아 있다. 분위기는 우울하다. 그들은 서로 쳐다보지도 않는다. 몇 달째 서로 한마디도 나누지 않았다. 두 사람은 테이블에 나란히 앉아 있고 반대편에 조정가가 있다. 대화는 조정가하고만 이루어질 뿐, 두 사람 간에는 대화가 없다. 각자 자신의 입장과 이혼에 이르게 된 경위에 대해 간단히 설명한 후, 조정가는 그들에게 의자를 움직여 90도 각도로 앉도록 요청했다. 조정가는 좌석 변화의 이유를 "이제 대화는 앞으로 아이들의 부모로서 서로 간의 협력에 관한 것이 될 것입니다."라고 설명하였다.

놀랍게도, 클라이언트들은 조정가가 요청한 대로 행동하였다. 비록 매우 짧은 시간이었지만 그들은 서로 바라보면서 미래 협력 방안을 논의하였다. 게다가 조정가는 더 이상 그들의 대화를 주도하지 않았다.

보상의 효과성

해결중심갈등관리는 가족문제나 계약협상은 물론이고 형사조정에서도 효과적일 수 있다. 이 상황들에서는 클라이언트들의 엄청난 감정이 수반되기 때문에 종래와는 다른 합의가 좀 더 쉽게 이루어질 수 있다.

결론적으로, 확인과 사과의 표현은 매우 중요하다. Foa와 Foa(1975)는 양보에 대한 보답으로서 적절한 보상의 종류에 관한 이론을 개발하였다. 보상은 구체성(가시성)과 특정성(자원의 가치가 그것을 전해 주는 사람의 정체성에 따라 정해지는 정도)이라는 두 가지 차원으로 구분된다. 사랑과 사회적 지위는 배타적 자원인 반면, 상품과 화폐는 배타적이지 않은 자원이다. 그들의 연구에 의하면, 보상방식의 적절성은 이전에 받은 자원과 얼마나 밀접한지에 달려 있다. 상품과 돈은 교환될 수 있다. 이에 반해 사회적 지위는 사랑과 교환할 수 없고, 돈이나 상품도 사랑이나 좋은 관계와 교환될 수 없다. 따라서 관계 개선에 가장 효과적인 방법은 개인적으로 만나 서로 인정하거나 사과하는 것이다.

당면한 이슈들은 단순한 돈 계산보다 훨씬 더 복잡하기 때문에 해결중심갈등관리는 창의적인 해결책을 찾기 위한 매우 적절한 기반이 될 수 있다. 클라이언트들은 갈등이란 단순히 금전문제로 정의되는 것이 아니라는 것을 깨닫게 된다.

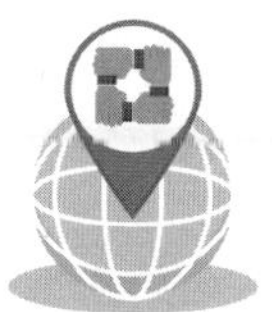

16
실패

말이 죽을 것 같으면 재빨리 내리는 것이 상책이다.
—Dakota Indians

실패

해결중심갈등관리에서 실패는 대개 "당신은 언제 우리가 이 회의를 중단할 수 있다는 것을 어떻게 아나요?"(De Shazer, 1994)라는 질문에 대한 대답에 따른 협상결렬을 의미한다. 클라이언트들은 갈등이 없는 상태를 조정의 최종 목표로 삼으려 하지만, 갈등이 없는 상태를 증명하기란 거의 불가능하다. 따라서 클라이언트든 조정가든 그 누구도 조정의 성공이나 실패를 알 수 없다. 미리 명확히 정의하지 않으면, 긍정적인 변화가 있다손 치더라도 갈등이 없다고 충분히 증명할 수 없다. 따라서 "당신의 가장 큰 소망은 무엇인가요?" "그 소망으로 달라지는 것은 무엇인가요?" 등과 같은 질문은 갈등관리에서 목표를 세우는 데 매우 중요하다.

일부 실패는 갈등중심 대화에서 해결중심 대화로 전환하는 데 겪는 어려움과 관련이 있을 수 있다. 이러한 실패의 책임은 조정가든 클라이언트든 어느 일방이 아니라 양쪽 모두에게 있다. 조정가는 클라이언트들이 갈등과 다른 예외상황들을 자신들의 목표 달성의 전조로 볼 수 있도록 도와주지 못하는 경우가 너무 많다.

연습 17

클라이언트에게 "당신은 어떻게 이곳에 더 이상 오지 않아도 된다는 것을 알까요?" 또는 "우리는 어떻게 더 이상 만나지 않아도 된다는 것을 알까요?"라고 질문한다. 이어서 "당신이 원하는 것을 얻기 위해 제대로 가고 있다는 것을 얼마나 확신하고 있나요?"라고 질문한다. 이 질문들에 대한 대답을 통해 당신은 다음 단계에 대한 힌트를 얻을 수 있다. 클라이언트들은 제대로 가고 있다고 말하는가? 그들은 또 다른 것이 필요한가?

불가능으로 가는 길

Duncan 등(1997)에 의하면, 불가능으로 가는 네 가지 길이 있다. 첫 번째 길은 불가능할 것이라고 예상하는 것(anticipation of impossibility)이다. 역사적으로 불가능은 클라이언트에게 있다. 저명한 실험에서, Rosenhan(1973)은 일반인들을 모집하여 정신건강의학과 입원허가를 받도록 훈련시켰다[그중 한 명이 **긍정심리학**(positive psychology)의 창시자 Martin Seligman이었다. 1장 참조]. 입원허가를 받기 위해 그들은 정신병자로 가장하여 환청이 들린다고 하였다. 의사들은 위장환자들에 대해 정신적으로 문제가 있다고 진단하고 7일에서 52일까지 입원하도록 허가했다. 입원 기간 동안 가짜환자들은 정신질환 증세를 전혀 보이지 않았음에도, 초기 진단 내용은 변하지 않았다. 또한 Rosenhan은 의사의 초기 예상이 어떻게 확실한 편견으로 작용하는지를 보여 주었다. 예를 들어, 위장환자들이 제공한 진실한 과거 정보를 가지고 조현병에 대한 일반적인 이론적 개념들을 입증하는 데 사용하였다. 따라서 조정가도 일단 불가능할 것이라고 예상하게 되면 새로운 정보를 왜곡하여 자신의 예상을 입증하려 할 것이다.

불가능으로 가는 두 번째 길은 **전문가의 전통이나 관습**(professional's traditions or conventions)이다. 조정가들은 종종 클라이언트를 대상으로 자신의 생각을 입증하려 한다. 그들은 이론을 과도하게 적용하려 하고, 복종의 혜택을 과장하기도 한다. 망치를 든 사람의 눈에는 못 박을 곳만 보인다는 말을 상기할 필요가 있다. 클라이언트도 자신의 삶과 문제에 대해 자기 나름의 생각이 있다. 따라서 조정가에 의해 자신의 의견이 무시되거나 묵살되면 결국 불복종하거나 저항하기 마련이다. 그 결과, 조정가에게 클라이언트는 무모하게 보이고 느끼고 행동하며, 클라이언트에게 조정가는 냉정과 무관심으로 대응한다. 이제 조정은 조력관계에서 승자 없는 문화충돌로 바뀐다. 12장에서 '클라이언트중심의 결과기반 조정'을 두 번째 불가능으로 가는 길에 대한 해법으로 제시하였다.

세 번째 불가능으로 가는 길은 효과 없는 접근법(an approach that is not working)을 고수하는 것이다. Watzlawick 등(1974)은 만성적이라고 불리는 다루기 어려운 문제들의 경우 클라이언트의 타고난 성격으로는 충분히 설명할 수 없다고 추론하였다. 오히려 그들은 문제의 고질적이고 불가능한 속성은 그 문제를 해결하려는 노력 그 자체로부터 발생한다고 결론 내렸다. 어려움이 문제로 전환되는 데는 단지 두 가지 조건만 충족되면 된다. 첫 번째는 어려움이 제대로 다루어지지 않아 해결 시도가 무위로 끝나는 경우이다. 두 번째는 그 어려움이 다루기 힘든 것으로 판명되었음에도, 같은 방식으로 비효과적인 해결방법을 계속 적용함으로써 애초의 어려움이 더 악화되는 경우이다. 시간이 지남에 따라 해결 노력은 심각한 악순환에 빠지게 되고, 초기 어려움은 엄청난 크기의 미해결 문제로 변한다.

조정가들이 정황상 자신들의 전략이 효과적이지 않다는 것이 명확해졌음에도 불구하고 동일한 전략을 계속해서 시도하는 이유는 꾸준히 하면 승리할 것이라는 확신 때문이다. 모든 이론적 모델과 전략들은 본질적으로 한계가 있기 때문에 반복하면 불가능한 요소들이 드러날 수밖에 없다. 다음은 심리상담에 관한 연구 결과로서 조정에도 적용될 수 있을 것이다.

Wampold(2001)는 세 번째 회기까지 긍정적 변화가 없으면 치료 실패 확률은 75%이고, 여섯 번째 회기까지도 긍정적 변화가 없으면 실패 확률은 90%에 이른다는 것을 밝혀냈다.

Lambert 등(1996)은 초반 회기 중에 긍정적 변화가 없거나 미미하면 치료를 가능한 한 빨리 종료할 것을 권한다. 하지만 클라이언트가 서류상으로 긍정적 변화가 있거나 치료 지속에 관심을 보이면, 치료를 연장할 수 있다.

불가능으로 가는 네 번째이자 마지막 길은 조정가가 **클라이언트의 동기를 무시**(neglects the client's motivation)할 때 발생한다. 동기가 없는 클라이언트란 없다. 클라이언트들은 조정가의 생각이나 목표는 공유하지 않을 수 있지만 모두 강한 동기가 있다. 비생산적 조정은 클라이언트의 변화에 대한 각오를 제대로 파악하지 못하거나 조정가가 사적인 동기를 추구함으로써 클라이언트가 달성하고자 하는 것을 잘못 이해하거나 간과할 때 발생한다. 연구 결과에 의하면, 심리상담에서 핵심적인 과정-결과는 긍정적인 작업동맹에 대한 클라이언트의 참여의 질에 의해 크게 좌우된다(8장 참조). 조정 참여뿐 아니라 자신의 목표 달성을 위한 클라이언트의 동기는 반드시 이해되고 존중되고 적극적으로 조정에 반영되어야 한다. 이론적 특권이나 개인적 편견 또는 클라이언트에게 좋을 것이라는 막연한 느낌에 따라 의제를 강요해도 불가능을 초래한다.

또 다른 연구(Piper et al., 1999)에 의하면, 클라이언트의 중도탈락 여부는 클라이언트 변수가 아니라 치료과정 변수에 따라 예측할 수 있다. 다시 말해, 클라이언트가 치료를 계속 받을지의 여부는 클라이언트가 누구인지 그리고 가져온 문제가 무엇인지가 아니라 회기 중에 무슨 일이 벌어졌는가에 따라 예측될 수 있다.

사례

사장 A와 직원 B가 조정 중이다. B는 "나는 이 조정이 성공할 거라고 보지 않습니다. 왜냐하면 지난번 조정가도 우리에게 별로 도움이 되지 않았기 때문입니다. 우리가 합의를 했지만 합의사항 중 그 어떤 것도 이행되지 않았습니다. 오히려 그로 인해 더 많은 논쟁만 초래하였고, 나는 더 이상 일을 할 수도 없습니다."라고 했다. 최종 판단은 판사의 결정에 따라야 한다는 말을 B가 여러 차례 반복하였음에도 지나치게 낙관적이던 조정가는 그의 이야기를 가볍게 넘겼고 머지않아 조정은 교착상태에 빠져 버렸다. 조정가가 B의 의심을 인정하고, 척도질문을 이용하여 그의 확신과 원하는 것에 대해 질문하는 것이 훨씬 더 나았을 것이다. 이어서 그의 확신과 원하는 것을 좀 더 강화하기 위한 다음과 같은 질문들을 했을 것이다. "당신이 조금 더 희망을 가지고 있다고 가정한다면, 무엇이 달라질까요?" 또한 조정가는 다음과 같이 질문할 수 있을 것이다. "이전에 좋지 않은 경험에도 불구하고 당신은 어떻게 이 자리에 앉아 있을 수 있나요?"

실패 사례에서의 해결중심질문

최고의 조정가는 조정 목표를 달성하기 위해 조정에서 그들이 했던 구체적인 행동과 대체전략 등을 확인함으로써 조정과정의 세밀한 부분까지 점검한다. 미숙한 초보자는 실패 원인을 통제 불가능한 외부 요인으로 돌린다("난 오늘 재수가 없었어."). 반면에 전문가들은 그들이 했던 것을 정확하게 알고 있고 통제 가능한 요소들을 인용한다("나는 그것 대신에 이것을 했어야 했어."). 평범한 조정가들은 실패한 전략들에 대해 가설을 세우는 데 시간을 보내면서도 좀 더 효과적일 수도 있었던 전략에 대해서는 조금도 생각하지 않을 공산이 크다. 그들은 아마 내가 왜 실패했는지를 잘 이해하면 다음에는 더 좋은 결과를 가져올 거라는 믿음에서 탈피하지 못한다.

Walter와 Peller(1992)가 제안한 교착상태에서 활용할 수 있는 조언들은 다음과 같다. 조정가로서 이 질문들을 스스로 해 보면 매우 유용할 것이다.

- 누가 클라이언트인가?(변하고자 하는 사람은 누구인가?)
- 클라이언트의 목표는 무엇인가?
- 당신은 바람이 아닌 확실한 목표가 있는가? 그 목표는 잘 정의되고 클라이언트에게 가능한가?
- 당신과 클라이언트는 너무 많은 것을 너무 빨리 찾고 있는 것은 아닌가? 작은 변화부터 찾아보라.
- 클라이언트들은 당신이 기대한 과제를 하지 않는가? 당신은 그들에게 실행할 과제보다 피드백을 주어 생각하도록 할 수 있다.
- 이 단계들을 다 거친 후에도 당신이 해야 할 것이 달리 남아 있는가? 나무만 보면 전체 숲을 볼 수 없듯이, 우리도 자신과 클라이언트 간 비생산적인 패턴을 깨닫지 못할 수 있다. 따라서 팀이나 컨설턴트의 도움을 받아 좀 더 객관적인 프레임 또는 준거틀을 제공받는 것도 좋을 것이다.

체면 세워 주기

조정에서 체면 세워 주기는 매우 중요하다. 클라이언트들은 압박감으로 꼼짝할 수 없다고 느끼면 문제를 불가능한 것으로 여기기 쉽다. 타인의 도움으로 가능성이 커질 수 있지만 동시에 스스로 문제해결에 실패했음을 스스로 인정하는 것일 수도 있다. 사실, 실패감은 매우 예민한 사안이어서 자신에 대한 긍정적인 평가마저도 거부할 수 있다. 이러한 상황에서 치료를 받는다는 것은 자신의 형편없는 문제해결 역량에 대한 불쾌한 재확인 과정이 될 수밖에 없다. 굴욕감에 모욕감까지 더해지는 것이다. 클라이언트는 상담사가 자신이 생각이 틀렸다거나 무효하다고 하거나 폄하하면 저항할 수 있다. 의기소침하지 않은 경우라도 실패를 상기시키거나, 비판이나 평가를 하거나 타인의 지시를 따라 한다면 누가 좋아하겠는가? 저항은 조금이나마 자존감을 지키고자 하는 클라이언트의 시도를 반영하는 것일 수도 있다. 단지 상담사가 클라이언트의 체면이나 품위를 지켜 주지 못했다는 이유만으로 해결이 불가능한 사례들이 있다. Erickson이 치료는 클라이언트가 자신의 증상으로부터 우아하게 벗어날 수 있도록 돕는 것이라고 한 것도 이러한 이유에서일 것이다. 그에 따르면, 클라이언트는 변화에 대한 욕망은 물론이거니와 그 변화(좋은 변화 또는 나쁜 변화)로 인해 자존감이 상할 경우, 당연히 자신을 보호하려는 성향도 지니고 있다(Duncan et al., 1997, p. 12).

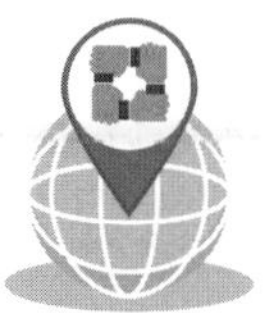

17
피해자-가해자 조정

화해를 추구하는 정의가
처벌 위주의 정의보다 어렵지만 더 값진 길이다.
–Desmond Tutu

회복적 정의

이 장에서는 남아프리카공화국의 진실과 화해 위원회(Truth and Reconciliation Commission: TRC)의 예를 통해 회복적 정의의 발전과 특성에 관해 논의하고자 한다. 아울러 조정과 비교하여 이 화해모델이 조정에 미치는 영향에 대해서도 간략하게 짚어 볼 것이다.

많은 나라에서 징역은 사회가 가해자를 다루는 가장 극단적인 조치이다. 본질적으로 처벌이란 사회적으로 용인되지 않는 행동에 대해 보복(retaliation)의 형태로 대응하는 것이다. 즉, 구금을 통해 가해자에게 고통을 주는 의도적인 형벌이다. 형사적 사법 시스템의 근저에는 여러 인식이 깔려 있다. 예를 들어, 철학자 Immanuel

Kant에 따르면, 보복은 "가해자에게 그의 행위에 상응하는 벌을 주어야 한다는 도덕적 의무감에서 나오는 적절한 반응"이다. 이에 처벌이 가해자와 사회 모두를 위해 중요하게 **활용되어야** 한다는 다른 견해도 있다. 이 견해에 의하면, 재사회화(re-socialization)라는 차원에서 가해자는 감금 기간에 행동과 태도를 바꾸어야 한다.

형사적 사법에 대한 이 두 가지 관점은 모두 가해자가 중심이다. 피해자를 포함한 사회를 대신하여 유죄로 판명된 사람을 처벌하는 것이다. 이 과정에서 가해자는 변호인 지원하에 무죄를 주장하기도 하지만 대개 수동적 입장에서 벗어나지 못한다.

하지만 많은 피해자는 이러한 과정에서 전혀 만족하지 못한다. 피해자들이 자신들에게 일어났던 힘든 상황을 받아들이고 회복하기 위해서는, 가해자와 대면하여 자신을 표현할 수 있는 기회가 주어져야 한다. 가해자는 피해자들의 질문에 답하고, 그들이 겪고 있는 고통이 자신의 책임임을 인정하고 사과하는 것이 중요하다(Bannink, 2006a, 2008a, 2008b, 2008c, 2008d).

최근 수년에 걸쳐 형사적 사법에 대한 전통적 견해에 **회복적 정의**(restorative justice)가 새로이 추가되었다. 회복적 정의에서는 가해자가 아니라 피해자가 무대 중심에 있다. Zehr(2002)에 의하면 회복적 정의는 "특정 범죄와 이해관계가 있는 사람들을 최대한 개입시켜 피해와 욕구 및 책임을 집단적으로 규명하여 피해자를 치유하고 폐해를 가능한 바로잡는 과정"으로 정의된다.

회복적 정의의 목적은 형사적 처벌이 아니라 피해자와 사회에 가해진 폐해나 고통을 치유하는 것이다. 예를 들어, 회복적 정의는 **회복적 조정**(restorative mediation)을 통해 피해자와 가해자를 안전하고 구조화된 맥락에서 화합하도록 하는 재통합에 초점을 맞춘다. 피고가 자신의 죄를 인정하고 그에 상응하는 책임을 질 각오가 되어 있으면 회복적 조정은 형사소송 중에 언제든 가능할 것이다.

화해

남아프리카 Boer 전쟁(1899~1902)은 전쟁 범죄에 대한 사면이 포함된 Vereeniging 평화조약(Peace of Vereeniging) 체결로 일단락되었다. 하지만 그 사면은 수많은 의혹과 비통함 그리고 증오를 낳았다. 그 이유는 정의 없이 단순히 평화만을 가져왔기 때문이었다. 전쟁은 남아프리카공화국 국민에게 분열, 트라우마 그리고 빈곤을 남겼다. 그들은 일자리를 찾아 백인들이 지배하는 도시로 갔지만, 당연한 권리를 얻는 데 실패하였다. 그 결과, 수많은 충돌이 일어났고, 결국 1948년에 인종차별정책을 앞세운 아파르트헤이트(Apartheid) 정권이 수립되었다.

인종차별정책 아파르트헤이트의 폐지 후, Boer 전쟁 경험의 결과로서 극심한 갈등은 단지 평화조약과 일반사면만으로는 만족스럽게 해결될 수 없다는 것을 인식하게 되었다. 적대행위 중단과 함께 관련자들이 경험한 트라우마가 가능한 한 신속히 처리되어야 했다. 이를 계기로 정부는 1995년 Desmond Tutu 주교가 의장인 TRC를 설립하여 아파르트헤이트와 관련된 모든 범죄를 조사하였다. TRC는 모든 정당의 정치적 합의의 결과였다. 자신이 폭력 피해자라고 생각한 사람은 누구나 TRC에 나와 진술할 수 있었다. 폭력

가해자들도 증언을 하고 사면을 요청할 수 있었다.

TRC 방식의 핵심은 진실을 말하면 사면해 주는 것이었다. 아파르트헤이트 통치기간에 자신이 연루된 범죄 사실을 고백하는 가해자들에게는 개별적으로 사면하였다. 하지만 이 사면은 정치적 동기로 행해진 범죄로 한정되었다. TRC의 역할은 범죄 사실을 입증하고, 기록하며, 경우에 따라서는 인권침해 관련 범죄의 가해자들을 사면하고, 피해자 배상과 명예회복이 용이하도록 돕는 것이었다. 명예회복은 피해자들에게 자신의 피해상황을 말할 기회를 주고 과거와 현재의 잘못에 대한 보상으로 배상금을 주는 방식으로 이루어졌다. 탄원서를 낸 약 22,000명의 피해자 중에 약 2,000명에게 공개적으로 자신의 이야기를 말할 수 있는 기회가 주어졌다. 가해자들은 약 7,000명이 탄원서를 냈고 그중 약 1,200명이 사면을 받았다. TRC는 남아프리카공화국이 완전한 자유민주주의 체제로 전환해 가는 과정에서 필수불가결한 요소로 인식되었으며, 대체적으로 성공적이었다는 평가를 받고 있다.

하지만 위원회의 화해방식에 대한 비판도 있었다. 위원회의 노력에도 불구하고 백인사회의 형식적인 협력이 비판의 빌미가 되었다. Pieter Willem Botha 같은 정부 지도자들이 출석하여 증언하는 것을 거부하였다. 게다가 위원회의 강제적 절차 요소가 화해의 이미지를 다소 왜곡한 측면도 있었다. 화해가 어느 정도로 강요되었는지는 다음과 같은 사실에서 알 수 있다. 위원회 권한으로 심리한 사건들에 대해 법적 판결이 있었지만 법정에서 그대로 확정되지는 않았다. 더구나 부정행위자들을 사면함으로써 희생자들은 정의가 실현되는 것을 볼 수 있는 기회를 박탈당했다.

Steve Biko는 정권에 의해 살해되었다. 그의 아들은 다섯 명의 피고인에 대한 위원회 심문 장면을 보면서 "처음으로 아버지를 살해한 자들을 직접 보았다. 그들을 본 순간 내 안에 다양한 감정이 휘몰아쳤지만, 이 인간들이 쳐 놓은 덫에 걸려서는 안 된다는 생각에 마음을 다잡았다."라고 했다. 비록 사면이 거부되기는 했지만, 위원회의 심문과정은 그를 실망시켰다. 사건이 증거부족으로 법원에 송치될 수 없다는 결정이 내려지자, 그는 "어느 누구도 진실을 말하지 않았고, 사과조차 하지 않았다. 다섯 명 모두가 각자 엉뚱한 이야기를 하였다. 이 사건에 대한 진실을 밝히는 데 TRC는 명백히 실패하였다."라고 말했다.

이러한 모든 상황에도 불구하고 그는 위원회의 노력을 다음과 같이 높게 평가했다. "TRC 덕분에 우리나라는 어느 정도 평온을 유지하게 되었고, 마녀사냥의 광풍을 피해 갈 수 있었다. TRC는 우리 코앞에서 벌어졌던 범죄들에 우리를 직면시키는 각성제와 같은 역할을 하였다."

남아프리카공화국 국민은 이러한 과정을 통해 화해의 잠재력과 한계점을 인식하게 되었다. 화해란 정해진 종료시점이 없는 장기간의 과정이라는 것을 이해하였다. TRC와 같은 포럼에서 단발적인 만남보다 일상생활에서 함께 살아가는 방법을 배우는 데 더 중점을 두어야 한다는 것도 깨달았다.

TRC는 일반적 조정과 유사점 및 차이점이 있다. De Bruin(2008)이 제시한 TRC와 조정의 유사점은 다음과 같다.

- TRC는 반대 진영에 있던 당사자들 사이에서 조정가 역할을

했다.

- TRC는 법원이 아니라 준사법기관이었다.
- TRC의 조정가들은 공평하고 훈련된 전문가로서 직무적합성이 탁월했다.
- TRC의 목표 중 하나는 참가자 간 소통을 원활하게 함으로써 불화와 비난을 억제해 화해를 이루어 내는 것이었다. 남아프리카공화국에 안정과 평화를 안착시키는 것이 가장 핵심적인 목표였다. TRC는 피해자가 당한 권리침해에 대해 공식적으로 인정하는 것을 사회적 화해로 나아가는 첫 단계로 꼽았다.

De Bruin이 제시한 차이점은 다음과 같다.

- TRC는 가해자들의 조정 참여를 강제하고 그들의 인권침해 사유를 명시할 수 있는 권한을 부여받았다. 따라서 피고인들의 조정 참여가 항상 자발적이었던 것은 아니었다. 하지만 그들에게 자발적으로 참여할 수 있는 기회는 주어졌다.
- 위원회의 광범위한 속성 때문에 조정가들이 모든 참가자로부터 받아들여질 수는 없었다. 그럼에도 불구하고 공정성 확보를 위해 조정가 선정에 최대한 신중을 기하였다.
- 직접적으로 연루되지 않았던 마을 지도자 같은 사람들도 증언할 수 있었다.
- TRC는 피해자의 권리침해에 관한 보상금을 정부에 권고할 수 있는 권한을 가졌다.
- 피해자들의 증언은 가해자들의 사면 요청과 마찬가지로 공개

적으로 행해졌다. 조정에서 반드시 지켜야 하는 기밀유지원칙이 TRC 과정에서는 예외적이었다.

이 차이점 목록에 TRC의 주요 목표는 진실을 밝히는 것이었다는 점을 추가할 수도 있다. 이것은 조정에서는 절대적인 필요 사안이 아니다. 또 다른 차이점은, 조정과 달리 회복적 정의는 비리와 불의를 분명하게 명명하고 다루기 위한 맥락과 언어를 제공한다는 것이다. 회복적 정의를 통해 옳고 그름과 정의와 불의의 개념들이 알려지고 논의될 수 있는 공간이 마련되고 이 과정을 촉진하는 정의를 위한 갈등해결 개념이 생긴다.

De Bruin은 "정의 없는 평화는 매우 단기적인 해결에 지나지 않으며, 연기 나는 불씨를 방치하는 것과 같다. 특히 외상후 스트레스가 핵심 사안인 경우, 십중팔구 다시 타오를 것이다."라고 말했다. TRC 모델을 포함한 모든 유형의 회복적 정의의 최종 목표는 문제 행동과 그 결과에 관련된 사람들을 참여시켜 화해의 과정으로 인도하는 것이다. 이것은 칼이 아니라 말이 승리하는 조정의 한 형태로 간주할 수 있다.

외상후 스트레스를 극복하기 위해 개별적인 도움이 추가로 필요한 경우에는 외상후 스트레스 대신에 외상후 성공에 중점을 둔 해결중심 심리상담이 적절하다(Bannink, 2007b, 2008d).

갈등 자체의 종결만으로는 충분하지 않다는 점이 조정의 필요 이유이다. 참가자들 사이에 장기적인 관계를 고려한다면, **관계회복**(restoring the relationship), 즉 화해로 나아가기 위한 추가적인 조치가 필요하다.

Desmond Tutu 대주교에 따르면, "형사소송과 경찰조사는 느리고 비효율적이다. 삶에서 고백, 용시와 화해는 종교적이거나 영적인 것도 아니고 애매하고 비현실적인 것도 아니다. 이들은 실제 정치의 중요한 요소들이다." 화해위원회의 개념은 네팔과 우간다와 같은 나라에서도 채택되었지만 불행하게도 현재까지 여전히 계획 단계에 머무르고 있다.

화해는 동물세계에서도 관찰된다(De Waal, 2000). 서열이 높은 동물들은 종종 통제 역할을 수행함으로써 싸움을 말리거나 강자로부터 약자를 조직적으로 보호한다. 평화적으로 개입하거나 관련자들 중 하나를 진정시키기도 한다. 몸집이 큰 수컷들이 소수 암컷들로 구성된 무리를 보호하는 중국 황금원숭이 같은 종들은, 우두머리 수컷이 암컷 경쟁자들 사이에 끼어들어 그들의 손을 잡고 양쪽 모두를 쓰다듬거나 털 손질을 해 줌으로써 평화를 유지한다. 마카크(macaque)와 버빗원숭이(vervet monkey) 무리에서 피해자의 가족들은 상대와 접촉을 시도하기도 한다. 예를 들어, 어미 원숭이는 자신의 딸을 공격한 원숭이에게 다가가 털 손질을 해 주기도 하는데, 이는 새끼를 대신하여 화해를 시도하는 것이다. 이와 유사하게, 다른 원숭이 무리들 사이에서도 집단 간 화해가 우두머리 암컷 원숭이들의 주도로 이루어진다는 현장 보고서들도 있다. 암컷 침팬지가 수컷 경쟁자들을 화해시키는 촉매자 역할을 하는 경우도 있지만, 이는 현재까지 침팬지 원숭이에서만 확인된 가장 복잡한 패턴이다. 싸움 후, 수컷들은 어느 쪽도 화해를 시도하지 않고 서로 가까이서 노려만 본다. 암컷들은 이 교착상태를 타개하기 위해 수컷들의 털을 차례대로 손질해 주면서 화해를 유도한다. 이런 행

동은 수컷들이 화해할 때까지 계속되며, 화해가 이루어진 후에야 비로소 암컷들은 자리를 뜬다. 염소, 점박이 하이에나, 돌고래와 같은 포유류들에 관한 연구에 따르면, 갈등해결이 실제로 널리 퍼져 있을 것이라고 한다.

이 모든 전술은 협력적인 유대관계를 지키는 기본적 행동 메커니즘에 기반을 둔 역작들이다. 상호 협력을 통해 생존하는 동물들에게 화해야말로 진화론적으로 유리하다는 것은 분명하다. 화해는 서로 이해관계가 다른 당사자들 사이에 협력을 보장한다.

피해자–가해자 조정

피해자–가해자 화해 프로그램이라고 불리는 첫 번째 사례가 1974년에 온타리오에서 있었다. 오늘날 회복적 정의 분야에서 피해자–가해자 조정(Victim-Offender Mediation: VOM)과는 다른 모델들이 사용되고 있다. 1989년에 뉴질랜드에서 시작된 가족집단회의(Family Group Conferernces: FGCs)는 원주민 Maori 족 전통의 관심과 가치에 기반을 두고 있다. FGCs는 피해자와 가해자뿐 아니라 가족과 경찰 그리고 기타 관련된 사람들을 포함한 대규모 집단의 만남이다. 뉴질랜드에서 FGCs는 규범을 대신하는 법원과 함께 전체 청소년 사법 시스템의 중추이다(Zehr, 2004).

더 많은 사람이 참여하는 **평화형성서클들**(peacemaking circles)이 있다. 여기에는 통상적으로 공동체 구성원들이 참여하며, 진행은 '서클키퍼'가 한다. 캐나다 원주민 First Nation 족에서 유래하여 회복적 정의의 한 분야가 된 서클은 형사사건뿐만 아니라 학교, 종교기관, 기업에서도 널리 채택되고 있다.

형사사건에서 조정이라는 용어를 사용하는 것이 다소 불편할 수 있다. 형사사건은 대개 부정행위가 분명하고 피해자들이 조정에서 강조하는 도덕적 중립성에 불편해하기 때문이다.

Zehr(2004)는 회복적 절차뿐 아니라 갈등전환과정에서도 다음과 같은 질문들에 대해 충분히 답할 수 있어야 한다고 했다.

- 이 상황에서 누가 피해를 입었고, 그들의 요구는 무엇인가?
- 이러한 피해와 요구에 대한 책임은 무엇이고, 그것은 누구의 책임인가?
- 이러한 피해와 요구의 원인은 무엇이고, 그것들을 해결하기 위해 할 수 있는 것은 무엇인가?
- 이 상황에서 이해관계자는 누구인가?
- 이해관계자들로 하여금 상황을 바로잡고 갈등을 해결하는 노력에 참여하도록 하기 위한 적절한 절차는 무엇인가?

피해자-가해자 조정 프로그램에는 잘 훈련된 조정가 또는 퍼실리테이터의 도움을 받아 범죄 피해자 및 가해자가 함께 참여한다. 피해자와 가해자가 원하면 종종 직접대화(face-to-face dialogue)도 가능하다. 피해자가 살해당한 경우, 가해자의 유죄 판결 후 피해자 가족이 조정 프로세스를 요청할 수도 있다. 가해자가 이 조정에 참여한다고 해서 관대한 처분이나 가석방과 같은 혜택을 받는 것은 아니다. 관련 연구에 의하면, 이

> 조정에 참여한 피해자와 가해자는 해당 범죄의 폭력성 정도와 상관없이 모두가 높은 수준의 만족도를 보였다(Umbreit, 2001).

Walker와 Hayashi(2007)는 하와이에서 실행된 Pono Kaulike 프로그램의 역사와 기능을 잘 설명하고 있다. Pono Kaulike는 '모두에게 동등한 권리와 재판'이라는 뜻이다.

2003년에 시작된 이 프로그램은 2000년 하와이주 사법부가 제정한 결의안에서 이름을 따왔다. 이 결의안은 "하와이주 사법부는 회복적 정의의 원칙들과 Pono Kaulike 개념들에 따라 판결할 것이다……."라고 명시하고 있다. 1996년부터 회복적 정의 프로그램의 개발, 실행 및 평가하는 기관들을 도왔던 한 작은 비영리단체가 이 시범 프로그램을 기획하고 제공하였다. Pono Kaulike는 언어를 신중하게 사용하는 해결중심 단기치료법을 사용하며 문제에 처한 사람들이 자신만의 해결책을 찾도록 돕는 데 있어 관계를 중요하게 여긴다. Pono Kaulike가 제시하는 회복적 정의회의(restorative justice meetings)의 유형은 회복적 콘퍼런스, 회복적 대화 그리고 회복적 세션으로 분류된다.

회복적 콘퍼런스는 가해자와 피해자 그리고 그들의 지지자들이 참여하는 만남이다. 참가자들은 부정행위로부터 각 당사자들이 받은 영향과 그로 인한 피해를 어떻게 회복시킬 수 있을지에 대해 논의한다. 그러한 논의를 통해 피해자가 입은 피해를 회복시키기 위해 가해자가 해야 할 것들을 명시한 서면합의서가 작성된다. 회복적 대화는 가해자와 피해자가 가족 또는 친구 등의 참여 없이 만나는 경우이다. 그들은 발생한 피해에 대한 각자의 반응에 관하여 합의한다. 회복적 세션은 퍼실리테이터들이 피해자와 가해자 그리고 그들의 지지자들을 각각 분리해서 만나는 경우이다. 독자적인 개선 목표 그리고 피해자와 가해자의 화해행동을 포함하는 회복계획(restorative plan)이 만들어진다. Pono Kaulike에 가장 적절한 사건 유형은 계속 관계를 가질 수밖에 없는, 즉 친척, 이웃, 친구, 배우자 및 친밀한 관계에 있는 사람들이 연루된 사건들이다.

프로그램 효과에 관한 연구에 의하면, 참가자들의 만족도가 매우 높았고 일정 지역에서의 재범률이 감소하였으며 배상금 합의도 법원명령에 의해 이루어지는 통상 수준보다 더 높은 것으로 나타났다.

> 해결중심접근법은 회복적 정의와 잘 어울린다. 두 접근법이 개인과 지역사회의 자기효능감과 임파워먼트를 증대시킬 수 있는 긍정적인 방식으로 문제해결을 시도하며 또한 과거에 연연하지 않고 미래에 대한 낙관과 희망을 만들어 내기 때문이다. 개인이 대처기량과 회복력을 높이려면 반드시 낙관적이어야 한다. 해결중심접근법을 사용하는 회복적 정의는 부정행위 없는 관계와 공동체를 세울 수 있는 강력한 절차이다(Walker et al., 2006, p. 4).

일반적으로 피해자-가해자 조정 모델들은 피해자와 가해자가 참여하는 조정 전 작업과 대화로 구성되어 있다. 먼저, 피해자가 가해자와의 대화를 요청하면 가해자와 접촉하여 참석을 요청한다.

피해자와 가해자가 대화를 시작하기 전에 이름 소개, 회의 목적, 상호작용 절차, 조정 참가자, 휴식시간, 조정가 역할, 기본 원칙, 참

가자들이 제안하는 세칙 및 참가자들의 회의 참여를 권하는 질문 등과 같은 사항들을 반드시 확인해야 한다.

조정가는 먼저 피해자의 모두 발언으로 조정이 시작되며, 이어서 가해자에게 모두 발언의 기회가 주어질 것임을 설명한다. 조정가의 역할은 조정과정을 관리하는 것이다. 조정가는 다음과 같이 말할 수 있다. "제가 여기 있는 이유는 두 분을 돕기 위함입니다. 두 분의 대화가 원만하게 진행되도록 도울 것이며, 여러분의 질문, 요구사항 및 목표 등을 명확하게 할 수 있도록 도울 것입니다. 저의 기대나 해결책을 권하기 위해 있는 것이 아닙니다. 모든 것은 여러분 스스로 결정하시면 됩니다." 또한 조정가는 "저는 오늘 여러분들이 서로 대화하기 위해 이 자리에 와 주신 것에 대해 진심으로 감사드립니다."라고 참가자들을 격려할 수도 있다.

피해자와 가해자는 모두 발언에서 자신들의 조정 참여 목적과 조정에서 얻고자 하는 것들을 밝히게 된다(목표 규명).

사례

조정가: 모두 준비가 되셨나요? 이제 저는 여러분과 함께 몇 가지 점에 대해 살펴볼 것입니다. 앞서 말씀드린 바와 같이, 오늘 우리가 하고자 하는 것의 기반은 지난 몇 달 동안 우리가 함께 해 왔던 준비과정을 통해 만들어졌습니다. Rachel(피해자), 당신이 Bill(가해자)과 이처럼 어려운 만남을 가지는 이유는 원만한 치유와 회복을 위해서입니다.

오늘 우리가 하고자 하는 것은 매우 개인적이고 감정적인 것일 수 있습니다. 매우 어렵고 고통스러울 수도 있습니다. 그리고 서로

가 믿음과 열린 마음, 정직 그리고 세심함을 전제로 이곳이 안전하다고 느낄 때 비로소 가능할 것입니다. 개인적인 안전을 위해 이곳에서 이루어지는 말과 행동은 모두 비밀로 할 것입니다. 두 분은 물론이고 밖에 있는 교도관을 포함한 우리 모두는 비밀 준수 서약서에 서명하였습니다. 이번 조정에 참여 여부를 여러분은 자유롭게 선택할 수 있습니다. 저는 여러분을 돕기 위해 이 자리에 있을 뿐입니다.

욕설이나 상대를 비방하는 언행을 하지 않을 것을 오늘의 기본 규칙으로 합니다. 여러분 중 상대가 이야기할 때는, 방해하지 말고 경청하여야 합니다. 여러분 앞에 펜과 종이가 놓여 있습니다. 요점을 적어 놓았다가 나중에 질문할 때 참고해도 좋을 것입니다.

오늘 이 시간은 여러분들의 요구에 따라 운영될 것입니다. 필요하면 언제든 휴식시간을 가질 것입니다. 제가 특정 일방에게 소홀히 한다고 생각되면 즉시 알려 주세요. 대화의 시작은 Rachel이 먼저 하는 것이 좋겠습니다. Rachel, 아주 짧게 모두 발언을 해 주겠어요? 그런 다음 Bill 당신에게도 같은 발언을 하도록 요청하겠습니다. 이어서 다시 Rachel이 두 사람 간 실질적인 대화를 시작하도록 하겠습니다. 대화 종반부에 우리는 합의안을 작성할 수도 있을 것입니다.

저는 본 과정에 대한 여러분의 헌신과 신뢰를 믿습니다. 아울러 오늘 여러분이 겪을 고통과 상처에도 불구하고 이 자리에 나와 주신 것을 치하드리고 싶습니다. 먼저, 여러분 준비되셨나요? 네, 좋습니다. Rachel, 괜찮으시다면 오늘 이 자리에 온 목적과 무엇을 달성하고 싶은지에 대해 말씀해 주시겠어요?(Szmania, 2006, p. 120)

저자 후기

스님이 긴 여행을 마치고 집으로 가는 길에 큰 강을 만났다. 눈앞에 펼쳐진 그 큰 장애물을 절망적으로 노려보면서, 스님은 몇 시간 동안 어떻게 강을 건널지에 골몰하였다. 포기하려는 순간, 강 건너편에 있는 큰스님을 보았다. 스님은 큰스님에게 "큰스님, 강 반대편으로 어떻게 가야 합니까?"라고 소리쳐 물었다. 큰스님은 잠시 고민하며 강을 위아래로 훑어보며 소리쳤다. "넌 이미 강 반대편에 있지 않느냐?"

해결중심조정가가 되려면 어떻게 해야 하는가? Steve de Shazer 라면 "작은 변화면 충분하다."라고 할 것이다. 나도 그의 말에 동의한다. 왜냐하면 독자 여러분은 자신이 이미 올바른 방향으로 가고 있는 것을 보게 되면, 틀림없이 자신이 이미 보유하고 있는 강점, 경쟁력 그리고 자원들을 발견할 것이기 때문이다. 거기서부터 여러분은 다음 단계를 디자인하거나 향후 생길 중요한 긍정적 변화의 징후도 고려할 수 있을 것이다.

해결중심갈등관리와 함께 클라이언트중심적 그리고 결과지향적 원칙을 강조함으로써 클라이언트, 우리 자신, 동료 조정가 그리고 전 세계가 더 좋게 변화할 수 있다. 나는 이 책을 읽는 것이 올바른 방향을 향해 가는 발걸음들 중 하나이기를 바란다. 아마 여러분도 충분한 자원과 강점을 가지고 있다는 점에서 보면 이미 강 반대편에 가 있다고 할 수 있을 것이다.

Kenneth Cloke의 후기

지난 30년에 걸쳐 전 세계 수십만 명의 사람들이 지역사회, 이혼, 가정, 상업, 조직 그리고 직장 조정에 대해 교육받았을 뿐만 아니라, 협력적 협상, 그룹퍼실리테이션(group facilitation), 공적 대화(public dialogue), 회복적 정의(restorative justice), 피해자-가해자 조정, 옴부즈맨십(ombudsmanship), 협력법(collaborative law), 합의에 의한 의사결정, 창의적 문제해결, 선입견 감소와 편견인식, 갈등해결시스템 디자인 등의 갈등해결기법들과 그 실제들에 대해서도 많은 교육을 받았다.

가장 중요하고 영향력 있는 기법들은 대개 심리학, 특히 일반적으로 알려진 '단기치료(brief therapy)'에서 유래된 아이디어들과 개입들(interventions)이다. 단기치료에서는 갈등해결과 심리학적 개입 간 경계가 불분명해지고 있다. 이로 인한 긍정적 결과는 최근 신경심리학, '감성지능' 그리고 갈등해결에 대한 해결중심접근법에서 그 예들을 찾을 수 있다.

우리가 심리학과 갈등해결의 차이점을 인지하는 것은 더 필요하고 중요하지만, 특히 오늘날에는 이 두 분야의 본질적 유사점을 인지하고, 새롭고 창의적인 기법들을 개발하는 데 협동하고, 두 분야가 서로에 대해 충분히 학습하도록 장려하는 것이 더 중요하고 필수적이다.

더 나아가 나는 우리가 의식적으로 두 분야 사이에 공동의 활발한 협력 공간을 구축하고, 자신의 분야만을 고수하려는 경향을 버리고, 적대감과 고통을 줄이는 기술을 사유화하려는 일부 시도에 대해 반대하는 것이 더욱더 중요해지고 있다고 믿는다.

따라서 우리가 갈등 및 해결과정의 감정적 · 신경심리학적 요소들에 대한 깊은 이해를 어떻게 실질적이고 실제적인 조정방법으로 활용할 수 있는지에 대해 신중히 전략적으로 고민하는 것이 대단히 중요하다. 아울러 갈등조정과 심리학 및 관련 분야들이 함께 진화할 수 있는 관계를 탐색하는 것과 Fredrike Bannink이 이 책에서 제시하듯이, 그 탐색 결과를 좀 더 나은 방법으로 사람들이 보다 능숙하고 성공적인 조정가가 될 수 있도록 돕는 데 활용하는 것도 대단히 중요하다.

우리가 이렇게 해야 하는 이유는, 첫째, 파괴적인 국제갈등들이 점차 증가 추세에 있지만 이상적 방식이나 접근법, 전문분야 또는 기술도 없고 특정 국가에 의해 해결될 수도 없기 때문이다. 둘째, 더 개선된 기술을 요하는, 다루기 힘든 갈등들이 지속적으로 증가하고 있다. 셋째, 최근 혁신적 · 전환적(transformative) 기법들이 대두되고 있지만 조정교육과정에서 차지하는 비중은 매우 제한적이다(국제갈등에 대해서는 Cloke, 2008 참조).

현세대는 복잡다단할 뿐 아니라 상호보완적이거나 심지어는 상반되기까지도 한 해법을 필요로 한다. 그 과제는 구체적으로 다음과 같다.

- 우리 주변에서 발생하는 환경, 사회, 경제 그리고 정치 관련 갈등에 대해 세계시민으로서 우리의 책임은 무엇인가?
- 만성적인 사회적, 경제적 그리고 정치적 갈등을 계속적으로 야기하는 불평등, 불공평 그리고 역기능에 갈등조정원칙을 성공적으로 적용할 수 있는가?
- 국가, 종교, 민족 그리고 전공분야의 경계를 넘어, 우리는 국제적 협력을 위한 능력을 강화하고 지구를 구할 수 있는 방법을 찾을 수 있는가?
- 우리는 갈등과 그 해결에 관련된 다양한 분야를 서로 잇는 다리를 놓아 다른 전문가들이 생산한 다양한 실제적 지식과 기술을 하나로 통합할 수 있는가?
- 이러한 지식을 활용하여, 어떻게 우리는 조정가의 학습을 향상시켜 이상의 목표들을 달성할 수 있는가?
- 심리학과 갈등해결 사이의 잠재적 공동 상승 작용을 통해 우리는 이러한 질문들에 한발 더 앞서 답할 수 있다. 갈등조정에서 학습하듯이, 우리가 한발 더 앞서는 것은 의미 있는 결과를 성취하는 데 반드시 필요하다. 우리는 자기 방어와 회복적 정의의 가능성을 고려하여야 한다. 같은 이유로 우리는 다양한 개입이 지닌 잠재적 유용성을 고려한다. 그 개입들을 통해 갈등을 이해하고 새롭고 유용한 방법으로 해결할 수 있기 때문이다.
- 갈등해결과 심리학을 잇는 논리적 연결고리는 간단하지만 견고하고 매우 논리적이다. 그 논리적 연결고리는 다음과 같다.
- 사람들은 갈등을 경험하지 않고도 서로 의견이 다를 수 있다.

- 의견 차이와 갈등의 차이점은 분노, 두려움, 죄책감 그리고 수치심과 같은 '부정적' 감정의 존재 여부에 있다.
- 모든 갈등은 말 그대로 반드시 감정적 요소를 포함하고 있다.
- 갈등은 감정처리기술이 있는 사람이나 Daniel Goleman이 말하는 '감성지능'이 높은 사람만이 접근하고 해결할 수 있다.
- 이러한 감정역동에 가장 정통한 학문이 바로 심리학이다.
- 따라서 갈등조정은 심리학으로부터 갈등의 효과적 해결방법을 배울 수 있다.

이와 같은 이유만으로도 충분히 심리학적 연구와 기법을 높이 평가할 수 있다. 하지만 문제를 더 깊이 들여다보면, 우리는 일상에서 생각과 감정을 또는 행동과 신경생리학(neurophysiology)을 구분할 수 없다는 것을 알고 있다. 간단히 말해, 우리는 모두 감정적 존재로서 감정의 덫에 빠지지 않으려면 감정의 원리를 이해하여야 한다.

더 나아가 문제의 여러 측면을 구별, 단일화 또는 분리하면 그 문제의 전체를 보지 못하듯이, 중요한 갈등이나 의견 차이도 기존의 특정 관점으로만 일방적으로 접근하면 해결할 수 있는 수많은 기회를 잃게 된다.

우리를 다른 방향으로 이끌어 가는 일부 간단한 철학적 가정에 근거한 단순하면서도 불변적이고 논리적으로도 철저한 분석이 있다. 그 분석은 다음과 같다. 두 사람이 똑같을 수는 없다. 사람은 매순간 같을 수 없다. 인간의 상호작용과 관계는 복잡하고 여러 요인으로부터 영향을 받으며 미묘하고 예측이 불가능하다. 갈등은 한층 더 복잡하고 여러 요인으로부터 영향을 받으며 미묘하고 예측이 불가능하다. 대부분의 갈등은 표면적 쟁점이라는 수면 밑에서 발생하지만, 당사자들은 이를 의식하지 못하고 그 수면 위에서만 싸운다(더 많은 내용은 Cloke, 2006 참조).

따라서 공감적이고 참으로 감정적인 대화를 위한 인간의 태도, 의도, 직관, 인식, 맥락 그리고 능력은 갈등경험과 갈등해결능력에 중요한 영향을 미친다. 그 결과, 혼란스럽고 급격한 변화를 성공적으로 예측하거나 관리할 수 없듯이, 어떤 갈등이든 아무도 그 해결방법을 객관적으로 또는 미리 알 수 없다.

이러한 이유로, 갈등을 해결하는 방법을 가르치는 것은 불가능하다. 대신 우리는 갈등 당사자가 기량을 개발하고 자신의 인식과 자신감을 개선하며 예측 불가능한 상황에 대처하기 위한 다양한 아이디어와 기법을 개발하도록 도와야 한다. 게다가 우리는 John Dewey로부터 학습은 실천과 연결될 때 그 효과가 배가된다는 것을 알게 되었다. 그러나 여전히 우리는 잘못된 가정들에 기반하여 조정가들을 교육하고 있다.

갈등조정에 대한 색다른 접근법이 필요하다는 것은, 예를 들어 숙련된 조정가들에게 할 수 있는 다음과 같은 질문을 통해 확인할 수 있다.

- 당신은 교육과정과 함께 원하던 갈등조정을 한 이후로 무엇을 터득하였나요?
- 조정과정에서 당신이 자연스럽게 습득한 교육 가치는 무엇인가요?
- 그 가치는 당신이 이수한 교육과정에 실제로 반영되었나요?

- 당신은 조정기술(art of mediation)을 어떻게 배웠나요? 특히 더 직관적이고 더 공감적이며 더 친절한 것을 어떻게 배웠나요?
- 당신은 앞으로 어떤 기술을 개발하고 싶은가요? 그 기술은 조정교육에 어떻게 반영되어야 하나요?

이들 질문에 답한 모든 조정가는 많은 중요한 주제를 언급하였다. 그 주제들은 자신들의 교육과정에서는 다루어지지 않았지만 조정 현장에서 발견한 중요한 교훈들이다. 현재 내가 진행하고 있는 교육과정에 참가한 조정가들이 배우고 싶은 교육내용은 다음과 같다.

- 조정에서 단기치료를 비롯한 심리학적 기법 활용방법
- 두려움, 분노, 수치심, 질투심, 고통, 슬픔 등과 같은 부정적 감정에 효과적으로(uniquely) 반응하는 세밀한 기술
- 개별면담에서 개별 갈등 당사자와 작업할 수 있는 코칭기법
- 감성지능을 향상시킬 수 있는 방법
- 사람들이 잠재의식적으로 생각하거나 원하는 것들을 발견해서 의식하도록 하게 하는 방법
- 집단을 대상으로 한 퍼실리테이션과 공론화 기법
- 조직의 갈등시스템 디자인을 위한 컨설팅 기법
- 갈등 이야기의 이야기적 구조 분석 방법과 갈등 이야기를 전환하는 기법
- 방안 개발과 '파이 키우기'를 위한 기법
- 위험을 감수하더라도 조정을 해야 하는 경우

- 갈등의 '에너지'와 '진동'을 인식하고 반응하는 방법
- 직관, 지혜 그리고 통찰력을 개발하고 보정하며 조율하는 방법
- 사람들이 자신을 표현하고 명료화하며 공동의 가치를 기반으로 행동하도록 격려하는 기술
- 사람들이 정신적으로 또는 진심으로 함께 작업할 수 있는 방법
- 마음을 터놓고 대화하는 방법
- 머리(이성)과 가슴(감성)의 균형을 유지하는 방법
- 부정과 저항에 대처하는 방법
- 통제와 혼란의 균형을 유지하는 방법
- 사람들이 용서와 화해와 함께 갈등을 해소하는 방법
- 체계 관련 이슈와 갈등의 만성적인 원인에 접근하는 방법
- 조직갈등에서의 긍정적 행동과 갈등예방 및 갈등관리시스템 디자인 방법
- 갈등이 타결되지 않은 경우 균형을 잡고 좌절하거나 자기회의에 빠지지 않는 기법
- 해결되지 않는 갈등에 맞서 감정을 확인하고 판단이 잘못되지 않도록 하는 방법

이 내용들은 이 책의 주제와 함께 심리학과 갈등해결의 상호관계에 직결되어 있다. 그러나 이와 관련하여 흥미로운 점은, 우리가 조정을 교육하는 방법은 조정과정에서 우리가 실천하는 핵심 가치와 원칙, 우리가 알고 있는 갈등 당사자에게 접근하는 방법 또는 우리의 학습 자극 요소, 심지어는 우리의 학습방법과도 모두 다르다는 것이다.

다른 곳에서도 언급하였듯이, 가치는 우선 사항이고 진실에 기반을 둔 선택이다. 가치는 우리가 하는 것, 하지 않는 것, 익숙한 것 그리고 기꺼이 인내할 수 있는 것에서 찾을 수 있다. 가치는 공공연히 공식적으로 표현되고 계속 영향을 미치며 사익에 반대되어도 유지된다. 그래서 가치는 진실과 책임의 창조자(creators)로서 낙관성과 자존감을 북돋아 주며 우리의 존재를 정의한다. 가치는 진정한 선언과 함께 행동을 통해 명백해지고 활력을 찾는다.

좀 더 깊게 들어가 보면, 우리는 행동과 언어, 행동방법 그리고 갈등하는 자신을 통해 가치를 전달한다. 이러한 가치는 대개 비완성적이고 분명히 표현하기 어렵지만, 우리는 일반적으로 알려진 조정 실제를 통해 일련의 가치와, 심지어는 최고의 조정 실제에서 초가치(meta value)도 확인할 수 있다. 우리의 가장 기본적인 가치들은 다음과 같은 경우에 드러난다.

- 우리가 육체적으로, 정신적으로, 감정적으로 모습을 드러내고 참여할 때
- 우리가 말 뒤에 숨겨진 것을 공감하며 들을 때
- 우리가 비난이나 평가 없이 진실을 말할 때
- 우리가 열린 마음으로 친절하고 결과에 얽매이지 않을 때
- 우리가 긍정적이고 실제적이고 만족스러운 결과를 모색할 때
- 우리가 협력적 관계를 맺을 때
- 우리가 무조건적인 진정성, 정직 그리고 존중을 표할 때
- 우리가 깊은 직관력을 발휘할 때
- 우리가 양 당사자에게 동시에 영향을 미칠 때

- 우리가 다양하고 정직하고 진심 어린 대화를 하도록 격려할 때
- 우리가 항상 핵심 가치와 원칙에 맞게 행동할 때
- 우리가 언제든 뭐든지 할 각오가 되어 있을 때
- 우리가 포기하지 않고 기어코 완성할 때
- 우리가 묵과하되 결코 포기하지 않을 때

모든 사람이 이 가치들을 수용한다고 할 수는 없지만, 단지 가치에 관한 대화에서 표현하고 토론하고 참여하고 가치를 실천하는 방법을 고려하고 가치에 따라 행동하고 생활할 것을 다짐만 해도 높은 가치, 즉 가치 소유(having values)의 가치에 이르게 된다. 단지 우리가 말과 행동뿐 아니라 그 방법까지 지속적으로 실천하는 것만으로도 최고의 가치, 즉 우리가 소중히 여기는 것의 가치에까지 이르게 될 것이다.

가치를 소중히 여김으로써 우리는 실천하는 존재가 되고 자신과 교육 및 행동이 통합된다. 이것이 바로 갈등조정의 메시지이다. 갈등에 대해 지속적이고 협력적으로 긍정적인 해결책을 강구하고, 초점을 해결책에 맞추고, 해결책을 가능한 한 완전히 이행하고, 타인들도 같이할 수 있는 이론, 실제, 과정 그리고 관계를 발전시키면, 우리는 전체적으로 조정과정과의 관계를 격상하고 반영적이고 감성지수가 높은 전문가들의 협력적 공동체를 세울 수 있다.

따라서 이를 완전히 실현하려면, 우리의 가치는 단지 조정 실제뿐 아니라 우리가 갈등을 다루고, 조정을 교육하고 그리고 조정을 배우기를 원하는 사람들과 상호작용하는 방법들까지 모두 포함한 우리의 삶의 모든 측면에 반영되어야 한다. 하지만 많은 조정가의

삶은 매우 적대적인 갈등으로 차 있고, 많은 조정교육은 조정의 핵심 가치와 상반된 방법으로 진행되고 있으며, 많은 조정가가 학생들과 상호작용하지만 그 방법은 오히려 학생들의 학습능력을 악화시키고 있다.

예를 들어, 트레이너가 문화, 스타일 그리고 갈등에 대한 다양한 접근법이 다름을 인정하거나 존중하지 않는다. 모든 조건에 보편적으로 적용할 수 있는 모델이 있다고 과대 선전한다. 감정이나 진정한 대화의 역할을 경시하고 무시한다. 다양한 학습법은 물론이거니와 심지어 강의실 좌석에 앉는 방법에 대해서도 관심을 갖지 않는다. 체계 관련 갈등 근원을 무시한다. 교육생들의 말에 귀 기울이지 않고 그들로부터 배우려 하지 않는다.

하버드 대학교의 Howard Gardner 교수는 다중지능(multiple intelligences)이라는 개념으로 사람들의 다양한 학습방법을 설명하였다. 그 이론의 핵심은 사람들이 서로 다르게 생각하고 학습한다는 것이다. 그에 따르면, "모든 사고를 초월하는 인지 유형"이 없음에도 IQ 검사는 오직 논리력과 언어능력에만 초점을 맞추었기 때문에 전통적 지능 개념이 오해를 사기 쉽다고 한다. 그는 인간의 지능은, 인간의 잠재력을 의미하는 서로 독립된 여덟 가지 영역으로 구분된다고 가정한다.

- 언어지능 또는 자신을 말과 글로 표현하는 능력
- 논리수학지능 또는 과학적 원리와 논리체계를 이해하는 능력
- 공간지능 또는 공간적 관련성을 개념화하는 능력
- 신체운동지능 또는 전신 또는 몸의 일부분을 이용하여 문제를

해결하거나 사물을 만들거나 운동을 통해 생각과 감정을 표현하는 능력

- **음악지능** 또는 음악에 대해 '생각'하고 음악패턴을 인식하고 연출할 수 있는 능력
- **인간친화지능** 또는 다른 사람들을 이해하고 생산적인 관계를 맺는 능력
- **자기성찰지능** 또는 자신을 이해하고 자신이 누구인지, 자신의 강점과 한계를 아는 능력
- **자연친화지능** 또는 모든 생명체의 상호관계와 상호의존성에 대한 이해력과 자연세계의 물리적 특성에 대한 감수성

일각에서는 이 목록에 불평하며, 예를 들어 감정적, 정신적 또는 정치적 지능을 첨부하기를 원할 수 있지만, 분명한 점은 대부분의 조정과 갈등해결 훈련 프로그램에서는 오직 언어적 그리고 논리적 기술에만 집중하고 조정 성공에 기여하는 개입 스타일, 갈등처리 기술 등과 같은 지능은 무시한다는 것이다.

심지어 훈련(training)이라는 용어조차도 문제이다. 예를 들어, 교육과 훈련에 관한 다양한 접근법들이 근본적으로 서로 다르듯이, 이러한 차이는 갈등해결방법들에서도 찾아볼 수 있다. 몇 가지 용어를 다음과 같이 구별할 수 있다.

- **강의**(lecture)와 **암송**(recitation)은 기계적 암기와 사실 기억을 통해 정보의 이동을 목표로 하지만 대개 시험과 망각으로 종료된다.

- **교육**(education)과 **학과목**(courses)은 학습과 이해를 목표로 하여 아이디어, 전문적 이론 그리고 실제 기술을 제공하지만 대개 논쟁과 자질구레한 탈무드식의 의견충돌들을 야기한다.
- **훈련**(training)과 **워크숍**(workshop)은 그룹 논의를 통해 기술적 기술, 역량 그리고 자신감을 목표로 하지만 대개 기계적인 반복, 융통성 부족, 훈련에서 다루지 않은 문제들은 해결할 수 없는 상황을 야기한다.
- **실제**(practice)와 **연습**(exercise)은 역할극과 실제적인 반복연습을 통한 자신감과 융통성 향상을 목표로 하지만 대개 기술은 향상되나 그 기술을 성공적으로 이행하는 데 필요한 이해력이 부족하다.
- **자기개발**(personal development)과 **세미나**(seminar)는 발견과 자기인식 그리고 자아실현을 통한 진정성, 진실성 그리고 자기변혁을 목표로 하지만 대개 타인과의 관계에서 문제가 생길 수 있다.
- **명상**(meditation)과 **수련회**(retreat)는 통찰과 집중을 통한 지혜, 정신적 성장 그리고 자기초월을 목표로 하지만 대개 변화나 성취가 없거니와 타인의 발달에 관심을 두지 않는다.

이러한 다양한 형태의 학습을 통해 우리의 초점, 행동 그리고 상호작용은 보이지 않게 암기에서 지식, 이해, 행동, 존재로 바뀌고 있다. 갈등해결의 실천력과 이해력이 높아지고 그 열의가 커질수록 조정가로서 더 협력적이고, 민주적이고, 자기인식적이며, 다양한 기술을 개발할 수 있는 학습방법이 필요하다.

교육과정마다 가치, 기간 그리고 세부내용이 각기 다르지만, 나의 경험으로 볼 때, 갈등의 감정적 그리고 심리학적 요소들을 다루는 능력을 향상시킬 수 있는 학습과정만이 가치, 진정성 그리고 전체적인 능력 향상을 위한 지렛대로 작용할 수 있다.

이러한 관점에서 조정 역량, 학습 및 훈련 디자인에 접근함으로써, 우리는 예비 조정가들에게 심리학적 인식을 높이고 감성지능을 개발하며 보다 향상된 훈련 프로그램을 장려할 수 있는 흥미로운 질문들을 던질 수 있다. 질문의 예를 들면 다음과 같다.

- 당신이 경험했던 가장 의미 있는 전환적 학습경험은 무엇인가요?
- 그 학습경험이 당신에게 중요하거나 전환적인 이유는 무엇인가요?
- 이러한 경험들이 가지고 있는 공통점이 다른 훈련경험에도 포함될 수 있나요?
- 왜 이 훈련에 참석하나요? 당신은 진정 무엇을 성취하고 싶나요?
- 당신의 더 큰 목표와 우선순위는 무엇이고, 이를 위해 이 훈련이 어떻게 도움을 줄까요?
- 무엇이 그 목표와 우선순위를 성취할 수 있는 능력을 가로막을 것이며, 그 장애물들을 어떻게 예측하고 극복할까요?
- 당신은 구체적으로 무엇을 배우고 싶나요? 과거 그것을 어떻게 배웠나요?
- 당신이 배우고 싶은 것을 가장 잘 가르치는 방법은 무엇인가요?
- 누가, 왜 훈련을 받아야 하나요? 누가, 왜 훈련을 받지 않아도

되나요?

- 누가, 왜 가장 이상적인 트레이너인가요? 누가, 왜 가장 이상적인 트레이너가 아닌가요?
- 당신은 어떤 가치, 아이디어 그리고 기술을 가장 배우고 싶나요?
- 그런 가치, 아이디어 그리고 기술은 어떻게 훈련 내용과 과정에 포함될 수 있나요?
- 훈련을 통해 어떻게 실제로 행동이 변할 수 있나요? 당신은 행동 변화를 위해 어떻게 지원을 받아야 할까요?
- 다른 사람들은 당신의 변화를 어떻게 지원할 수 있을까요?
- 이 훈련을 통해 체계, 과정 그리고 관계가 개선될까요? 그렇다면, 어떻게 개선될까요?
- 당신은 당신이 하고 싶은 기술(art)을 어떻게 배울 것인가요?
- 이 훈련을 통해 당신은 더 참여하고 비판적으로 사고하고 편안함을 느껴야 하나요? 어떻게 하면 가능할까요?
- 이 훈련의 내용과 과정에서 당신의 미래 욕구와 문제가 어떻게 예측될 수 있나요?
- 당신은 이 훈련이 효과적이었다는 것을 어떻게 알 수 있나요?
- 이 질문들에 대한 답변을 바탕으로, 이 훈련은 어떻게 설계되고 진행되어야 하나요?

이 질문들에 대한 대답은 갈등해결 분야에서 잠재적 성장 가능성이 높은 여러 영역에 자극제가 될 것이다. 그 예로, 조정 기술을 활용하여 관계개선을 원하는 부부갈등을 조정한다. 광범위한 사회적, 경제적, 정치적 이슈에 대해 갈등해결 시스템 디자인 기술을 적용한다. 가족, 공동체 집단, 직장 그리고 조직 간 관계 갈등을 조정한다. 팀빌딩과 프로젝트관리 워크숍에 갈등해결기술을 통합한다. 학교교정을 확대하여 학부모와 교사가 자녀와 갈등을 처리하도록 격려한다. 병원과 보험에 관련하여 슬픔, 죄책감, 분노 그리고 상실감을 처리하는 과정에서 발생하는 분쟁을 해결한다. 그리고 다루기 힘든 국제갈등을 해결하기 위한 새로운 아이디어를 제공한다.

교육에 대한 진정한 명상적 접근법의 목적은 학생들로 하여금 자기 학습에 스스로 책임지고, 교사들로 하여금 학생들을 지원하는 데 있어 가장 심오하고 효과적인 방법을 찾을 수 있도록 독려하는 것이다. 역설적 심리상담법에 영감을 받은 한 가지 방법은, 학생들에게 훈련에 앞서 다음과 같은 설문지에 답하도록 한 다음, 자신들의 응답에 대해 토의하도록 하는 것이다.

훈련 전 평가

곧 받게 될 이 훈련에 대한 당신의 기대를 평가하고 예상되는 참여 정도를 1에서 10까지 척도로 답하시오.

- 당신은 얼마나 가치 있는 경험을 할 것인가요? (1=최악, 10=최상)
- 당신은 얼마나 적극적으로 참여할 것인가요? (1=전혀, 10=매우 흥미롭게)
- 당신은 얼마나 위험을 감수할 수 있나요? (1=전혀 없음, 10=매우 모험적)
- 당신은 얼마나 열린 마음으로 정직하게 적극적으로 임할 것인

가요? (1=매우 조용, 10=매우 정직하게)

- 당신은 남의 이야기를 얼마나 능동적으로 판단하지 않고 들으려 할 것인가요? (1=매우 닫힌 상태로, 10=매우 열린 상태로)
- 당신은 본인의 학습에 대해 얼마만큼 책임감을 느끼나요? (1=전혀 없음, 10=매우 많이)
- 당신은 타인의 학습에 대해 얼마나 책임감을 느끼나요? (1=전혀 없음, 10=매우 많이)
- 당신은 얼마나 학습내용을 이행할 각오가 되어 있나요? (1=전혀 없음, 10=매우 많이)

(Peter Block의 설문지를 부분적으로 참고함)

갈등해결에 관한 이들 아이디어를 활용함으로써, 우리는 조정가들이 갈등을 피할 수 없다는 것과 우리는 자신의 갈등을 처리하고 해결하는 데 더 나은 분쟁해결사가 될 것임을 직관적으로 알 수 있다.

그러므로 우리가 조정훈련과정에 심리학적 요소들을 포함시킴으로써 사람들이 직접 자신의 사적인 갈등을 해결할 수 있다는 것은 의미 있는 일이다. 하지만 현재 그런 조정 프로그램은 거의 없다.

결국 우리가 기법(technique)이다. 우리가 완벽할 수 없듯이, 갈등해결의 길을 닦는 것도 우리이고 우리가 더 나은 조정가가 되기 위해 더 나은 인간이 되도록 초대하는 것도 우리이다. 이러한 깨달음은 인간의 기원과 본질에 대해 명상하도록 한다. 단지 공감과 열정만이 아니라, 창의적인 문제해결, 감정적 명확성, 진정한 지혜 그리고 사회적 협력까지 고려한 연습이 되어야 한다.

내가 바라는 바는, Fredrike Bannink의 이 책이 조정에 있어서

심리학적 접근이 얼마나 유용한지에 대한 우리의 생각을 조금이나마 바꿀 수 있는 계기가 되는 것이다. 바라건대, 이러한 생각, 연습 그리고 실천을 통해 우리가 내면 세계와 외부 세계를 좀 더 깊고 현명하게 바라보고, 우리 자신의 고통을 방법과 이해로 바꾸어 보다 더 나은 그리고 덜 적대적인 세상으로 만드는 방법을 찾기를 희망한다.

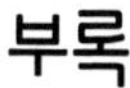

부록 1 회의록: 첫 회의

부록 2 회의록: 후속 회의

부록 3 상호작용 매트릭스

부록 4 갈등의 외재화

부록 5 조정회기평가척도(SRC V.3.0)

부록 1 회의록: 첫 회의

- 라포 형성
- 당신의 최고 희망은 무엇인가? 또 다른 희망이 있는가?
- 그것은 어떤 차이를 만들 것인가? 또 다른 차이가 있는가?
- 이미 제대로 진행되는 것은 무엇인가? 또 다른 것이 있는가?
- 긍정적 변화를 위한 다음 단계는 무엇인가? 또 다른 것이 있는가?
- 피드백과 회의 종료

부록 2 회의록: 후속 회의

- 무엇이 더 좋아졌는가?
- EARS
- 유도: 더 좋은 어떤 일이 벌어지는가?
- 증폭: 그것은 어떻게 일어나는가? 그것이 일어나기 위해 당신은 무엇을 하는가?
- 강화: 칭찬
- 다시 시작: 또 다른 더 좋은 것이 있는가?
- 긍정적 변화 측정
- 피드백과 회의 종료

부록 3 상호작용 매트릭스

보고 위치	목표	가설적 해결책/기적질문	예외상황
자신	• 여기 온 당신의 목표는 무엇인가요?	• 당신은 무엇을 달리하려 하나요? • 상대는 무엇을 달리하려 하나요?	• 당신은 무엇을 달리하나요? • 상대는 무엇을 달리하나요?
상대	• 상대는 여기 온 당신의 목표에 대해 무슨 말을 할까요? • 상대는 여기 온 그의 목표를 보고 무슨 말을 할까요?	• 상대는 당신이 달리하는 것을 보고 무슨 말을 할까요? • 상대는 그가 달리하는 것을 보고 무슨 말을 할까요?	• 상대는 당신이 달리하는 것에 대해 무슨 말을 할까요? • 상대는 그가 달리하는 것에 대해 무슨 말을 할까요?
제삼자	• 나(조정가) 또는 벽에 붙은 파리는 여기 온 당신의 목표를 보고 무슨 말을 할까요?	• 나(조정가) 또는 벽에 붙은 파리는 당신이 달리하는 것을 보고 무슨 말을 하려 할까요?	• 나(조정가) 또는 벽에 붙은 파리는 당신이 달리하는 것에 대해 무슨 말을 할까요?

A. 이 갈등이 해결되려면, 당신은 어떤 것을 보고 상대가 달라졌다고 할까요? 또 다른 무엇이 있나요?

B. 이 갈등이 해결되려면, 상대는 어떤 것을 보고 당신이 달라졌다고 할까요? 또 다른 무엇이 있나요?

C. 이 갈등이 해결되고 다른 사람이 당신을 보고 있다면, 그 사람은 어떤 것을 보고 당신과 상대의 관계가 달라졌다고 할까요?

부록 4 갈등의 외재화

갈등명: ______________________________

갈등이 나를/우리를 통제한다										내가/우리가 갈등을 통제한다
0	1	2	3	4	5	6	7	8	9	10

1. 오늘 통제 점수는 몇 점인가요?
2. 지난번에는 몇 점이었나요? 긍정적 변화를 위해 그것을 어떻게 관리하였나요?
3. 오늘 점수가 그대로라면 그 상황을 유지하기 위해 당신은 그것을 어떻게 관리하였나요?
4. 오늘 점수가 더 낮다면 과거에 점수를 높이기 위해 무엇을 했었는지 생각해 보세요.
5. 당신에게 중요한 사람들이 지난주에 당신에 대해 무엇을 눈치챘나요? 그것은 당신에 대한 그들의 행동에 어떤 영향을 미쳤나요?

부록 5 조정회기평가척도(SRS V.3.0)

성명: ______________________ 나이: __________

ID#: ______________________ 성별: 남 / 여

회기#: __________ 날짜: ______________________

오늘 회기에서 당신의 경험을 바탕으로 다음 사항에 대해 표시하시오.

____

관계

|————————————————————————|

목표와 주제

|————————————————————————|

접근법 또는 방법

|————————————————————————|

전체

|————————————————————————|

위 척도를 무료로 다운로드하려면 www.scottdmiller.com/?q=node/6에 등록하시오.

참고문헌

Aristotle (2004). *The Nicomachean ethics* (J. A. K. Thomson, Trans.). London: Penguin Classics.

Arts, W., Hoogduin, C. A. L., Keijsers, G. P. J., Severeijnen, R., & Schaap, C. (1994). A quasi-experimental study into the effect of enhancing the quality of the patient-therapist relationship in the outpatient treatment of obsessive-compulsive neurosis. In S. Brogo & L. Sibilia (Eds.), *The patient-therapist relationship: Its many dimensions*. Rome: Consiglio Nazionale delle Ricerche.

Bakker, J. M., & Bannink, F. P. (2008). Oplossingsgerichte therapie in de psychiatrische praktijk [Solution focused therapy in psychiatric practice]. *Tijdschrift voor Psychiatrie, 1*, 55-59.

Bannink, F. P. (2005). De kracht van oplossingsgerichte therapie: Een vorm van gedragstherapie [The power of solution-focused therapy: A form of behavior therapy]. *Gedragstherapie, 38*(1), 5-16.

Bannink, F. P. (2006a). *Oplossingsgerichte mediation [Solution-focused mediation]*. Amsterdam: Pearson.

Bannink, F. P. (2006b). Oplossingsgerichte mediaton [Solution-focused mediation]. *Tijdschrift Conflicthantering, 6*, 143-145.

Bannink, F. P. (2006c). *Oplossingsgerichte vragen. Handboek oplossingsgerichte gespreksvoering [Solution-focused questions. Handbook of solution-focused interviewing]*. Amsterdam: Pearson.

Bannink, F. P. (2006d). De geboorte van oplossingsgerichte cognitieve gedragstherapie [The birth of solution-focused cognitive behavior therapy]. *Gedragstherapie, 39*(3), 171-183.

Bannink, F. P. (2007a). *Gelukkig zijn en geluk hebben. Zelf oplossingsgericht werken [Being happy and being lucky. Solution focused self-help]*. Amsterdam: Pearson.

Bannink, F. P. (2007b). Solution focused brief therapy. *Journal of Contemporary Psychotherapy, 37*(2), 87-94.

Bannink, F. P. (2007c). Oplossingsgerichte therapie [Solution focused brief therapy]. *Maandblad Geestelijke volksgezondheid MGv, 10*, 836-848.

Bannink, F. P. (2008a). Solution focused mediation. The future with a difference. *Conflict Resolution Quarterly, 25*(2), 163-183.

Bannink, F. P. (2008b). Vergelding of verzoening [Retaliation or reconciliation]. *Forum voor Conflictmanagement, 1*, 26-28.

Bannink, F. P. (2008c). Solution focused mediation. Retrieved from http://www.mediate.com/articles/banninkF1.cfm

Bannink, F. P. (2008d). Posttraumatic success: Solution focused brief therapy. *Brief Treatment and Crisis Intervention, 7*, 1-11.

Bannink, F. P. (2008e). Solution focused mediation. *The Jury Expert, 20*(3), 13-23. Retrieved from http://www.astcweb.org/public/publication/issue.cfm/September/2008/20/3/19

Bannink, F. P. (2008f). Visitor, complainant, customer. Motivating clients to change in mediation. Retrieved from http://www.mediate.com/articles/banninkF2.cfm

Bannink, F. P. (2009a). Supermediators. Retrieved from http://www.mediate.com/articles/banninkF3.cfm

Bannink, F. P. (2009b). *Columns conflict inzicht [Column conflict insight]*. Utrecht: Stili Novi.

Bannink, F. P. (2009c). Building positive emotions in mediation. Retrieved from http://www.mediate.com/articles/banninkF4.cfm.

Bannink, F. P. (2009d). Solution focused conflict management in teams and in organisations. *InterAction, The Journal of Solution Focus in Organisations, 1*(2), 11-25.

Bannink, F. P. (2010a). *1001 Solution focused questions.* New York: Norton.

Bannink, F. P. (2010b). Successful scaling in mediation. Retrieved from http://www.mediate.com/articles/banninkF5.cfm

Baruch Bush, R. A., & Folger, J. P. (2005). *The promise of mediation. The transformative approach to conflict.* San Francisco: Jossey-Bass.

Bateson, G. (1972). *Steps to an ecology of mind.* Chicago: The University of Chicago Press.

Baumgartner, T., Heinrichs, M., Vonleuthen, A., Fischbacher, U., & Fehr, E. (2008). Oxytocin shapes the neural circuitry of trust and trust adaptation in humans. *Neuron, 58*, 639-650.

Beckhard, R., & Harris, R. (1987). *Managing organizational transitions* (2nd ed.). Reading, MA: Addison-Wesley.

Berg, I. K., & Szabo, P. (2005). *Brief coaching for lasting solutions.* New York: Norton.

Bergin, A. E., & Garfield, S. L. (Eds.). (1994). *The handbook of psychotherapy and behavior change* (4th ed.). New York: Wiley.

Beutler, L. E., Malik, M. L., Alimohamed, S., Harwood, T. M., Talebi, H., & Noble, S. (2004). Therapist variables. In M. J. Lambert (Ed.), *Bergin and Garfield's handbook of psychotherapy and behavior change.* New York: Wiley.

Breslau, K., & Heron, K. (2000). The debriefing: Bill Clinton. Retrieved from http://www.wired.com/wired/archive/8.12/clinton.html

Bruin, J. H. de (2008). Bemiddeling deur waarheid na versoening: Die slothoofdstuk op die traumatische nalatenskap van die Suid-Afrikaanse geskiedenis? [Mediation through truth after reconciliation: The final chapter of the traumatic legacy of South African history?] *Forum voor Conflictmanagement, 1,* 17-25.

Bunker, B. B. (2000). Managing conflict through large-group methods. In M. Deutsch & P. T. Coleman (Eds.), *The handbook of conflict resolution.* San Francisco: Jossey-Bass.

Burns, G. W. (2001). *101 healing stories: Using metaphors in therapy.* New York: Wiley.

Cantwell, P., & Holmes, S. (1994). Social construction: A paradigm shift for systemic therapy and training. *The Australian and New Zealand Journal of Family Therapy, 15,* 17-26.

Cauffman, L. (2003). *Oplossingsgericht management & coaching [Solution focused management & coaching].* Utrecht, The Netherlands: Lemma.

Cialdini, R. B. (1984). *Persuasion. The psychology of influence.* New York: Collins.

Clement, P. W. (1994). Quantitative evaluation of 26 years of private practice. *Professional Psychology: Research and Practice, 25*(2), 173-176.

Cloke, K. (2001). *Mediating dangerously: The frontiers of conflict resolution.* San Francisco: Jossey-Bass.

Cloke, K. (2005). Why every conflict breaks your heart: Conflict as a spiritual crisis. *ACResolution,* 5(1), 16-21.

Cloke, K. (2006). *The crossroads of conflict: A journey into the heart of dispute resolution.* Calgary, Canada: Janis.

Cloke, K. (2008). *Conflict revolution: Mediating evil, war, injustice, and terrorism-How mediators can help save the planet.* Calgary, Canada: Janis.

Cloke, K. (2009). Bringing oxytocin into the room: Notes on the neurophysiology of conflict. Retrieved from http://www.mediate.com/

articles/cloke8.cfm

Coleman, P. T. (2000). Some guidelines for developing a creative approach to conflict. In M. Deutsch & P. T. Coleman (Eds.), *The handbook of conflict resolution* (pp. 355-365). San Francisco: Jossey-Bass.

Covey, S. R. (1989). *The seven habits of highly effective people. Powerful lessions in personal change*. New York: Fireside Books, Simon & Schuster.

Csikszentmihalyi, M. (1997). *Finding flow*. New York: Basic Books.

De Bono, E. (1985). *Conflicts: A better way to resolve them*. London: Penguin.

De Jong, P., & Berg, I. K. (1997). *Interviewing for solutions*. Pacific Grove, CA: Brooks/Cole.

De Shazer, S. (1984). The death of resistance. *Family Process, 23*, 79-93.

De Shazer, S. (1985). *Keys to solution in brief therapy*. New York: Norton.

De Shazer, S. (1988). *Clues: Investigation solutions in brief therapy*. New York: Norton.

De Shazer, S. (1991). *Putting difference to work*. New York: Norton.

De Shazer, S. (1994). *Words were originally magic*. New York: Norton.

De Waal, F. B. M. (2000). Primates-A natural heritage of conflict resolution. *Science, 289*, 586-590.

Deutsch, M., & Coleman, P. T. (Eds.). (2000). *The handbook of conflict resolution*. San Francisco: Jossey-Bass.

Dolan, Y. (1998). *One small step*. Watsonville, CA: Papier-Mache.

Duncan, B. L., Miller, S. D., & Sparks, A. (2004). *The heroic client: A revolutionary way to improve effectiveness through client-directed, outcome-informed therapy*. San Francisco: Jossey-Bass.

Duncan, B. L. (2005). *What's right with you?* Deerfield Beach, FL: Health Communications.

D'Zurilla, T. J., & Goldfried, M. R. (1971). Problem solving and behavior modification. *Journal of Abnormal Psychology, 78*, 107-126.

Einstein, A. (1954). *Ideas and opinions.* New York: Crown.

Fisher, R., & Ury, W. (1981). *Getting to yes: Negotiating agreement without giving in.* New York: Penguin.

Foa, U. G., & Foa, E. B. (1975). *Resource theory of social exchange.* Morristown, NJ: General Learning Press.

Frankl, V. E. (1963). *Man's search for meaning.* New York: Washington Square Press, Simon & Schuster.

Fredrickson, B. L. (2000). Cultivating positive emotions to optimize health and wellbeing. *Prevention & Treatment,* 3. Retrieved from http://journals.apa.org/prevention

Fredrickson, B. L. (2003). The value of positive emotions. *American Scientist, 91*, 330-335.

Fredrickson, B. L. (2009). *Positivity.* New York: Crown.

Furman, B., & Ahola, T. (2007). *Change through cooperation. Handbook of reteaming.* Helsinki, Sweden: Helsinki Brief Therapy Institute.

Gingerich, W. J., & Eisengart, S. (2000). Solution-focused brief therapy: A review of the outcome research. *Family Process, 39*, 477-498.

Gladwell, M. (2005). *Blink.* London: Penguin.

Glasl, F. (1977). *Konfliktmanagement.* Bern, Germany: Paul Haupt.

Goei, S. L., & Bannink, F. P. (2005). Oplossingsgericht werken in remedial teaching [Solution focused interviewing in remedial teaching]. *Remediaal, Tijdschrift voor leer-en gedragsproblemen in het vo/be,* 5(3), 19-26.

Gordon, K. C., Baucom, D. H., Epstein, N., Burnett, C. K., & Rankin, L. A. (1999). The interaction between marital standards and communication patterns. *Journal of Marital and Family Therapy, 25*, 211-223.

Haynes, J. M., Haynes, G. L., & Fong, L. S. (2004). *Mediation, positive conflict management.* Albany, NY: State University of New York.

Hebb, D. O. (1949). *The organization of behavior: A neuropsychological theory*. New York: Wiley.

Hiatt, D., & Hargrave, G. E. (1995). The characteristics of highly effective therapists in managed behavioral providers networks. *Behavioral Healthcare Tomorrow, 4,* 19-22.

Isebaert, L. (2005). *Kurzzeittherapie-ein praktisches Handbuch*. Stuttgart, Germany: Thieme.

Isen, A. M. (2005). A role for neuropsychology in understanding the facilitating influence of positive affect on social behavior and cognitive processes. In C. R. Snyder & S. J. Lopez (Eds.), *Handbook of positve psychology* (pp. 528-540). New York: Oxford University Press.

Kazdin, A. E. (2006). Arbitrary metrics: Implications for identifying evidased treatments. *American Psychologist, 61*, 42-49.

Keeva, S. (2004). Apology and the law. *ABA Journal, 90,* n.p.

Kelman, H. C. (2005). Building trust among enemies: The central challenge for international conflict resolution. *International Journal of Intercultural Relations, 29*, 639-650.

Keijsers, G. P. J., Schaap, C. P. D. R., & Hoogduin, C. A. L. (2000). The impact of interpersonal patient and therapist behavior on outcome in cognitive behavior therapy: A review of empirical studies. *Behavior Modification, 24*, 264-297.

Kilmann, R. H., & Thomas, K. W. (1977). Developing a forced-choice measure of conflict-handling behavior: The mode instrument. *Educational and Psychological Measurement, 37*, 309-325.

Lambert, M., Burlingame, G., Umphress, V., Vermeersch, D., Clouse, G., & Yanchar, S. (1996). The reliability and validity of the outcome questionnaire. *Clinical Psychology and Psychotherapy, 3*, 249-258.

Lazare, A. (2004). *On apology*. New York: Oxford University Press.

Lazarus, R. S. (2000). Toward better research on stress and coping.

American Psychologist, 55, 665-673.

Lewicki, R. J., & Wiethoff, C. (2000). Trust, trust development and trust repair. In M. Deutsch & P. T. Coleman (Eds.), *The handbook of conflict resolution: Theory and practice* (pp. 86-107). San Francisco: Jossey-Bass.

Macdonald, A. (2007). *Solution-focused therapy. Theory, research & practice.* London: Sage.

McCullough, M. E., & Van Oyen Witvliet, C. (2005). The psychology of forgiveness. In C. R. Snyder & S. J. Lopez (Eds.), *Handbook of positve psychology* (pp. 446-458). New York: Oxford University Press.

Menninger, K. (1959). The academic lecture on hope. *The American Journal of Psychiatry, 109*, 481-491.

Metcalf, L. (1995). *Counseling toward solutions.* San Francisco, CA: Jossey-Bass.

Meyers, D. G. (2000). Hope and happiness. In J. E. Gillham (Ed.), *The science of optimism & hope*. Phialadelphia, PA: Templeton Foundation.

Miller, S. D., Hubble, M. A., & Duncan, B. L. (1996). *The handbook of solution-focused brief therapy: Foundations, applications and research.* San Francisco: Jossey-Bass.

Miller, S. D., Duncan, B., & Hubble, M. A. (1997). *Escape from Babel: Toward a unifying language for psychotherapy practice*. New York: Norton.

Miller, W. R., & Rollnick, S. (2002). *Motivational interviewing. Preparing people for change* (2nd ed.). New York: Guilford.

Mnooking, R. H. (2000). *Beyond winning. Negotiating to create value in deals and disputes*. London: Belknap Press of Harvard University.

Norcross, J. C. (red.) (2002). *Psychotherapy relationships that work; Therapeutic contributions and responsiveness to patients.* Oxford: Oxford University Press.

O'Hanlon, B. (1999). *Do one thing different.* New York: Quill, Harper Collins.

O'Hanlon, B., & Rowan, R. (2003). *Solution oriented therapy for chronic and severe mental illness*. New York: Norton.

Piper, W. E., Ogrodniczuk, J. S., Joyce, A. S., McCallum, M., Rosie, J. S., O'Kelly, J. G., et al. (1999). Prediction of dropping out in time-limited interpretive individual psychotherapy. *Psychotherapy, 36,* 114-122.

Pruitt, D. G., & Kim, S. H. (2004). *Social conflict: Escalation, stalemate, and settlement.* Boston: McGraw-Hill.

Roeden, J. M., & Bannink, F. P. (2007a). *Handboek oplossingsgericht werken met licht verstandelijk beperkte clienten [Handbook of solution focused interventions with clients with intellectual disabilities].* Amsterdam: Pearson.

Roeden, J. M., & Bannink, F. P. (2007b). Hoe organiseer ik een etentje? Oplossingsgerichte gedragstherapie met een verstandelijk beperkte vrouw [How to organise a dinner? Solution focused behavior therapy with a woman with intellectual disabilities]. *Gedragstherapie, 40*(4), 251-268.

Rosenhan, J. (1973). On being sane in insane places. *Science, 179*, 250-258.

Rossi, E. L. (Ed.). (1980). *The nature of hypnosis and suggestion by Milton Erickson (collected papers).* New York: Irvington.

Salacuse, J. W. (1991). *Making global deals. What every executive should know about negotiating abroad.* New York: Times Business Random House.

Salacuse, J. W. (2000). *The wise advisor. What every professional should know about consulting and counseling.* Westport, CT: Praeger.

Scheinecker, M. (2006). SF-Conflict management and conflict consulting in organisations. In G. Lueger & H. Korn (Eds.), *Solution-focused management*. Munchen, Germany: Rainer Hampp Verlag.

Schelling, T. C. (1960). *The strategy of conflict.* Cambridge, MA: Harvard University Press.

Selekman, M. D. (1993). *Pathways to change: Brief therapy solutions with difficult adolescents.* New York: Guilford.

Seligman, M. E. (2002). *Authentic happiness.* New York: Free Press.

Sherif, M., Harvey, O. J., Hoyt, B. J., Hood, W. R., & Sherif, C. W. (1961). *Intergroup conflict and cooperation: The robbers cave experiment.* Norman, OK: University of Oklahoma Book Exchange.

Siegel, D. J. (1999). *The developing mind.* New York: Guilford.

Snyder, C. R., Harris, C., Anderson, J. R., Holleran, S. A., Irving, L. M., Sigmon, S. T., et al. (1991). The will and the ways: Development and validation of an individual-differences measure of hope. *Journal of Personality and Social Psychology, 60*, 570-585.

Snyder, C. R. (1994). *The psychology of hope*. New York: Free Press.

Snyder, C. R., Lapointe, A. B., Crowson, J. J., & Early, S. (1998). Preferencs of high-and low-hope people for self-referential feedback. *Cognition and Emotion, 12*, 807-823.

Snyder, C. R. (2002). Hope theory: Rainbows in the mind. *Psychological Inquiry, 13*, 249-275.

Stam, P., & Bannink, F. P. (2008). De oplossingsgerichte organisatie [The solution focused organization]. *Tijdschrift voor Kinder – en Jeugd Psychotherapie, 35*(2), 62-72.

Stams, G. J., Dekovic, M., Buist, K, & Vries, L. de (2006). Effectiviteit van oplossingsgerichte korte therapie: Een meta-analyse [Efficacy of solution-focused brief therapy: A meta-analysis]. *Gedragstherapie, 39*(2), 81-94.

Susskind, L., & Cruikshank, J. L. (1987). *Breaking the impasse: Consensual approaches to resolving public disputes*. New York: Basic Books.

Szmamia, S. J. (2006). Mediator's communication in victim offender mediation/dialogue involving crimes of severe violence: An analysis of opening statements. *Conflict Resolution Quarterly, 24*(1), 111-127.

Tomori, C., & Bavelas, J. B. (2007). Using microanalysis of communication to compare solution-focused and client-centered therapies. *Journal of Family Psychotherapy, 18*(3), 25-43.

Tompkins, P., & Lawley, J. (2003). *Metaphors in mind*. London: The Developing Company.

Umbreit, M. S. (2001). *The handbook of victim offender mediation: An essential guide to practice and research*. San Francisco: Jossey-Bass.

Von Neumann, J., & Morgenstern, O. (1944). *Theory of games and economic behavior*. Princeton, NJ: Princeton University Press.

Walker, L., Sakai, T., & Brady. K. (2006). Restorative circles: A solution-focused reentry planning process for inmates. *Federal Probation Journal, 70*(1), 1-17.

Walker, L., & Hayashi, L. (2007). Pono Kaulike: A Hawaii criminal court provides restorative justice practices for healing relationships. *Federal Probation Journal, 71*(3), 18-24.

Walter. J. L., & Peller, J. E. (1992). *Becoming solution-focused in brief therapy*. New York: Brunner/Mazel.

Walter, J. L., & Peller, J. E. (2000). *Recreating brief therapy, preferences and possibilities*. New York: Norton.

Wampold, B. E. (2001). *The great psychotherapy debate: Model, methods, and findings*. New York: Erlbaum.

Wampold, B. E., & Bhati, K. S. (2004). Attending to the omissions. A historical examination of evidence-based practice movements. *Professional Psychology: Rcsearch and Practice, 35*(6), 563-570.

Watzlawick, P., Weakland, J. H., & Fisch, R. (1974). *Change: Principles of problem formation and problem resolution*. New York: Norton.

Watzlawick, P. (1976). *How real is real? Confucsion, disinformation, communication*. New York: Vintage.

Westra, J., & Bannink, F. P. (2006a). 'Simpele' oplossingen! Oplossingsgericht werken bij mensen met een licht verstandelijke beperking, deel 1 ['Simple'solutions! Solution-focused work with clients with mild intellectual disabilities]. *PsychoPraxis, 8*(4), 158-162.

Westra, J., & Bannink, F. P. (2006b). 'Simpele' oplossingen! Oplossingsgericht werken bij mensen met een licht verstandelijke beperking, deel 2 ['Simple' solutions! Solution focused work with clients with mild intellectual disabilities]. *PsychoPraxis, 8*(5), 213-218.

White, M., & Epston, D. (1990). *Narrative means to therapeutic ends.* New York: Norton.

Winslade, J., & Monk, G. (2000). *Narrative mediation. A new approach to conflict resolution*. San Francisco: Jossey-Bass.

Wittgenstein, L. (1968). *Philosophical investigations* (G. E. M. Anscombe, Trans., 3rd ed.). New York: Macmillan.

Wright, R. (2000). *Nonzero. History, evolution & human cooperation*. London: Abacus.

Youssef, C. M., & Luthans, F. (2007). Positive organizational behavior in the workplace: The impact of hope, optimism, and resilience. *Journal of Management, 33*, 774-800.

Zehr, H. (2002). *The little book of restorative justice.* Intercourse, PA: Good Books.

Zehr, H. (2004). Commentary: Restorative justice: Beyond victim-offender mediation. *Conflict Resolution Quarterly, 22*(1-2), 305-315.

웹사이트

www.abanet.org/dispute

American Bar Association, Section of Dispute Resolution

www.acrnet.org

ACR: Association for Conflict Resolution

www.adrresources.com

Spanish international mediation site

www.astcweb.org

ASTC: American Society of Trial Consultants. Journal: The Jury Expert

www.authentichappiness.com

Seligman, founder of positive psychology

www.brieftherapy.org

O'Hanlon, author solution focused brief therapy

www.brief-therapy.org

Brief Family Therapy Center, Milwaukee: Founders solution-focused brief therapy

www.brieftherapy.org.uk

BRIEF London, England

www.crinfo.org

CRIS: Conflict Resolution Information Service: Narrative mediation

www.ebta.nu

European Brief Therapy Association

www.edwdebono.com

Edward de Bono, author of books on management and conflict resolution

www.fredrikebannink.com

Author of this book

www.gingerich.net

Gingerich: Research on solution focused brief therapy

www.iacm-conflict.org

IACM: International Association for Conflict Management

www.johnwheeler.co.uk

Wheeler, solution focused training, consultation and supervision www.kennethcloke.com

Mediator and author, writer of the Foreword and Epilogue of this book

www.kevinhogan.com

Hogan, author on influence and persuasion

www.law.harvard.edu

Harvard Law School

www.mediate.com

Mediation Information and Resource Centre

www.mediate.com/world

WFM: World Mediation Forum

www.mediatorswithoutborders.org

Mediators Beyond Borders (MBB)

www.pon.harvard.edu

PON: Program on Negotiation at Harvard Law School

www.reteaming.com

Furman, solution focused teamcoaching

www.solutionsdoc.co.uk

Macdonald: research solution focused brief therapy

www.solworld.org

Sharing and Building Solution Focused Practice in Organisations

www.centerforclinicalexcellence.com

ISTC: Institute for the Study for Therapeutic Change and Partners for Change, Miller

www.transformativemediation.org

Institute for the Study of Conflict Transformation

www.ted.com

Technology, Entertainment, Design (TED). Seligman on Positive Psychology

www.voma.org

VOMA: Victim Offender Mediation Association

저자 소개

Fredrike Bannink

네덜란드 암스테르담 대학교 분쟁해결 석사

네덜란드 암스테르담 대학교 임상심리학 박사

현 네덜란드 해결중심인지행동치료학회 회장

유럽인지행동치료협회 긍정인지행동치료분과 회장

〈대표 저서〉

1001 Solution-Focused Questions: Handbook for Solution-Focused Interviewing(W.W.Norton & Company, 2006)

Praxis der Lösungs-fokussierten Mediation(Concadora, 2009) 외 다수

역자 소개

문용갑(Moon Yonggap)

독일 브레멘 대학교 사회심리학 박사

독일 갈등관리 · 조정 전문가

현 한국갈등관리 · 조정연구소 대표

한국갈등조정가협의회 회장

서울중앙지방법원 조정위원

〈대표 저서〉

갈등조정의 심리학(학지사, 2011)

조직갈등관리: 심리학적 갈등조정을 중심으로(공저, 학지사, 2016)

문준환(Moon Junwhan)

서강대학교 경영대학원 MBA 석사

독일 갈등관리 · 조정 전문가

현 한국갈등관리 · 조정연구소 전문연구원

서울가정법원 조정위원

서울시 갈등조정코디네이터

김선영(Kim Sunyoung)

숭실대학교 기독교상담학 석사

현 동작구 건강가정 · 다문화가족지원센터 근무

김영리(Kim Younglee)

단국대학교 가정상담학 석사

독일 갈등관리 · 조정 전문가

전 인천가정법원 가사상담조정위원

서울가정법원 조정위원

조동수(Cho Dongsoo)

연세대학교 경영학 석사

독일 갈등관리 · 조정 전문가

현 (주)네오서비스 대표이사

서울중앙지방법원 조정위원

여성가족부 양육비이행관리원 자문위원

배수현(Bae Soohyun)

서강대학교 교육대학원 상담심리학 석사 수료

독일 갈등관리 · 조정 전문가

상담심리사(한국상담심리학회, 2급)

현 인천가정법원 가사조정위원, 화해권고위원

여성가족부 양육비이행관리원 근무

송순자(Song Sunja)

용문상담심리대학원대학교 상담심리학 석사

현　맘편한심리상담센터 부센터장

　　의정부지방법원 고양지원 가사조정위원

안성모(An Seongmo)

한림대학교 사회복지학 석사

독일 갈등관리 · 조정 전문가

현　서울중앙지방법원 조정위원

　　여성가족부 양육비이행관리원 자문위원

이선경(Lee Sunkyoung)

단국대학교 경영대학원 협상학과 석사 졸업

현　행복한 소통디자인 대표

　　한국퍼실리테이터연구회 의장

　　인천지방법원 가사조정위원

〈대표 저서〉

성공하는 나를 디자인하는 이미지 바이블(공저, 해피&북스, 2006)

성공 BIZ 컨설팅 노트 실전편(공저, 에세이퍼블리싱, 2012)

이정은(Lee Jeongeun)

백석대학교 사회복지학 박사 수료

현　가인부부가족상담연구소 소장

　　서정대학교 겸임교수

　　의정부지방법원 조정위원

〈대표 저서〉

청소년의 진로심리검사와 척도 활용(공저, 히즈드림, 2014)

해결중심갈등관리

Handbook of Solution-Focused Conflict Management

2019년 4월 20일 1판 1쇄 인쇄
2019년 4월 30일 1판 1쇄 발행

지은이 • Fredrike Bannink
옮긴이 • 문용갑 · 문준환 · 김선영 · 김영리 · 조동수
배수현 · 송순자 · 안성모 · 이선경 · 이정은
펴낸이 • 김진환
펴낸곳 • (주)학지사
04031 서울특별시 마포구 양화로 15길 20 마인드월드빌딩
대표전화 • 02-330-5114 팩스 • 02-324-2345
등록번호 • 제313-2006-000265호

홈페이지 • http://www.hakjisa.co.kr
페이스북 • https://www.facebook.com/hakjisa

ISBN 978-89-997-1817-5 03180

정가 16,000원

역자와의 협약으로 인지는 생략합니다.
파본은 구입처에서 교환해 드립니다.

이 도서의 국립중앙도서관 출판시도서목록(CIP)은 서지정보유통지원시스템 홈페이지(http://seoji.nl.go.kr)와 국가자료공동목록시스템(http://www.nl.go.kr/kolisnet)에서 이용하실 수 있습니다.
(CIP 제어번호: CIP2019011052)